U1004674

中共安徽省委教育工委省教育厅智库
“安徽大学生思想政治教育研究中心”阶段性成果

新时代
高校思想政治教育理念与实践

刘新跃◎著

安徽师范大学出版社
ANHUI NORMAL UNIVERSITY PRESS
·芜湖·

责任编辑:陈　艳　晋雅雯　马飞飞
责任校对:吴　琼
装帧设计:丁奕奕
责任印制:桑国磊

图书在版编目(CIP)数据

新时代高校思想政治教育理念与实践 / 刘新跃著. —芜湖 : 安徽师范大学出版社, 2020.8

ISBN 978-7-5676-4587-5

Ⅰ. ①新… Ⅱ. ①刘… Ⅲ. ①高等学校—思想政治教育—研究—中国 Ⅳ. ①G641

中国版本图书馆CIP数据核字(2020)第049496号

新时代高校思想政治教育理念与实践

刘新跃◎著

出版发行:安徽师范大学出版社
芜湖市九华南路189号安徽师范大学花津校区
网　　址:http://www.ahnupress.com/
发 行 部:0553-3883578　5910327　5910310(传真)
印　　刷:苏州市古得堡数码印刷有限公司
版　　次:2020年8月第1版
印　　次:2020年8月第1次印刷
规　　格:700 mm × 1000 mm　1/16
印　　张:17.25
字　　数:269千字
书　　号:ISBN 978-7-5676-4587-5
定　　价:52.00元

凡安徽师范大学出版社版图书有缺漏页、残破等质量问题,本社负责调换。

序　言

这是我的第二部专著，主要收录了2013年至2019年工作期间发表的论文和思考总结相关工作经验的文字，由于创作时间均在中国共产党第十八次全国代表大会召开后，中国特色社会主义进入新时代，因此起名为"新时代高校思想政治教育理念与实践"。

上述这段时间正值我从安徽中医学院（现更名为安徽中医药大学）纪委书记转调安徽师范大学任党委副书记，接着又调至安徽工业大学任党委书记，其间，我分管过党委办公室、校长办公室、组织部、宣传部、统战部、学生处等多个部门。中国特色社会主义进入新时代，我国正处于百年未有之大变局，面对世界多极化、经济全球化、网络信息化、文化多样化的社会存在和挑战，以习近平同志为核心的党中央把教育作为"党之大计、国之大计"，高度重视高校思想政治工作。习近平总书记多次召开会议，作出了一系列的重要讲话和重要批示，形成了一系列新理念新思想新战略。新时代要有新作为，新时代要有新发展。作为新时代高校分管思想政治教育工作的领导，"把方向、管大局、抓班子、带队伍、作决策、保落实"是我义不容辞的责任。我认真学习宣传贯彻习近平新时代中国特色社会主义思想，以习近平总书记在全国高校思想政治工作会议、全国教育工作会议和学校思想政治理论课教师座谈会上的讲话精神为指导，密切联系高校实际，认真做好顶层设计，带领一班人制定好实施方案和具体举措，设计好一系列科学合理的运行体制和运行机制。在同志们的共同努力下，学校和我个人在思想政治教育方面取得了一些成果。比如，以我为首席专家的"弘扬核心价值观名师工作室"获得首批安徽省高等教育振兴计划教学改革与质量提升计划；"高校第二课堂活动特征、效果与育人机制研究"获2019年安徽省教学成果特等奖；获批2014年度安徽省委省政府重大决策部署舆情跟踪研判课题“网络舆情背景下大学生思想动态调查分析”；获得两项安徽省社科规划重点课题：“习近平总书记全面深化改革动力论思想研究”(项目批号：AHSKZ2015D02)和“红色基因融入高校思想政治教育的多维路径研究”(项目批号：AHSKZ2015D008)；获批安徽省委教育工委、省教育厅“安徽大学生思想政治教育研究中心”智库项目；获批安徽省中国特色社会主义理论体系研究中心；获批安徽省委宣传部立项建设安徽省重点马克思主义学院；获批安徽省三全育人试点高校。同时，本人也被同仁推荐为安徽省马克思主义哲学应用学会会长。学校涌现出两位全国高校辅导员年度人物；一名辅导员获全国高校辅导员素质能力大赛一等奖；安徽工业大学校工会被全国总工会授予“全国模范职工之家”；安徽工业大学建设了学校校史馆，组织编撰60年校史，征集并确定校歌、校训、校赋、校园八大景，学校获得安徽省级文明校园称号。同时，学校思想政治教育和党建工作形成了“一体两翼”(“一体”：党委统一领导、党政齐抓共管、专兼职队伍相结合、全校紧密配合、学生自我教育的合力育人领导体制和工作机制；“两翼”：抓实学生党建“四项任务”和实现思想政治教育“五个协同”)的新局面。

实践产生理念，理念指导实践。工作过程中除酸甜苦辣外，还有收获的喜悦和理论的升华，于是便有了这本文集。当然，工作是按照上级组织要求做的，理论也是根据上级有关精神而形成的，有些还参考借鉴了一些专家学者的观点，其中有两篇文章是与同事合作撰写的，这里一并表示感谢。安徽师范大学出版社张奇才社长和编辑对于该书的出版给予了大力支持，深表感谢。文中不妥之处，敬请批评指正。

2019年12月19日

目　录

CONTENTS

关于应用哲学指导我们工作学习生活的思考*

承蒙大家抬举厚爱，让我当这个哲学应用学会的会长。我一直在思考一个问题，就是应用哲学如何指导我们的工作学习生活，我想有以下几点，求教各位前辈专家同仁。

一是要坚持马克思主义与时俱进的理论品质。学习应用马克思主义哲学，是为了用辩证唯物主义和历史唯物主义的观点观察外部世界和人自身，但客观事物是复杂的，而且是在不断变化的，对于任何一个事物，要想正确全面地认识它，仅靠哪一个观点是不能解决的，必须既要符合唯物论，也要符合辩证法，以及其他马克思主义哲学原理。所以，应用哲学就要应用它的原理，应用它的立场、观点、方法。同时，我们还要根据实践和客观环境的变化，不断创新丰富发展马克思主义，也就是要坚持马克思主义与时俱进的理论品质。

二是要坚持“古为今用、洋为中用”的原则。哲学自古在中国传统文化中占有重要地位。在中国，哲学的产生、传播与知识分子息息相关。古时候，受教育者首先要读“四书”，即《论语》《孟子》《大学》《中庸》。现代社会儿童启蒙教育读的《三字经》头两句“人之初、性本善”，就是儒家思想的体现。汉武帝时期提出的“罢黜百家、独尊儒术”，使得儒家思想在中国的正统地位得以确立。这些传统文化中包含着丰富的哲学思想，我们必须从中汲取营养。西方哲学发展也是源远流长，代表人物包括柏拉图、亚里士多德等。实际上，“每种大宗教的核心都有一种哲学。事实上，每种大宗教就是一种哲学加上一定的上层建筑，包括迷信、教条、仪式和组织。”[①]所以，我们在应用哲学处理工作学习生活中的问题时就需要学习借鉴。

---

* 在2014年安徽省马克思主义哲学应用学会年会上的讲话。

① 冯友兰：《三松堂全集》第6卷，郑州：河南人民出版社2000年版，第7页。

三是要坚持交叉、融合、吸收、协同的方法，坚持实践第一的观点和方法。只有深入实践，将火热的工作和人民群众的实践结合起来，该交叉时交叉、该融合时融合、该吸收时吸收、该协同时协同，哲学才能真正发挥巨大的作用，哲学的应用价值才能得到最大化的体现。

四是要处理好三个环节。首先是调研。我们要了解情况，按照唯物辩证法的要求，深入了解事物的各个方面，了解它的过去、现在以及运动发展方向和趋势。这样，我们就有了做好工作的前提和基础。其次是分析矛盾。矛盾无处不在、无时不有，没有矛盾就没有世界。矛盾法则是唯物辩证法的根本法则。我们用哲学原理处理问题、分析矛盾时，先要对材料分门别类地进行筛选，去粗取精、去伪存真；然后进行由此及彼、由表及里的加工改造，综合分析；接着要钻进去还要走出来，循环往复地进行。最后是研究解决的办法。马克思主义认为，世界观决定方法论，方法论体现世界观，世界观和方法论是统一的。例如，物质决定意识是马克思主义哲学的基本观点，一切从实际出发，实事求是是最常用最重要的方法论；再如人民群众是历史的创造者，群众路线被称为中国共产党的根本政治路线和工作路线，同时又是党的根本工作方法。有些常用的方法尽管本身不等于观点，但稍加琢磨就可以看出是哲学观点的延伸或运用。比如，调查研究的方法是唯物论、存在第一观点的运用；集中起来、坚持下去的方法是实践论观点的运用；一般号召与个别指导相结合的方法是矛盾普遍性与特殊性观点的运用；等等。

所以，现实工作生活中遇到的许多问题，只要我们把情况了解清楚了，矛盾分析透彻了，把马克思主义哲学应用好了，解决问题的方法也就有了，我们哲学的应用问题就解决了，哲学在我们手里就会发挥巨大的作用，我们这个哲学应用学会也就会越来越兴旺发达。

“四个全面”战略布局与哲学和哲学思维*

这次会议主题是“‘四个全面’战略布局与哲学和哲学思维”。为什么确定这个主题？主要有以下三个方面的原因。

一是“四个全面”战略布局是以我国新时代的社会存在为基础提出的，也是以马克思主义哲学尤其是历史唯物主义为理论基础提出的。2015年2月11日，习近平总书记在同各民主党派中央、全国工商联负责人和无党派人士喜迎新春联欢茶话会上强调，“四个全面”的战略布局是从我国发展现实需要中得出来的，从人民群众的热切期盼中得出来的，也是为推动解决我们面临的突出矛盾和问题提出来的。这深刻阐述和揭示了“四个全面”战略布局提出的社会历史条件和时代背景。物质决定意识，意识对物质具有反作用。这就必然要用到哲学和哲学思维。

二是“四个全面”战略布局是对历史唯物主义社会基本矛盾原理的具体运用。习近平总书记指出：我们要学习和掌握社会基本矛盾分析法，深入理解全面深化改革的重要性和紧迫性；要学习和掌握物质生产是社会生活的基础的观点，准确把握全面深化改革的重大关系；要学习和掌握人民群众是历史创造者的观点，紧紧依靠人民推进改革。这更离不开哲学和哲学思维。

三是“四个全面”战略布局的实施也必须要用马克思主义哲学思维来推进。现在不少专家从不同角度对“四个全面”战略布局进行论述，有的说“四个全面”战略布局是一个系统（全面建成小康社会是目标系统，全面深化改革是动力系统，全面依法治国是保障系统，全面从严治党是调控系统）；有的说“四个全面”战略布局是相互联系、相互促进的；有的说“四个全

* 在2015年安徽省马克思主义哲学应用学会年会上的讲话。

面”战略布局是全局和重点的有机统一；等等。不管怎么说，有一点是肯定的，那就是在实践中推进“四个全面”战略布局时，要坚持两点论和重点论的统一，善于抓住工作的“牛鼻子”，抓重点、抓关键点，抓主要矛盾和矛盾的主要方面，聚焦疑点、破解难点、发力重点、推出亮点。习近平总书记一再号召全党同志“把马克思主义哲学作为自己的看家本领”。他同时强调，我们党在中国这样一个有着13多亿人口的大国执政，面对着十分复杂的国内外环境，肩负着繁重的执政使命，如果缺乏理论思维的有力支撑，是难以战胜各种风险和困难的，也是难以不断前进的。习近平总书记这里强调的是学习马克思主义哲学，掌握科学的思维方法的重要性，而理论和方法的掌握最终目的在于应用。

这里的哲学思维更主要的是指马克思主义哲学思维。马克思主义哲学思维是什么呢？就是马克思主义的立场、观点和方法。

立场是我们认识、分析和解决问题的立足点。要准确把握“四个全面”战略布局的重大意义，全面建成小康社会是国家富强、民族振兴、人民幸福的中国梦的阶段性目标，而要实现这一目标，就要求各级领导干部真正站在人民的立场上，谋划全面深化改革的顶层设计，怀着对人民群众的真挚感情全面从严治党，怀着对人民群众负责的态度深入推进依法治国。

观点是我们怎么看世界，怎么看事物的问题。马克思主义哲学观点包括关于世界观、人生观、价值观的基本观点，辩证唯物主义和历史唯物主义的基本观点，社会形态和社会基本矛盾运动的基本观点，对立统一规律、质量互变规律、否定之否定规律等，这些都是我们在推进“四个全面”战略布局中要遵循和坚持的。

方法是用什么办法、途径、措施解决问题。比如，一切从实际出发、实事求是的方法，具体问题具体分析的方法，抓主要矛盾和矛盾主要方面的方法，与时俱进坚持马克思主义学说的方法，坚持走群众路线的方法，调查研究的方法，坚持顶层设计和摸着石头过河相统一的方法，坚持战略性、前瞻性、系统性、协同性、全局性的方法等。尤其要注意的是，共产主义理想和中国特色社会主义信念是马克思主义哲学立场观点方法的集中体现，这点是一定要坚持的。

确定这个主题有如下意义：第一，有利于我们深化认识“四个全面”的战略布局；第二，有利于我们理解“四个全面”战略布局的理论特征，即立场的人民性、精神的时代性、思维的辩证性、方法的科学性等；第三，有利于我们准确把握推进“四个全面”战略布局的具体举措；第四，有利于应用哲学的与时俱进和创新发展。要推进应用哲学的创新发展，必须直面时代问题，积极构建面向中国问题的应用哲学，而“四个全面”战略布局是当代中国发展的最大问题，可从目标和手段两个维度来把握：目标维度即全面建成小康社会，手段维度即怎样全面建成小康社会。要解答这一问题所需要的哲学思维主要是战略思维和辩证思维。战略思维注重根本、全局和长远，是对战略问题作出的科学思考和谋划；辩证思维注重系统、结构、矛盾和重点，注重联系和发展，注重运用唯物辩证法化解矛盾、解决问题，抓住工作重点。所以，我们确定这个主题的目的就是要运用战略思维和辩证思维来分析解决“四个全面”战略布局的问题，希望在分析解决这一问题的过程中丰富和发展应用哲学。

应用哲学与哲学社会科学的创新*

这次会议的主题是“应用哲学与哲学社会科学的创新”。恩格斯早就说过:“马克思的整个世界观不是教义,而是方法。它提供的不是现成的教条,而是进一步研究的出发点和供这种研究使用的方法。”①习近平总书记在2016年的哲学社会科学工作座谈会上指出:“坚持和发展中国特色社会主义,需要不断在实践和理论上进行探索、用发展着的理论指导发展着的实践。在这个过程中,哲学社会科学具有不可替代的重要地位,哲学社会科学工作者具有不可替代的重要作用。”②应用哲学属于哲学社会科学,而要使哲学社会科学工作者发挥习近平总书记所要求的“不可替代的重要作用”,就要进行哲学社会科学的创新,而在这一创新的过程中离不开哲学的应用,这就是我们确定这一主题的原因。

社会科学创新与应用哲学是相辅相成的关系,社会科学的创新有利于哲学的应用,社会科学创新本身就是哲学应用的过程;哲学的科学应用,可大大地促进社会科学的创新。我认为,要实现社会科学创新就要努力做到如下几点。

一是要坚持马克思主义与时俱进的理论品质。习近平总书记2016年5月17日在哲学社会科学工作座谈会上指出:“坚持以马克思主义为指导,是当代中国哲学社会科学区别于其他哲学社会科学的根本标志。”③我们要坚持马克思主义的指导地位,就要一以贯之地将马克思主义的立场观点方法贯穿到哲学社会科学的各个领域,尤其是要坚持马克思主义与时俱进的理论品质。马克思主义哲学告诉我们,物质决定意识,意识对物质具有反作

* 在2016年安徽省马克思主义哲学应用学会年会上的讲话。

①《马克思恩格斯选集》第4卷,北京:人民出版社1995年版,第742—743页。

② 习近平:《在哲学社会科学工作座谈会上的讲话》,北京:人民出版社2016年版,第2页。

③ 习近平:《在哲学社会科学工作座谈会上的讲话》,北京:人民出版社2016年版,第8页。

用。当客观环境发生变化后，人们的思想观念也要随之变化，这样才能适应变化了的环境，进而去改变环境。我们必须以高度的学术敏感性关注中国改革发展稳定的最新实际以及最新实际中产生的最新问题，以问题为导向，以新的实际创造出新的理论，以新的理论指导新的实际。马克思曾经指出："问题就是公开的、无畏的、左右一切个人的时代声音。问题就是时代的口号，是它表现自己精神状态的最实际的呼声。"①习近平总书记在座谈会讲话中也指出："我国哲学社会科学应该以我们正在做的事情为中心，从我国改革发展的实践中挖掘新材料、发现新问题、提出新观点、构建新理论。"②问题是创新的起点，也是创新的动力源。哲学社会科学工作者们要以中国特色社会主义创新理论丰富发展马克思主义。在这个过程中一刻也离不开哲学的应用。

二是要坚持以人民为中心的研究导向。习近平总书记指出："我国哲学社会科学要有所作为，就必须坚持以人民为中心的研究导向。"③历史唯物主义告诉我们：人民，只有人民才是创造世界历史的根本动力。人民是历史的创造者，以人民为中心，为人民做学问，是哲学社会科学的本质要求，也是哲学社会科学研究的根本出发点和归宿点。也只有以人民为中心，哲学社会科学才有创新的动力和源泉。以人民为中心的研究导向，我认为最少应包括以下四点：把人民的所困、所惑、所需、所盼、所急作为哲学社会科学研究的出发点和落脚点；哲学社会科学工作者要"拜人民为师"，经常深入人民群众之中汲取研究养料，把人民作为哲学社会科学研究的依靠力量；哲学社会科学的研究成果要靠人民群众的实践来检验，看人民赞成不赞成、满意不满意；哲学社会科学的研究成果要造福人民，与人民共享。

三是要营造"百花齐放、百家争鸣"的良好氛围。马克思主义哲学告诉我们，外因是条件，内因是根据，外因通过内因而起作用。实现哲学社会科

①《马克思恩格斯全集》第40卷，北京：人民出版社1982年版，第289—290页。

② 习近平：《在哲学社会科学工作座谈会上的讲话》，北京：人民出版社2016年版，第21—22页。

③ 习近平：《在哲学社会科学工作座谈会上的讲话》，北京：人民出版社2016年版，第12页。

学的创新，既需要哲学社会科学工作者自身不懈的努力，同样离不开外部的良好环境。“百花齐放、百家争鸣”的良好氛围，有利于哲学社会科学工作者身心愉悦地开展研究，有利于创新成果的不断涌现。对于哲学社会科学工作者，党和政府要真正做到政治上充分信任、思想上主动引导、工作上创造条件、生活上关心照顾。

四是要创设有利于学科交叉融合的体制机制。从哲学角度讲，交叉融合体制机制是符合哲学社会科学各学科发展内在规律的制度体系。就其创新渠道而言，有原始创新、引进消化吸收创新和协同创新。其中，原始创新是基础性的创新，引进消化吸收和协同创新都是交叉融合。只有实现了真正意义上的交叉融合，才能实现哲学社会科学的创新发展；也就是既要力促哲学社会科学内部各学科之间的交叉融合，又要力促哲学社会科学与其他学科的交叉融合。在这方面，我们既要有这个意识，又要有这种实践自觉，这中间都离不开哲学的应用。

五是要坚持实践创新。真理靠实践证明，实践是检验真理的唯一标准。从哲学上讲，人有两种基本力量，即实践力量和思想力量。当前中国特色社会主义的伟大实践给我们哲学社会科学工作者提供了无比宽广的舞台，正是可以大有作为之时。广大哲学社会科学工作者只有深入实践、深入火热的生活之中，才能在实践中汲取创新的源头活水，把生动活泼的实践经验上升到理论层面，去粗取精、去伪存真，由此及彼、由表及里，进行理论和实践的创新。

六是要融通各种资源。最少有这样几种资源可以融通：第一，马克思主义理论，既包括马克思主义本身的经典理论，也包括马克思主义中国化的理论成果；第二，中华民族优秀传统文化；第三，国外哲学社会科学理论成果，既要坚持“拿来主义”，尤其是学习国外先进的研究方法，又不能照抄照搬，要有鉴别有扬弃；第四，当代中国社会实践，当代中国伟大的社会变革实践资源丰富，取之不尽、用之不竭。

七是要进行学术评价、学术规范的创新。在这些方面应用哲学同样发挥着不可替代的重要作用。运用哲学思维创设科学合理的评价机制和学术规范。

八是要高度重视思想的力量。哲学所提供的主要是思维方式和方法，在这其中就必然注重思想的力量。当今社会需要优秀的思想、文化引领，需要运用优秀的思想、理论引领社会实践发展。思想包含价值取向、思想观念和思维方式等。我们讲的自主创新，应包括思想观念（理念）创新和思维方式创新。一个民族要站在科学的高峰，一刻也离不开理论思维。同理，我们要进行哲学社会科学创新，一刻也离不开思想的力量。第一，在人的一切活动中，思想及思想活动是总开关、总按钮、总指挥。哲学社会科学创新首先要有思想，有思想才有创新思路，思路决定出路。第二，哲学社会科学创新在实践上的成功与正确的理论、思想指导有关，失败则与理论、思想的偏差有关。第三，物质决定意识，意识对物质具有反作用。比如，1978年通过真理标准大讨论确立了“解放思想、实事求是”思想路线，之后强调在生产力标准的基点上重新认识社会主义，再后来提出“三个有利于标准”冲破“姓资姓社”思维定式的阻扰，对推进我国经济社会发展，都发挥着巨大的反作用。今天哲学社会科学创新成果不甚理想，既有体制机制上的原因，也有价值取向、思想观念和思维方式上的原因。实践证明，从观念世界入手解决问题反而会有效，因此，我们也要善于从价值取向、思想观念、思维方式中寻找解决问题的突破口。

哲学应用与治国理政的思考*

这次会议主题是“哲学应用与治国理政”。借鉴中央党校韩庆祥教授的部分观点，我认为哲学应用在治国理政新思想上至少体现在以下十一个方面。

一是体现在指导思想上。一个政党治国理政的首要问题就是确立正确的指导思想。有了正确的指导思想，执政党就能带领全国人民顺利前进，国家就能顺利发展；反之，一种错误的指导思想就会把党和人民带向深渊。而指导思想必须要上升到哲学层面来概括。习近平总书记强调，马克思主义哲学深刻揭示了客观世界特别是人类社会发展的一般规律，在当今时代依然有着强大的生命力，依然是指导我们共产党人前进的强大思想武器。

二是体现在思想解放上。僵化的思想观念束缚我们的手脚，影响党和国家前进的步伐。尤其是面对当前世情国情党情发生巨大变化的客观形势，只有解放思想，才能破解治国理政中遇到的难题。正如1978年，我们党通过真理标准大讨论，解放了思想，更新了观念，并极大地推动了我国实践发展的步伐。正可谓思想解放一小步，实践和发展就会迈开一大步。

三是体现在深化综合改革上。当前治国理政中遇到的新矛盾新问题，还有许多想解决而解决不了的问题，都只有通过不断深化综合改革才能破解。要处理好改革的力度、发展的速度与老百姓承受程度之间的关系，就必须应用哲学思维和方法。

四是体现在确立党的正确的思想路线上。“文化大革命”时期，中国共产党由于实行了错误的思想路线，在实践上走了弯路。1978年以后，我们党恢复解放思想、实事求是的思想路线，推进了我国改革开放和社会主义现代化建设，促进了中国特色社会主义事业的蓬勃发展。

---

* 在2017年安徽省马克思主义哲学应用学会年会上的讲话。

五是体现在领导干部用“正确思维”作出的科学决策上。古希腊哲学家柏拉图曾经指出国王应是哲学王。国王掌握最高权力，哲学是最高智慧。掌握最高权力的国王一旦掌握最高智慧的哲学，就会对社会发展发挥重要的推动作用。当今，我们的领导干部尤其是高级领导干部要作出科学决策并做好工作，最关键的是要拥有哲学智慧，掌握科学的世界观和方法论。所以，习近平总书记讲，学哲学、用哲学是我们党的一个好传统，各级领导干部应该把学习马克思主义哲学作为自己的看家本领。习近平总书记的一系列重要讲话以及治国理政新理念新思想新战略中，处处体现着哲学思维和哲学智慧。

六是体现在统一思想认识上。一项重大的政治决策和改革举措部署后，领导干部的思想认识是否统一，决定着执行力度和行动效果。如果思想认识统一了，就会形成合力，凝聚共识，凝聚力量，就会去积极贯彻落实中央的路线方针和政策；反之，就会形成阻力。所以，在党的十八届三中全会上，党中央特别强调要凝聚改革共识。

七是体现在用正确的思想方法分析解决问题上。我们平常讲，以问题为导向解决问题。而现实往往由于我们的思想方式不对，造成工作方法不对，最终导致没有工作效果。马克思主义哲学就是为我们分析问题解决问题提供世界观尤其是方法论的。我们掌握了马克思主义的世界观和方法论，就具有了思想武器，就掌握了分析问题解决问题的工具。

八是体现在确定正确的工作思路上。在治国理政中要攻坚克难，就必须具备理论思维和正确思想。只有具有理论思维和正确思想，才能制定科学的工作思路，才能战胜前进道路上的各种艰难险阻，党和国家事业才能取得伟大的成绩。习近平总书记指出，我们党在中国这样一个有着13多亿人口的大国执政，面对着十分复杂的国内外环境，肩负着繁重的执政使命，如果缺乏理论思维的有力支撑，是难以战胜各种风险和困难的，也是难以不断前进的。

九是体现在用科学理论武装人民群众上。理论一旦被群众掌握，就会变成巨大的物质力量。哲学既可以帮助人民群众认识世界，也可以帮助人民群众改造世界。习近平治国理政新思想之所以能够成为武装人民群众的思想武器，其中有一个重要的原因就是其蕴含着马克思主义的世界观和方法论。

十是体现在思想治国并树立中央权威上。中央的权威既体现在实践上推动社会进步和实践发展，也体现在理论上有一套治国理政的科学思想体系。习近平总书记治国理政的新理念新思想新战略，之所以赢得了广大人民群众的普遍认同，就是因为其从指导思想上坚持了马克思主义的世界观和方法论。

十一是体现在确立中国大国的国际地位上。一个国家没有物质的富有就没有国际地位；同样，一个国家物质富有而精神懈怠、思想贫乏，也不会有国际地位。一个国家不仅要靠物质力量，而且要靠文化力量、思想力量屹立于世界舞台。习近平总书记提出的构建人类命运共同体、“一带一路”倡议、建立文化自信等都闪烁着哲学真理的光辉，因而赢得了世界爱好和平人民的拥护和赞扬。

美好生活与哲学应用的思考*

这次的会议主题是“美好生活与哲学应用”。关于马克思主义哲学的本质和功能，我谈五点自己的看法。

一是关于哲学与世界的关系。马克思在《关于费尔巴哈的提纲》中指出：“哲学家们只是用不同的方式解释世界，问题在于改变世界。”①这说的是，哲学既要解释世界，更要通过实践改变世界。我理解，这很明显是强调哲学的应用性。

二是关于哲学与时代的关系。马克思在《〈科隆日报〉第179号的社论》中指出：“哲学不是在世界之外”，“任何真正的哲学都是自己时代的精神上的精华”。②哲学要从内容和形式两个方面同自己时代的现实世界接触并相互作用。问题是时代的声音，是时代的口号，是时代表现自己精神状态的最实际的呼声。这就是说，时代精神就体现在时代问题之中，哲学要关注时代问题，要以问题为中心，抓住时代的本质。哲学只有体现时代精神，反映时代问题，才能发出时代的声音。党的十九大把社会主要矛盾描述为“人民日益增长的美好生活需要和不平衡不充分的发展之间的矛盾”，这就是时代问题，我们哲学应用学会自然要关注这一时代问题。

三是关于哲学与国家需要的关系。马克思恩格斯指出，理论在一个国家的实践程度，决定于理论满足于这个国家的需要程度。“一切划时代的体系的真正的内容都是由于产生这些体系的那个时期的需要而形成起来的。所有这些体系都是以本国过去的整个发展为基础的。”③这就是说，哲学理论产生于时代的需要，其功能也在于满足国家现实发展的需要。目前，国

---

* 在2018年安徽省马克思主义哲学应用学会换届会上的讲话。

①《马克思恩格斯选集》第1卷，北京：人民出版社2012年版，第136页。

②《马克思恩格斯全集》第1卷，北京：人民出版社1995年版，第220页。

③《马克思恩格斯全集》第3卷，北京：人民出版社1960年版，第544页。

家发展就是解决人民对美好生活的需要。所以，我们哲学应用学会一定要立足时代和国家发展的现实需要。

四是关于哲学与人民群众的关系。马克思认为，哲学家“是自己的人民的产物，人民的最美好、最珍贵、最隐蔽的精髓都汇集在哲学思想里”[①]。“理论一经掌握群众，也会变成物质力量。理论只要说服人[ad hominem]，就能掌握群众；而理论只要彻底，就能说服人[ad hominem]。所谓彻底，就是抓住事物的根本。而人的根本就是人本身。”[②]这说的是，哲学要关注人民群众的生存境遇和发展命运，要汇集人民智慧，反映人民呼声，为大众立言，为大众提供精神食粮，丰富大众的精神世界，而美好生活恰恰就是人民群众的追求和人民群众的呼声。哲学要通过改变人而改变世界。历史唯物主义最注重发展生产力，它强调生产力是社会历史发展的最终决定力量，是整个社会生活和整个现实历史的基础，生产关系、经济基础、上层建筑，都是围绕解放和发展生产力、激发人民群众主体创造性而发挥作用的。我们哲学应用学会当然要围绕人民最关心的问题来进行理论创新。

五是关于哲学与实践的关系。马克思说，哲学在理论上是实践的，哲学要与实践发生接触。这就是说，哲学要与实践发生接触才会有生命力。马克思主义哲学既要从具体走向抽象，透过具体现象把握本质和规律，也要从抽象走向具体，把哲学理念变成现实。只有这样，应用哲学才能焕发出强大的生命力。

通过上述五点分析可以看出，我们要坚持马克思主义哲学，就要深入挖掘马克思主义哲学经典中的思想富矿，既要返璞归真，又要返本开新；既要“照着说”，也要“接着说”；既要正本清源，弄懂马克思主义哲学的本来面目，也要从哲学上解释清楚我们所面临的世界，更要坚持研究中国问题的思想路线：研究我国改革开放和现代化建设的实际问题，以我们正在做的事情为中心，着眼于马克思主义哲学的运用，着眼于对实际问题的哲学思考，着眼于新的实践和新的发展。美好生活既然是人民的现实需要，那必

①《马克思恩格斯全集》第1卷，北京：人民出版社1995年版，第219—220页。

②《马克思恩格斯选集》第1卷，北京：人民出版社2012年版，第9—10页。

然是中国共产党人的奋斗目标,也就是需要研究的中国问题以及我国改革开放和现代化建设的实际问题。而要研究好这一实际问题,必须用、也只能应用马克思主义哲学来研究和解决现实问题。我认为美好生活是客观存在,这种客观存在也是要通过人们的感觉感知的,具有不同哲学水平和哲学认知的人对美好生活的感受是不一样的。因此,一方面,我们要应用哲学诠释美好生活的内涵和表现形式;另一方面,我们还要增强人民的哲学素养以提高其对美好生活的体验和感悟能力。我们要从宏观、中观、微观三个层面来进行分析研究。

刚才会员大会选举产生了新一届学会的领导集体,再次选举我为学会会长,我代表新一届学会领导班子成员感谢会员们的信任,定当不负重托、不辱使命。会员们的重托和期盼,是对我们做好工作的鼓舞,也是我们的重大责任。

这个责任是对学会的责任。我们这个学会叫哲学应用学会,因此,我们就要在对哲学理论问题进行交流学习的基础上,强调哲学的应用性,即研究我国改革开放和现代化建设的实际问题,以我们正在做的事情为中心,着眼于马克思主义哲学的运用,着眼于对实际问题的哲学思考,着眼于新的实践和新的发展。学会按照章程要求,建立规范的年会制度和会长、秘书长会议制度,确保一年召开一次年会,三至四次会长、秘书长会议,以加强学会活动常态化建设,形成学会浓烈的学术研究氛围。同时,应学会加强与外部学术团体的联系和沟通,组织优秀论文参加全国应用哲学研究会年会,积极与我省哲学学会、马克思主义学会、绿色美学学会等的沟通交流,合作开展各项学术研究和活动。

这个责任是对会员的责任。会员的需要就是我们工作的目的,会员的希望就是我们的追求。我们要团结会员、服务会员、支持会员,开展好各种学术活动。我们按照国家、安徽省相关要求,加强学会规范化建设,加强学会基层党组织标准化建设;完善学会财务、活动、会议等制度,做好各项服务工作。

这个责任是对哲学应用事业的责任。学会是个群众性的学术组织,以对哲学应用事业的热爱作为黏合剂和润滑剂,必然要以哲学应用为事业追求。我们一定要运用好这个平台,为哲学应用创造良好的研究环境和氛围,让会员的理论思维和创作源泉不断涌流。今后应用哲学需要加强马克思主义哲学原理和方法论的支撑与指导,围绕习近平新时代中国特色社会主义思想和党的十九大精神,加强理论研究,不断强化对理论前沿、热点问题的理论研究和探讨;加强对策性研究,不断为安徽省哲学社会科学研究和普及提供理论支持。

文化哲学:应用与创新*

这次的会议主题是“文化哲学:应用与创新”。为了有利于大家围绕会议主题进行交流和研讨,我就这次的会议主题先谈几点粗浅的看法,以期抛砖引玉。确定这个主题具有重要的理论意义和实践意义,具体体现在以下几个方面。

一是人们的日常生活离不开文化哲学。大家都知道,文明如水,润物无声,文化如空气,无处不在无时不有。人总是生活在文化中,文化现象在人的世界中无所不在,所以人自然离不开文化哲学。

二是人类社会进步发展离不开文化哲学。文化是人类进步的一种重要表现方式,文化传承是最重要的历史传承方式。从某种意义上说,人类发展的历史就是各种文化相互交织、相互影响、相互渗透或各种文化生生灭灭的历史。用斯宾格勒的话说,就是一群伟大文化组成的戏剧。离开活生生的文化,无论人类还是历史,都会成为空洞的字眼。可见,文化哲学在人类社会进步发展中的作用是不言而喻的。

三是实现传统文化现代转化离不开文化哲学。不适应、不协调是传统文化现代转化的主要矛盾,这就要使传统文化与时俱进,适应社会实践的发展,通过实践——理论——再实践——再理论的深化和发展,使得传统文化既能适应现实发展的需要,又能促进传统文化的转化;同时,在转化过程中还要坚持以中国特色社会主义先进文化引领传统文化的转化,这些都离不开文化哲学。

四是抵制当前以美国为首的西方国家对我国实施的经济霸凌离不开文化哲学。从文化哲学角度来看,当前以美国为首的西方国家对我国实施的经济霸凌,其实是他们文化不自信的表现,我国应对得从容淡定、有礼有

* 在2019年安徽省马克思主义哲学应用学会年会上的讲话。

节，恰恰是中华民族文化自信的表现。西方的危机说到底是文化的危机，中西冲突说到底是文化的冲突。由于中华优秀传统文化的包容性使得我们敢于引进市场经济，较科学合理地处理了社会主义制度与市场经济的关系，因此才使得我国经济几十年保持快速增长。

五是文化创新同样离不开文化哲学。文化是最需要创新的领域。“不日新者必日退”。在人类社会发展的每个重大历史关头，文化都能成为时代变迁、社会变革的先导。文化的理论创新、手段创新、基础工作创新都需要文化哲学。

六是理解社会主义在中国为什么能行得通也离不开文化哲学。社会主义运动启蒙至今已有500多年，在很多国家陷入低谷，但却在中国取得巨大成就。出现这种巨大反差的原因之一，就是中国共产党人找到了马克思主义哲学思想与中华优秀文化的结合点，用先进文化激发了传统文化的创造活力。比如，辩证唯物主义与我国古代的《易经》《道德经》阐释的事物演变、相互转化的朴素思想有着许多相通之处。革命战争年代，毛泽东将两者结合起来，创作了《实践论》《矛盾论》等经典名作，实现了马克思主义中国化的第一次飞跃。如今，新时代中国特色社会主义思想在中国大地上焕发出强大的生命力，必将实现马克思主义在中国的又一次飞跃。

七是新中国成立70年来取得的伟大成就与文化哲学密切相关。2019年是新中国成立70周年，也是文化进步、文化不断创新的70年。我们党坚持“四个自信”，其中的理论自信、制度自信和文化自信反映的是制度文化和治理文化的与时俱进，这就是我们党对文化哲学运用自如的结果。历史和现实都证明，中华民族有着强大的文化创造力。每到重大历史关头，文化都能感国运之变化、立时代之潮头、发时代之先声，为亿万人民、为祖国指引方向。中华文化既坚守本根又不断与时俱进，使中华民族保持了坚定的民族自信和强大的修复能力，形成了共同的情感和价值观、共同的理想和信念。

八是从某种意义上说，文化哲学促成了改革开放40年的巨大成就。经济增长表面的决定因素是资本、劳动、技术和地理资源优势等，但是我认为最终起作用的是文化。中国古老的文化传统在改革开放之初就起到重要作用,中国共产党人主要是按照循序渐进(比如,摸着石头过河、允许一部分人先富、先试点再铺开等)的原则摸索改革开放路径。“和为贵”的思想和包容多样的风格自然地和各类经济因素结合起来,对经济发展产生推动作用,成为看不见的又时时可以感觉到的国家软实力。

九是我们正在进行“不忘初心、牢记使命”主题教育,用习近平新时代中国特色社会主义思想武装头脑、指导实践、推进工作,其中就有许多文化哲学的范畴及其转移转化问题。

十是中共十九届四中全会提出的坚持和完善中国特色社会主义制度、推进国家治理体系和治理能力现代化这一重大战略任务,既是中国共产党人对人类制度文化和治理文化的伟大创造,也是对文化哲学的成功运用。文化哲学也必将助力坚持和完善中国特色社会主义制度、推进国家治理体系和治理能力现代化的实现。

提高高校党的基层组织做思想政治工作的能力*

以习近平同志为核心的党中央高度重视高校党建和思想政治工作，中共中央、国务院印发了《关于加强和改进新形势下高校思想政治工作的意见》。习近平总书记在全国高校思想政治工作会议上作了重要讲话。在这次会议上，习近平总书记特别强调："高校党委对学校工作实行全面领导，承担管党治党、办学治校主体责任，把方向、管大局、作决策、保落实。要加强高校党的基层组织建设，创新体制机制，改进工作方式，提高党的基层组织做思想政治工作能力。要做好在高校教师和学生中发展党员工作，加强党员队伍教育管理，使每个师生党员都做到在党爱党、在党言党、在党为党。"[①]后来习近平总书记的讲话被概括为"七育人"：教书育人、科研育人、实践育人、管理育人、服务育人、文化育人、组织育人。在这期高校组织部长培训班里专门安排这一课，既体现出安徽省委组织部的领导高度的政治敏锐性和责任担当，又彰显出把习近平总书记重要讲话精神落地生根的工作韧劲。

如果我们认真分析一下习近平总书记这句话就会发现，"提高党的基层组织做思想政治工作能力"，既是总要求，也是目的；既是对高校党委提出的明确要求，也是对高校党的各级组织提出的具体任务。作为高校党委的组织部门，必然承担着非常重要的职责，那我们这些部长、科长们在其位谋其政，也就责无旁贷了。

习近平总书记要求"提高党的基层组织做思想政治工作能力"，那么，习近平总书记为什么提出这个问题？这个问题的内涵是什么？我们怎么来提高这个能力？下面我想就从这三个方面来谈谈我对这个问题的理解。

---

* 2017年8月9日在安徽省委组织部干部培训基地全省高校组织部长培训班上的讲话。

①《习近平谈治国理政》第2卷，北京：外文出版社2017年版，第379页。

一、为什么要提这个问题

我认为这是与高校党建和思想政治工作的现状紧密相连的，也是与高校思想政治工作的重要作用紧密相连的。

目前，高校现状总的是向上、向好，党心民心进一步凝聚，主流阵地更加强化，广大学生积极、健康、向上。高校在维护国家安全稳定方面发挥了积极作用，但是也存在许多问题和隐患，主要表现在以下五大方面：

第一，西方敌对势力对我国意识形态的渗透呈现加剧、加深、加强的态势，高校防范的任务更加艰巨。例如：伪装渗透、形式多样；西方不法分子拉拢诱惑、培植代理人。

第二，国内经济发展新常态下凝聚共识更复杂，对高校党建和思想政治工作带来新挑战。首先，社会发展阶段性特征影响带来思想变化。城乡差距、东西差距都不是短时间能解决的，但社会预期要求高，必然带来矛盾和冲突。加之社会节奏加快，影响人们心理，有些人达不到目的就会表现出不满。这些问题都不可避免地传入学校，影响学生和教师，这就需要我们积极应对。其次，社会存在决定社会意识。经济社会新变化必然引起人们思想的变化。多元思想文化激荡，冲击主流思想文化阵地，引起人们思想发生变化。

第三，互联网快速发展，给高校党建和思想政治工作带来挑战。互联网改变了思想政治工作的对象、手段、场所、环境等。互联网扩大了思想政治工作阵地。如何使用互联网开展工作，对每个干部来说都是一个挑战。习近平总书记要求各级领导干部提高利用互联网做思想政治工作的能力。互联网已成为舆论斗争的主战场。

第四，教师队伍动态变化加大，高校党建和思想政治工作的难度加大。近几年高校教师队伍发生很大变化，现在高校教师中45岁以下的占较大比例。他们大部分没有经过艰苦年代的磨炼，其中有一些人对中国国情认识不足。所以，对年轻教师群体的思想引导是我们工作的重点，也是难点。他们对学生的影响是不可小视的。每个学校新进年轻教师时大多只考察其科研教学等业务能力，对思想品德、心理健康等考察得较少，考察手段也少。

第五，高校党建和思想政治工作本身还存在薄弱环节。一些高校对意识形态工作认识不清、重视不够。有些高校主要领导想当“开明人士”，常年不开思想政治工作会议，认为思想政治工作只是党委的事，与业务无关，导致学生对马克思主义理论教育重视不够。有些高校论坛管理有问题，请的专家也不审查，对专家的讲话内容也不把关。目前，高校师德建设还需加强，立德树人、教书育人落实难度大，高校思想政治工作队伍建设的政策落实还不到位。《关于加强和改进新形势下高校思想政治工作的意见》中有几点要求：专职思政人员和党务工作人员不低于全校师生人数的1%，每个院系至少配备1至2名专职组织员。按师生比不低于1:200比例设置专职辅导员岗位，师生比不低于1:350比例配置专职思政课教师岗位，师生比1:4000比例配置专职心理健康老师。青年教师晋升高一级专业技术职务，必须至少有一年担任辅导员或班主任经历并考核合格，实行政工队伍人员职务职称评审单列计划、单设标准、单独评审。辅导员和党政干部既是教师又是干部双重身份。以上这些要求在许多高校都没有得到很好的落实。同时，教师队伍变化大。老教师即将退休，年轻的教师刚上岗，要进修要结婚，甚至个别同志不安心、不尽心，队伍建设亟待加强。思想政治工作的科学定位在新的时代背景下还需进一步确立。当前，要克服两种倾向：一是忽视思想政治工作的凝聚、导向、塑造功能，仅仅归结为维护稳定，消极防范，满足于不出问题、不出乱子；二是忽视思想政治工作的激励、服务功能，对师生积极性、创造性调动不够。高校思想政治工作中还存在一定程度的形式主义。比较突出的是结合师生思想实际不够，注重活动性有形的东西过多。学科建设有待进一步加强，机制和制度建设也有待强化和完善。

我们都知道，中国特色社会主义是在经济文化比较落后的基础上形成和发展的，它所面临的许多理论和实践问题是马克思主义经典著作中没有的，也是社会主义发展史上罕见的。我们还面临很多没有弄清楚的问题和待解决的难题，对许多重大问题的认识和处理都还处在不断深化的过程之中，这些客观上也增加了思想政治工作的难度。

以上这些问题的存在与高校党建和思想政治工作所承担的“三个事关重任”格格不入，所以，我认为这就是以习近平同志为核心的党中央高度重视高校党建和思想政治工作的原因。

二、深入学习贯彻习近平总书记关于高校党建和思想政治工作新思想

党的十八大以来，习近平总书记高度重视高校党建和思想政治工作，多次作出重要批示和指示，归纳起来主要有七个大方面。

第一，加强党对高校领导。

我们办的是中国特色社会主义大学，必须坚持中国特色社会主义道路。一定要坚持中国特色社会主义办学方向，扎根中国大地，办有中国特色的世界水平的中国大学；要坚持巩固马克思主义在高校思想政治工作的指导地位；要坚持全面贯彻党的教育方针，培养社会主义建设者和可靠接班人。

坚持党委领导下的校长负责制。党委领导下的校长负责制符合我国高校实际，推动高校改革绝不能削弱改变这一体制，这是底线，要谨防打着去行政化的幌子，取消党对高校的领导。党在高校处于核心领导地位，党委要加强党的建设，支持校长独立开展行政工作；要管好干部，抓好宣传思想工作。

明确加强党对高校领导的重大任务。一是党要管党。高校党组织要发挥党的作用，发挥基层党组织的作用。二是党管干部。高校党组织要坚持“五好”干部标准，把那些懂政治、讲政治，善于办学治校的优秀干部选到高校的领导岗位上来。三是党管人才。高校党组织要加强高校创新人才建设，让创新人才不断涌现。四是党管改革。高校要走在改革的前列，释放每个人的潜能和办学活力。五是党管意识形态。六是党管稳定。稳定是根本大局，全党要牢记在心，全国人民也要牢记在心。高校要防止敌对分子和不法宗教渗透，要加强国家安全教育，推动安全教育进校园。

强调落实从严治党责任。办好中国事情关键在党，对党委书记的考核，首先看抓党建的实效。抓好党建是最大的政治和最大的政绩。高校要落实主体责任和监督责任两个责任，坚定不移推进反腐倡廉工作。

第二，把高校建设成学习研究宣传马克思主义重要阵地。

高校肩负着学习研究宣传马克思主义的重要使命。高校要把马克思主义作为必修课，成为学习研究宣传马克思主义的重要阵地；要加强高校马克思主义理论建设、学科建设、队伍建设，强化马克思主义理论教育、宣传研究。同时，高校要加强思想政治理论课建设，要把思想政治课教材编好、把教师队伍建设好、把课讲好。智库是国家软实力的重要组成部分，高校要加强新型智库建设，为国家提供政策建议和支撑。

第三，重视高校意识形态工作。

意识形态工作是党的一项极端重要的工作，任何时候都不得削弱、放弃意识形态工作，必须把意识形态的领导权牢牢掌握在手，意识形态工作关乎旗帜、道路、国家安全等方面的问题。

意识形态工作面临着一定的挑战和困难。意识形态工作面临的内外部环境更趋复杂，境外敌对势力加大渗透力度，一些单位领导干部政治敏锐性不强，在重大问题上态度不鲜明、含含糊糊，我们对意识形态工作决不能大意。

明确提出新形势下高校意识形态工作的目标、任务和要求。各级领导干部要加强对意识形态工作的领导和管理，对于不良之风，各级单位要采取切实措施集中一段时间整治，争取有明显改观，绝不给错误观点提供传播渠道。

各级党委和负责人切实负起政治责任和领导责任。做好意识形态工作，关键要强化和落实领导责任，要建立健全党委领导意识形态工作的责任制，要敢于发声、敢于亮剑，在大是大非问题上没有“开明人士”。

第四，进一步增强大学生的社会责任感、创新精神和实践能力，教育青年自觉践行社会主义核心价值观。

价值观决定青年人的未来，青年时期又是价值观形成的关键时期，习近平总书记形容这就像扣扣子，第一粒扣子切不可扣错了。青年如何践行社会主义核心价值观？与青年座谈时习近平总书记指出，要锤炼高尚品格，要求大学生要勤学、修德、明辨、笃行；要把培育和践行社会主义核心价值观与日常生活结合起来，落实、落细、落小；要按照社会主义核心价值观的要求完善各行各业的工作守则；要从小、从学校抓起，把社会主义核心价值观体现到学校的日常管理中，要让其进课堂、进教材、进头脑。

第五，把加强教师队伍建设作为高校立德树人的重要内容。

教师队伍建设是最重要的工作，是基础性的工作。习近平总书记明确了党和人民好教师的要求。2013年9月，他在给全国教师的慰问信中指出，“希望全国广大教师牢固树立中国特色社会主义理想信念，带头践行社会主义核心价值观，自觉增强立德树人、教书育人的荣誉感和责任感，学为人师，行为世范，做学生健康成长的指导者和引路人；牢固树立终身学习理念，加强学习，拓宽视野，更新知识，不断提高业务能力和教育教学质量，努力成为业务精湛、学生喜爱的高素质教师；牢固树立改革创新意识，踊跃投身教育创新实践，为发展具有中国特色、世界水平的现代教育作出贡献。”[①]2014年习近平总书记同北京师范大学师生代表座谈时又提出“有理想信念、有道德情操、有扎实知识、有仁爱之心”的“四有”好老师标准。习近平总书记提出要加强青年教师的思想政治工作，因为青年教师对大学生思想影响更直接，各校要把提高青年教师思想政治素质作为重要工作切实抓好。党和国家高度重视知识分子工作。

第六，维护网络安全。

网络安全关乎国家安全和政治安全。共产党过不了网络这一关就过不了执政这一关，党委书记要亲自抓网络安全问题。把网上舆论工作作为重中之重抓好，把打赢网络斗争作为首要任务，把争取青少年作为网上斗争的重点，充分发挥学校的作用，家长要配合好。

第七，加强全国高校思想政治工作。

习近平总书记把加强高校思想政治工作的逻辑从育人的一个维度拓展

①《习近平向全国广大教师致慰问信》，《人民日报》2013年9月10日第1版。

到办学、育人两个维度，鲜明地提出“办什么样的大学、怎样办大学”“培养什么样的人、怎样培养人”“为谁培养人”的问题。归纳起来就是，要办中国特色社会主义大学，办好这样的大学必须完成好为人民服务、为中国共产党治国理政服务、为巩固和发展中国特色社会主义制度服务、为改革开放和社会主义现代化建设服务这“四个服务”；必须做到坚持不懈传播马克思主义科学理论、坚持不懈培育和弘扬社会主义核心价值观、坚持不懈促进高校和谐稳定、坚持不懈培育优良校风和学风这“四个坚持不懈”；必须加强党对高校的领导，牢牢掌握党对高校的领导权，高校党委必须牢牢掌握思想政治工作的主导权，高校要把立德树人作为中心环节，紧紧围绕人才培养这个核心点，培养德才兼备、全面发展的中国特色社会主义合格建设者和可靠接班人。培养好这样的人，高校必须引导广大学生做到正确认识世界和中国发展大势、正确认识中国特色和国际比较、正确认识时代责任和历史使命、正确认识远大抱负和脚踏实地这“四个正确认识”；必须引导广大教师做到坚持教书和育人相统一、坚持言传和身教相统一、坚持潜心问道和关注社会相统一、坚持学术自由和学术规范相统一这“四个相统一”；必须紧紧围绕用好课堂教学这个主渠道，加快构建中国特色哲学社会科学学科体系和教材体系，更加注重以文化人以文育人，运用新媒体新技术使工作活起来这四个方面创新思想政治工作。

习近平总书记在2016年12月7日全国高校思想政治工作会议上指出：“高校党委对学校工作实行全面领导，承担管党治党、办学治校主体责任，把方向、管大局、作决策、保落实。要加强高校党的基层组织建设，创新体制机制，改进工作方式，提高党的基层组织做思想政治工作能力。要做好在高校教师和学生中发展党员工作，加强党员队伍教育管理，使每个师生党员都做到在党爱党、在党言党、在党为党。”[①]这段话三个句号，三层意思。

第一层次是对高校党委提出的要求。党章明确规定，党的领导主要是政治领导、思想领导和组织领导。政治领导就是要保证高校正确的办学方向，保证党的领导在高校工作中全面发挥作用，保证高校的改革发展与党

①《习近平谈治国理政》第2卷，北京：外文出版社2017年版，第379页。

所确定的阶段性目标任务保持高度一致，保证党的路线方针政策和重大工作部署得到贯彻落实。思想领导主要是要掌握高校思想政治工作的主导权，巩固马克思主义在高校意识形态的主导地位，培育和弘扬社会主义核心价值观，用科学理论培养人，用正确的思想引导人，保证高校始终成为培养社会主义事业合格建设者和可靠接班人的坚强阵地。组织领导就是要保证党的选人用人标准得到落实，建设高素质的干部队伍和人才专家队伍，坚持抓基层打基础，发挥基层党组织战斗堡垒作用和全体党员先锋模范作用，保证党的路线方针和重大部署不折不扣落实到基层。要实施好政治、思想和组织领导，就要做到“三个把握住”：把握住党管办学方向的坚定立场；把握住党管改革发展的目标任务；把握住党管干部管人才的根本原则。

第二层次是对高校党的基层党组织提出的要求。高校基层党组织直接面对广大师生员工，目前高校基层党组织做思想政治工作的能力还不够强，离总书记的要求还有很大差距，这里既有加强组织建设问题，也有创新体制机制的问题。

第三层次是对党员发展工作，以及对师生党员的教育管理提出了要求。发展党员工作本身就是思想政治工作的重要途径，从写入党申请书、团委推优，到进党校培训考试、定期写思想汇报、与介绍人谈心，再到开支部大会通过等，每一个环节都是教育的环节、学习的环节。

三、提高党的基层组织做思想政治工作的能力

概括起来为“四个多做”，一是高举中国特色社会主义伟大旗帜，与以习近平同志为核心的党中央保持高度一致，增强“四个意识”，在统一思想上多做工作；二是围绕立德树人，服务大局，在促进学生的全面发展和教职工潜能发挥上多做工作；三是抓基层打基础，在构建和谐和基层组织标准化上多做工作；四是选好干部、配好班子，在自身建设上多做工作。具体从党建角度讲，就是要发挥好五个作用。

第一，完善党委领导下的校长负责制，切实发挥党委的领导核心作用。

一是高校党委对学校工作实行全面领导，承担管党治党、办学治校主体责任，严格执行和维护政治纪律和政治规矩，落实党建工作责任制，把方向、管大局、作决策、保落实，切实发挥领导核心作用。党委书记主持党委全面工作，对党委工作负主要责任，校长和其他行政领导班子成员要自觉接受党委领导，贯彻执行党委决定。二是党委要贯彻民主集中制，议大事、谋大事，重大发展规划、重要事项决策、重要干部任免、重要人才使用、重要项目安排、重要阵地建设、大额资金使用和财务预算安排等，由党委集体研究决定，形成党委统一领导，党政分工合作、协调运行的工作机制。三是要严格标准、认真把关、注重培养，选好配强各级领导干部，注重领导班子建设，重视梯队建设和后备干部培训培养。高校书记校长都要成为社会主义政治家、教育家，各级领导班子成员都要业务精、政治强、善团结、能干事，会做思想工作，彻底解决有的高校党委、行政思想不统一，力量不凝聚，决策机制不健全，议而不决、决而不行等问题。

第二，强化院系党的领导，突出发挥院系党委、党总支、直属党支部的政治核心作用。一是要加强二级院系党委党总支领导班子建设，选聘政治强、业务精、能服众的骨干担任党政负责人。确保很好履行政治责任，能在重大办学问题上把好政治关，把握好教学科研管理等重大事项中的政治原则、政治立场、政治方向，在干部队伍建设、教师队伍建设中发挥主导作用。二是理清二级院、系党政工作关系，明确院系党政主要职责。明确党政共同负责的领导体制，书记和院长都是院系工作的主要负责人，对院系改革、发展和稳定负有共同责任。党政“共同负责”是既讲“共同”又讲“分工”，重要事项强调共同负责，具体事项则注重分工负责落实。三是坚持完善党政联席会议制度。要加强院系班子建设，完善党政联席会议制度和院系党委、党总支会议，提升班子整体功能和议事决策水平。认真执行民主集中制原则，以院系党政联席会议为院系最高决策机构，通过院系党政联席会议讨论和决定本单位重大事项。

第三，加强基层党建工作，充分发挥基层党组织战斗堡垒作用。某些高校基层党组织建设弱化，在学生党支部、研究生党支部和教师党支部这些基层党组织中，教师党支部是高校党建的一个薄弱环节。有的基层党组织长期没有组织生活，形同虚设，有的以业务活动代替党内政治生活。所以，必须加强基层党建工作。一是创新做好党支部设置。党支部是分布在教研室、教学科研团队、学生班级的火车头，也是党联系和团结师生、做思想政治工作的组织依托。要特别加强教师党支部建设，在按教学科研机构设置教师党支部基础上，探索依托重大项目组、课题组和教学团队建立党组织，探索把党组织建在学生公寓和学生社团中。二是选优配强支部书记。要注意从学科带头人、教学科研管理骨干、优秀辅导员、优秀大学生党员中选拔党支部书记，实施教师党支部“双带头人”培育工程，定期开展党支部书记轮训，强化党的基本知识、纪律规矩和党建工作方法学习培训，提高广大基层党务工作者的认识水平和能力。三是规范党内政治生活。坚持党的组织生活各项制度，创新方式方法，增强党的组织生活活力。严格党员干部参加双重组织生活制度，健全主题党日活动制度。深入开展“两学一做”学习教育，落实“三会一课”、民主生活会、组织生活会、民主评议党员等制度，加强党性修养。四是严格教育管理和党员发展。要注重在优秀青年教师、海外留学归国教师中发展党员，对于那些对党有感情、思想品行好、业务能力强的优秀人才，安排专人联系，进行重点培养，条件成熟的及时吸收入党。

第四，坚持高标准严要求，激发增强党员干部的模范带头作用。一是要坚定理想信念教育。二是要做好双向融合。努力把有条件的党务工作者培养成学术带头人，把行政系统主要负责人、学科带头人培养成基层党组织负责人，逐步实现基层党组织负责人是懂政治的业务工作者、基层行政系统负责人是懂党建的行政领导者。三是加强党性修养，锤炼过硬作风。教育引导广大党员坚持更高标准、更严要求，增强政治意识、大局意识、核心意识、看齐意识，严肃党的政治纪律和政治规矩，把党员身份亮出来，把先进标尺立起来，把先锋形象树起来，努力走在前列、干在实处，当好表率，使每个党员都是一面能够号召群众、凝聚力量的光辉旗帜。四是抓好思想政治工作队伍建设。要拓展选拔视野，抓好教育培训，强化实践锻炼，健全激励机制，推动专业化职业化建设，整体推进高校思想政治课教师、哲学社会科学教师、辅导员、班主任和心理咨询教师等思想政治工作队伍建设。要建设好辅导员队伍，保证这支队伍高质量、高水准，后继有人、源源不断。同时，要像关心教学科研骨干的成长一样关心思想政治工作队伍成长，使他们工作有条件、干事有平台、待遇有保障、发展有空间，让他们有尊严、有地位、有奔头，腰杆硬、底气足、能力强，最大限度地调动他们的积极性、主动性、创造性。

第五，讲政治、敢担当，党委组织部门要充分发挥好参谋助手作用。一是要有“提高党的基层组织做思想政治工作能力”的意识。有了这个意识，我们在帮助党委谋划工作时，就不仅仅局限于干部如何调整，如何配备了；在安排干部培训时就不会仅仅考虑如何提高他们的党建知识、水平和能力了，还要考虑如何提高他们做师生员工思想政治工作的能力水平。二是寓组织建设于思想政治教育之中，在思想政治教育中加强组织建设。在党的政治、组织、思想三大领导中，思想领导是灵魂、是核心。试想如果思想不统一、不能与党中央保持高度一致，政治领导、组织领导就很难实现。所以，我们要在组织建设中加强思想教育，在思想教育中彰显组织建设的成效。尤其是在正在进行的基层组织标准化建设中，一定要注意把“提高党的基层组织做思想政治工作能力”作为重要内容设计好。三是协助校党委构建科学有效的基层组织做思想政治工作的评价指标体系。重点评价基层党委书记履行第一责任人职责的情况和班子成员履行“一岗双责”的情况。

安徽工业大学构建了“一体两翼”学生思想政治工作格局。“一体”主要从体制机制说的；“两翼”，一翼是党建，另一翼就是思想政治工作。学校坚持围绕中心抓党建，抓实学生党员发展、教育和管理各项任务，努力提升学生党建工作科学化水平，充分发挥学生党员在学习、生活中的先锋模范作用。一是搭建立体化培训平台。每学年校院两级党校举办学生入党积极分子、发展对象、预备党员、党支部书记四期培训班，常态化开展“本科生工作室认领”“结对帮扶”“缅怀英烈”等主题教育活动，与所在的马鞍山市委组织部共同设立

“大学生党员服务站”，搭建了大学生党员理论教育、主题活动、实践锻炼立体化培训平台。二是形成科学化发展过程。严格遵守《中国共产党发展党员工作细则》，严格执行流程规范、材料规范，严格开展预审、复审、审批、备案、批复五个环节工作，在此基础上，创新“党员发展记录卡”，推广党员发展答辩制度，开展党员发展专项审查活动，把发展党员过程当成对学生进行思想教育的过程。三是创建规范化基层组织。学校印发了《党支部工作手册》和《党支部工作记录》，按照标准化要求建设基础党支部，展示推广党支部工作创新案例，开展党员示范岗认领和党员承诺活动，进行基层组织分类定级，进一步增强基层组织活力。四是推进动态化网络管理。学校在2009年完成了党组织和党员数据库平台，2013年在全省率先完成网络版升级，实现了党员基本信息动态化网络管理。

以上主要是从党建角度说的，如果从思想政治工作角度讲，一方面，我们要了解何为思想政治工作能力，了解掌握党和国家有关高校思想政治教育工作的文件精神，把握人才培养规律和教育规律，具备哲学、心理学、思想政治教育、法学、社会学等相关知识，关键是要有激情和热情，提高工作的亲和力和针对性。马克思在《1844年经济学哲学手稿》中说：“如果你想得到艺术的享受，那你就必须是一个有艺术修养的人。如果你想感化别人，那你就必须是一个实际上能鼓舞和推动别人前进的人。”[①]另一方面，我们还要坚持以下五点。

一是坚持遵循原则中的灵活性。思想政治工作具有很强的原则性，这也是其政治性所要求的，如果没有这一点，思想政治工作也就没有了灵魂。思想政治工作必须讲政治，比如政治立场、政治方向、政治观点、政治纪律、政治敏锐性和政治鉴别力等，必须从政治上考虑问题，要有政治意识、大局意识、看齐意识、核心意识。但还有操作层面的问题，要根据对象的变化，保持教育形式的丰富多彩，提高教育形式的鲜活性，把原则性和灵活性结合好。

二是注意常规办事中的创造性。思想政治工作有许多传统和优势，形

①《马克思恩格斯全集》第3卷，北京：人民出版社2002年版，第364页。

成了一系列行之有效的常规,可行的应遵守。但同时,又要根据情况的变化,不断进行创新,要与时俱进、因事而化、因时而进、因势而新。不学习、不创新,光用老一套肯定不行,但一天一个花样也不是最好,要把二者有效结合起来。

三是增强非常情况下的应变性,做到未雨绸缪。一方面,要做好预案工作。另一方面就是增强非常情况下的应变性,这是一个人的内在素质的外在表现和综合反映。

四是倡导寓教于乐。趣味是前提,如果教育的内容,人们首先就反感,连看都不想看,听都不想听,也就不可能接受它,所以必须寻找合适的载体。

五是追求人格魅力中的号召性。做组织工作、从事思想政治工作的同志,都应该是德才兼备、品学兼优的优秀人才。因为他是要做别人思想工作的,是教育人的人,心理应该是健康的、阳光的,眼界、学识和胸怀应该是宽广的。为此,在这里我想对在座的各位提一些建议:学习学习再学习,以增加知识;实践实践再实践,以增强能力;修养修养再修养,以锤炼品质。如果我们能做到:思想使人共鸣,形象使人赞同,做人使人向往,说话使人爱听,办事使人信服,能用心用力用情去做工作,那么习近平总书记要求的提高高校党的基层组织做思想政治工作能力的要求就一定会在我们的工作中实现。

关于高校思想政治工作有关精神解读*

一、深入学习贯彻习近平总书记关于高校思想政治工作的讲话

党的十八大以来，以习近平同志为核心的党中央高度重视高校思想政治工作并采取一系列重大举措，大力加强和改进高校思想政治工作。

2012年11月29日，党的十八大刚闭幕不久，习近平总书记就率中央政治局常委和中央书记处的同志到国家博物馆参观《复兴之路》展览，就中国梦进行全面阐述，强调要实现中华民族的伟大复兴。

2013年8月19日，在全国宣传思想工作会议上，习近平总书记指出："宣传思想工作创新，重点要抓好理念创新、手段创新、基层工作创新。"①理念创新就是要保持思想的敏锐性和开放度，打破传统思维定式，努力以思想认识新飞跃打开工作新局面。手段创新就是要积极探索有利于破解工作难题的新举措新办法，特别是要适应社会信息化持续推进的新情况，加快传统媒体和新兴媒体融合发展，充分运用新技术新应用创新媒体传播方式，占领信息传播制高点。基层工作创新就是要把创新的重心放在基层一线，扎实做好抓基层、打基础的工作。

2014年10月15日，习近平总书记主持召开文艺工作座谈会，并指出："只有牢固树立马克思主义文艺观，真正做到了以人民为中心，文艺才能发挥最大正能量。"②

2016年2月19日，习近平总书记在党的新闻舆论工作座谈会上指出：

---

* 2018年6月12日在全国高校共青团"第二课堂成绩单"培训班上的讲话。

①《习近平谈治国理政》，北京：外文出版社2014年版，第155页。

②《习近平谈治国理政》第2卷，北京：外文出版社2017年版，第314页。

“党的新闻舆论工作是党的一项重要工作，是治国理政、定国安邦的大事，要适应国内外形势发展，从党的工作全局出发把握定位，坚持党的领导，坚持正确政治方向，坚持以人民为中心的工作导向，尊重新闻传播规律，创新方法手段，切实提高党的新闻舆论传播力、引导力、影响力、公信力。”①

2016年4月19日，习近平总书记在网络安全与信息化工作座谈会上指出：“我们要本着对社会负责、对人民负责的态度，依法加强网络空间治理，加强网络内容建设，做强网上正面宣传，培育积极健康、向上向善的网络文化，用社会主义核心价值观和人类优秀文明成果滋养人心、滋养社会，做到正能量充沛、主旋律高昂，为广大网民特别是青少年营造一个风清气正的网络空间。”②

2016年5月17日，习近平总书记在哲学社会科学工作座谈会上指出：“广大哲学社会科学工作者要树立良好学术道德，自觉遵守学术规范，讲究博学、审问、慎思、明辨、笃行，崇尚‘士以弘道’的价值追求，真正把做人、做事、做学问统一起来。要有‘板凳要坐十年冷，文章不写一句空’的执着坚守，耐得住寂寞，经得起诱惑，守得住底线，立志做大学问、做真学问。要把社会责任放在首位，严肃对待学术研究的社会效果，自觉践行社会主义核心价值观，做真善美的追求者和传播者，以深厚的学识修养赢得尊重，以高尚的人格魅力引领风气，在为祖国、为人民立德立言中成就自我、实现价值。”③

2016年12月4日，中共中央、国务院印发《关于加强和改进新形势下高校思政工作的意见》与《中共中央、国务院关于进一步加强和改进大学生思想政治教育的意见》，相比有很大不同：范围更大了，由大学生拓展至整个高校思想政治工作；提到七大育人，即教书育人、科研育人、实践育人、管理育人、服务育人、文化育人、组织育人，特别是提高党的基础组织做思想政治工作的能力。

①《习近平谈治国理政》第2卷，北京：外文出版社2017年版，第331页。

②《习近平谈治国理政》第2卷，北京：外文出版社2017年版，第337页。

③ 习近平：《在哲学社会科学工作座谈会上的讲话》，北京：人民出版社2016年版，第29页。

2016年12月7日，中共中央、国务院专门召开全国高校思想政治工作会议，习近平总书记专门就加强和改进高校思想政治工作提出了明确要求："要因事而化、因时而进、因势而新。要遵循思想政治工作规律，遵循教书育人规律，遵循学生成长规律，不断提高工作能力和水平。"[①]高校要做到四个服务：为人民服务、为中国共产党治国理政服务、为巩固和发展中国特色社会主义制度服务、为改革开放和社会主义现代化建设服务。

2018年4月20至21日，中央召开全国网络安全和新信息化工作会议。习近平总书记就抓住信息化发展历史机遇，自主创新推进网络强国建设，加强网上正面宣传，发表了重要讲话。

以上讲话系统回答了三大根本问题，进一步明确高校思想政治工作的战略定位。习近平总书记指出："高校思想政治工作关系高校培养什么样的人、如何培养人以及为谁培养人这个根本问题。"[②]习近平总书记通过系列论述，从理论和实践角度对这一根本问题进行了系统回答。这些重要论述，从确保中国特色社会主义事业后继有人和兴旺发达的高度，对高校思想政治工作提出了更高的战略要求。

第一，青年是党和国家的未来、民族的希望。青年是标志时代的最灵敏的晴雨表，是全社会最富有活力、最具有创造性的群体，是中国特色社会主义事业接班人，是国家的未来和民族的希望。青年兴则国家兴，青年强则国家强。青年一代有理想、有本领、有担当，国家就有前途，民族就有希望。

当今世界的竞争、意识形态的争夺，在某种意义上说就是对青年学生的竞争和争夺。因此，我们只有赢得青年学生才能赢得未来，才能确保中国特色社会主义事业长盛不衰。

全党要关心、爱护和服务青年学生，要充分信任青年学生，关心关注青年学生，严格要求青年学生，为青年学生驰骋思想打开更浩瀚的天空，为青年学生实践创新搭建更广阔的舞台，为青年学生塑造人生提供更丰富的机

①《习近平谈治国理政》第2卷，北京：外文出版社2017年版，第378页。

②《习近平谈治国理政》第2卷，北京：外文出版社2017年版，第376页。

会，为青年学生建功立业创造更有利的条件。

高校既要关心青年学生的思想状况、身心健康，引领他们树立正确的世界观、人生观、价值观，善于用马克思主义的立场、观点和方法来认识问题、解决问题；也要引领他们确立正确的历史观、民族观、国家观和文化观，不断增强青年学生的道路自信、理论自信、制度自信和文化自信，增强对坚持党的领导的信念，永远紧跟党高高举起中国特色社会主义伟大旗帜；更要服务青年学生，要善于为每位青年学生播种梦想、点燃梦想，让更多青年学生敢于有梦、勇于追梦、勤于圆梦，用中国梦打牢青年学生的共同思想基础，用中国梦激发青年学生的历史责任感和使命感。

各级党组织要走近青年、走进青年，想青年之所想，急青年之所急，要关注青年学生的愿望，帮助青年学生发展，支持青年学生创新创业，努力为青年学生成长成才创造良好环境，搭建实现人生出彩的舞台，让青年学生勇做时代的弄潮儿。

第二，要全面贯彻党的教育方针，落实立德树人根本任务。习近平总书记强调："高校立身之本在于立德树人。""思想政治工作从根本上说是做人的工作，必须围绕学生、关照学生、服务学生，不断提高学生思想水平、政治觉悟、道德品质、文化素养，让学生成为德才兼备、全面发展的人才。"①这就把立德树人这一教育根本任务同培养社会主义事业建设者和接班人这一教育培养目标紧密结合起来，鲜明地揭示了我国教育的社会主义性质与立德树人的质的规定性，揭示了大学生思想政治教育的目标、任务与要求。

树人先要立德。"德"是评价人才培养质量的首要标准，是大学生思想政治教育的核心与灵魂。习近平总书记高度重视"德"在育人中的首要地位、方向和作用。对青年学生成长而言，"德"主要体现在理想信念与价值养成两个方面。理想信念是我们党对青年学生教育历来重视的首要问题。理想指引人生方向，信念决定事业成败，广大青年学生一定要坚定理想信念，没有理想信念，就会导致精神上缺"钙"。教育引导青年学生坚定理想信念，就是要帮助青年学生自觉树立马克思主义信仰和中国特色社会主义

①《习近平谈治国理政》第2卷，北京：外文出版社2017年版，第377页。

信念，用理想信念凝聚青年学生的思想共识，使之成为青年学生成长成才的思想动力。

习近平总书记同时强调："青年的价值取向决定了未来整个社会的价值取向，而青年又处在价值观形成和确立的时期，抓好这一时期的价值观养成十分重要。"①因此，高校思想政治教育者要结合马克思主义信仰和中国发展大势，将理想信念同青年学生所看到、所经历的社会发展实际相联系，让青年学生在感知的基础上理解，在理解的基础上认同，在认同的基础上接受，在接受的基础上最终成为自己的信仰。

立德树人的根本目标是培养德智体美全面发展的社会主义建设者和接班人。高校要始终坚持以习近平总书记的大学生思想政治教育思想为遵循，以立德树人为中心环节，以强化理想信念与价值养成提升"德"育，以启发科学思维与创新意识科学"智"育，以练就健康体魄与平和心态加强"体"育，以培养文化底蕴与高尚情操推进"美"育，真正实现文化知识学习与思想品德修养的统一、理论学习与社会实践的统一、全面发展与个性发展的统一，着力提高青年学生服务国家、服务人民的社会责任感，勇于探索的创新精神和善于解决问题的实践能力。

二、准确把握高校思想政治工作面临的新形势

高校思想政治工作形势总体是好的。本着底线思维的原则，这里我主要讲存在的问题，有利于加深我们对党中央高度重视高校思想政治工作的理解。

第一，经济发展新常态下凝聚共识更复杂，为高校思想政治工作带来新挑战。统一思想、凝聚共识的任务依然繁重。社会发展阶段性特征影响带来思想变化。城乡差距大，西部与东部差距也大，民生和社会保障也存在差距，这些都不是短时间内能解决的。社会节奏加快使一部分人心理浮躁，一些人希望"一夜致富"，达不到目的就会表现不满。这些问题都不可避免地传入学校，需要我们积极应对。社会存在决定社会意识，经济社会

①《习近平谈治国理政》，北京：外文出版社2014年版，第172页。

新变化必然带来思想的变化。多元思想文化激荡,冲击我们的主流思想文化阵地,青年的思想活动具有多变性,理想信念坚定与否正面临着严峻的考验。

第二,互联网斗争更加激烈,给高校思想政治工作带来挑战。互联网飞速发展,给思想政治工作带来极大的影响,改变了工作的对象、手段、场所、环境等,同时互联网扩大了思想政治工作的阵地。如何利用互联网有效开展思想政治工作?对每个思想政治工作者来说都是一个挑战。习近平总书记要求各级领导干部要提高利用互联网做思想政治工作的能力。

第三,教师思想动态变化加大高校思想政治工作的难度。近年来,高校教师队伍发生很大变化,45岁以下的教师占比很大,有些年轻教师对中国国情认识不足。年轻教师群体思想引导是我们工作的重点,也是难点,他们对学生的影响不可小视。每个学校新进年轻教师时,主要考查其科研教学等业务能力,对思想品德、心理健康等考查极少,考查的方式还需进一步完善。

三、全面落实习近平总书记新思想的新要求

1.加强学习提高认识,自觉在思想政治行动上与以习近平同志为核心的党中央保持高度一致,不断增强责任感和使命感

习近平总书记要求高校领导要成为政治家和教育家。我们高校团干部是党的助手和后备军,也要努力学着成为政治家教育家。某一方面的专家不等于是教育家,教育学专家也不等于是教育家。考虑问题一定要站在党和国家全局的角度。

中央要求我们学习习近平新时代中国特色社会主义思想,要在学懂弄通做实上下功夫。只有理论上的清醒,才有政治上的坚定和行动上的自觉。我们很多干部身子已经进入新时代,但脑子仍停留在过去时。经济有新旧动能转换问题,干部也有新旧思想转换问题。马克思说:“批判的武器当然不能代替武器的批判”,“理论一经掌握群众,也会变成物质力量。”[①]这里讲

①《马克思恩格斯选集》第1卷,北京:人民出版社2012年版,第9页。

的是理论和实践的辩证关系。我们党向来重视理论建设,从建党第一天起,就把马列主义作为指导思想,经过艰苦探索,到党的七大才完成马克思主义与中国实际相结合——诞生了毛泽东思想,这是指导中国革命和社会主义建设的世界观和方法论,也是我们党走向成熟最重要的标志。此后,我们党根据不同历史时期中心工作的需要,实现了马克思主义中国化的多次飞跃。而每一次飞跃,都指导和推动了党和国家事业实现了新的发展。特别是党的十八大以来,我国政治、经济、军事、科技、外交等各项事业都取得了突破性的进展,不仅经济总量稳居世界第二,而且和美国的差距日益缩小。对全球经济的贡献率稳居全球第一,达30%以上。中国在全球经济下行的大背景下不仅实现较好发展,而且为解决世界难题提供了中国智慧和中国方案,中国已经走进世界舞台的中心。中国共产党之所以强大,之所以能干成别国别的政党想干而干不成的事,就是因为有正确的指导思想。所以,作为党的助手和后备军,学习好、掌握好、运用好这一理论,是当前我们每一位团干的首要任务。

要善于学习,勤于思考。党章中关于党员的义务就强调,要认真学习,努力提高为人民服务的本领。作为一名年轻干部,要善于学习,学而博,进而提升工作理念和工作思路。"学而不思则罔,思而不学则殆"。只学习不思考肯定是不行的。既要做到"君子生非异也,善假于物也",又要做到"物物而不物于物"。

2.坚定理想信念、心系广大青年、提高工作能力、锤炼优良作风

坚定理想信念。提高社会主义意识形态的吸引力和凝聚力,关键是要高举理想信念的旗帜,必须站在理想信念这个制高点上。

心系广大青年。广大党员干部必须心系广大青年,任何时候都不能脱离青年,必须密切联系青年。如果不能深入广大青年,"自说自话,自拉自唱",工作是很难做好的。

提高工作能力。当今时代是知识爆炸的时代,各种新知识、新技术日新月异,新情况、新问题层出不穷。我们要有"本领恐慌"的忧患意识。因为青年做的工作往往是前沿性的,操作的技术都是最先进的,吸收的观念都是最时尚的，简简单单做工作不会有成效，而是要下很大功夫。青年人接受新事物快，如果我们自己的知识水平、见识程度跟不上广大青年，说科技说不上，说文艺说不通，说工作说不来，说生活说不对路，说来说去就是那几句官话、老话、套话，同广大青年没有共同语言、没有共同爱好，那当然会有“话不投机半句多”之嫌。

锤炼优良作风。团结广大青年，一要坚持以青年为本，着力增进对青年的感情，做青年友，不做青年“官”。千万不能官气很重、架子很大，我们要同青年交朋友、心连心，真正赢得广大青年信任。二要了解青年，我们要主动深入基层、走进青年，知道青年想什么、要什么，真心诚意为他们办事，使他们实实在在感受到党的关怀、团的关心、社会的关爱。我们要讲境界、有气度，有情操、有情怀、有追求。广大党员干部心里一定要容得下一些人和事，不要把自己看得太重，心中有别人，别人心中才会有你；视野情怀要宽广，要有梦想，但不要胡思乱想；要脚踏实地，不能空想。其实，只要踏实工作、任劳任怨，那么工作自然就会取得丰硕的成果。

3. 权力要淡化，服务要强化

我们的干部千万不能把部门优势、岗位优势转化为个人优势，“信念坚定、为民服务、勤政务实、敢于担当、清正廉洁”的二十字好干部标准不是口号，要融入工作思路、方法中，体现到工作实践和为师生的服务之中。要做好服务工作就要将心比心、换位思考，关键是要有爱心。习近平总书记讲，“好老师，要有仁爱之心。”[①]怎么做才能有仁爱之心呢?《论语》从五个方面介绍具备仁爱之心的方法。

一是恭。“恭则不侮”，对人恭敬，就不致遭受侮辱。任何一个单位，都会有个别几个人人际关系不好，人际关系不好的人恰恰每天都在强调自己的自尊，挑剔别人，越挑剔别人，人际关系越不好。为什么？就是因为内心缺少对别人真正的恭敬。恭敬不是一种表面的礼仪，讲的是内心的力量和态度。二是宽，“宽则得众”，一个宽和的人能够得到大众的拥戴。宽是自

①《习近平同北京师范大学师生代表座谈时的讲话》，《人民日报》2014年9月10日第2版。

己心里的态度。宽和是一种生活态度。三是信。“信则人任焉”,一个诚实守信的人,就会得到别人的信任。信誉是人生的基石,人有信誉才能在社会长久立足。四是敏。“敏则有功”,大家都在做事,但是有人做的是无用功,有人就很有效率。谁有效率呢?就是那些最敏锐的人。我们今天这个社会,需要用敏锐的眼光捕捉信息,然后去调试自己的坐标。五是惠。“惠则足以使人”,这句话其实是对当领导的人说的。一个人要有恩惠之心,这样才可以调遣别人。什么是惠呢?对你的团队在精神价值上要不断地肯定,在物质利益上要跟他们分享,这就是惠。

4. 单位要多转,岗位要多练

历练就是磨练,磨练才能提升。我们要加强岗位锻炼,增长见识、积累经验,不断丰富阅历,获得能力提升。专职干部要如此,兼职干部、业务干部也应如此。“读万卷书行万里路”讲的就是这个意思。能力的提升与个人经历阅历是密切相关的。

5. 时时要有活,事事要思考

作为一名干部,要做到眼中能看到问题,遇事要多思考,从小事做起,不贪大求洋。要懂得思路决定出路,气度决定高度,细节决定成败,性格决定命运。只有做到脑中有大局,心中有点子,手中有重点,脚下有支撑,才能实现头上有光环。我们抓工作要善于抓重点领域、重点环节和重点人。领导关注的,师生反应强烈的,就是我们要重点抓的。

最后把日本企业家管理学家稻盛和夫一个公式送给大家:成功=思维方式×能力×热情。所以,注意培养自己的思维方式尤其重要。

怎么上好高校思想政治理论课*

大家都知道,2019年3月18日,习近平总书记在北京主持召开学校思政课教师座谈会。座谈会上,习近平总书记从办好思政课意义重大、办好思政课关键在教师、推动思政课改革创新、加强党对思政课建设的领导等方面作了重要讲话。习近平总书记对思政课老师提出六点要求:政治要强,情怀要深,思维要新,视野要广,自律要严,人格要正。同时,提出在推动思政课改革创新中要坚持"八个相统一"的原则。教育部2019年4月8日举行学习贯彻习近平总书记在学校思政课教师座谈会上重要讲话精神的座谈会。陈宝生部长提出,要以"三巡六创优"为抓手,进一步上好新时代学校思政课。2019年4月18日,中共安徽省委也在合肥召开了全省学校思政课教师座谈会,我校辅导员赵颖虹参加会议并作了发言。

学校思政课教师座谈会的召开既为高校思政课建设带来了难得的发展机遇,同时对广大思政课教师也提出了新的更高的要求和挑战。教育部长陈宝生说,当前学习好、领会好、贯彻好习近平总书记在学校思政课教师座谈会讲话精神是教育战线的头等大事和首要政治任务。下面我想结合学习习近平总书记在学校思政课教师座谈会上的讲话精神,就如何上好高校思政课谈点自己的看法。

一、要从政治上看待以习近平同志为核心的党中央高度重视高校思政课的问题

回顾党的十八大以来以习近平同志为核心的党中央所采取的一系列重大举措,可以帮助我们从政治上看待这个问题,提高认识,加深理解:

---

* 2019年3月18日学校思政课教师座谈会在北京召开后,应邀为某高校思政课教师开设讲座的讲稿。

2012年11月29日，中共十八大闭幕不久，习近平总书记率中央政治局常委和中央书记处同志到国家博物馆参观《复兴之路》展览，就中国梦进行全面阐述，强调要实现中华民族伟大复兴的中国梦。

2013年8月19日，在全国宣传思想工作会议上，习近平总书记指出："经济建设是党的中心工作，意识形态工作是党的一项极端重要的工作。"①

2014年10月15日，习近平总书记专门召开文艺工作座谈会，指出："文艺要反映好人民心声，就要坚持为人民服务、为社会主义服务这个根本方向。这是党对文艺战线提出的一项基本要求，也是决定我国文艺事业前途命运的关键。"②

2015年5月17日，习近平总书记在哲学社会科学工作座谈会上指出："广大哲学社会科学工作者要树立良好学术道德，自觉遵守学术规范，讲究博学、审问、慎思、明辨、笃行，崇尚'士以弘道'的价值追求，真正把做人、做事、做学问统一起来。要有'板凳要坐十年冷，文章不写一句空'的执着坚守，耐得住寂寞，经得起诱惑，守得住底线，立志做大学问、做真学问。要把社会责任放在首位，严肃对待学术研究的社会效果，自觉践行社会主义核心价值观，做真善美的追求者和传播者，以深厚的学识修养赢得尊重，以高尚的人格魅力引领风气，在为祖国、为人民立德立言中成就自我、实现价值。"③

2016年2月19日，习近平总书记在党的新闻舆论工作座谈会上指出："党的新闻舆论工作是党的一项重要工作，是治国理政、定国安邦的大事，要适应国内外形势发展，从党的工作全局出发把握定位，坚持党的领导，坚持正确政治方向，坚持以人民为中心的工作导向，尊重新闻传播规律，创新方法手段，切实提高党的新闻舆论传播力、引导力、影响力、公信力。"④

2016年4月19日，习近平总书记在网络安全与信息化工作座谈会上指

①《习近平谈治国理政》，北京：外文出版社2014年版，第153页。

②《习近平谈治国理政》第2卷，北京：外文出版社2017年版，第314页。

③ 习近平：《在哲学社会科学工作座谈会上的讲话》，北京：人民出版社2016年版，第29页。

④《习近平谈治国理政》，北京：外文出版社2014年版，第331页。

出："我们要本着对社会负责、对人民负责的态度，依法加强网络空间治理，加强网络内容建设，做强网上正面宣传，培育积极健康、向上向善的网络文化，用社会主义核心价值观和人类优秀文明成果滋养人心、滋养社会，做到正能量充沛、主旋律高昂，为广大网民特别是青少年营造一个风清气正的网络空间。"[①]

2016年12月7日，中共中央国务院专门召开全国高校思想政治工作会议，习近平总书记在会议上专门就加强和改进思政课，提高思政课质量提出了明确要求：第一，要用好课堂教学这个主渠道；第二，思政课要在改进中加强、在创新中提高，提升思政课教育亲和力和针对性，满足学生成长发展需求和期盼；第三，所有课程都有育人功能，其他各门课都要守好一段渠、种好责任田，使各类课程与思政课同向同行，形成协同效应；第四，思政课的目标和根本任务是培养又红又专德才兼备、全面发展的社会主义合格建设者和可靠接班人。

2016年12月，中共中央、国务院印发《关于进一步加强和改进新形势下高校思想政治工作的意见》，其中对高校思想政治工作包括思想政治课都提出了加强改进的措施。

2018年9月10日，全国教育大会在北京召开，习近平总书记指出，"教育是国之大计、党之大计"，"培养什么人，是教育的首要问题"，并对教育、教师、各级党组织提出了明确要求。

2019年3月18日，习近平总书记主持召开学校思政课教师座谈会。在我党的历史上，这是第一次党的总书记为一门课开座谈会。会议从上午9点一直持续到中午12点40分。习近平总书记最后与参会的100多名教师逐一握手告别。以习近平同志为核心的党中央之所以高度重视学校思政课，与当前国际国内形势以及社会现实密切相关，当然也与这门课对培养建设者、接班人的重要作用分不开。作为对大学生进行思想政治教育的主渠道、主阵地，思政课只能被高度重视、加强，否则，对于我们的国家、我们

① 习近平：《在网络安全和信息化工作座谈会上的讲话》，北京：人民出版社2016年版，第9页。

的党和我们的民族都是有害的。

二、深刻理解全面把握以习近平同志为核心的党中央对思政课程建设和思政课教师的新要求

学校思政课教师座谈会上，习近平总书记先是说办好思政课，有不少问题需要解决，但最重要的是解决好信心问题。“欲人勿疑，必先自信。”思政课教师本身都不信，还怎么教学生？我们的信心来自四个方面：一是党中央对教育工作高度重视，对思想政治工作、意识形态工作高度重视，始终坚持马克思主义指导地位，大力推进中国特色社会主义学科体系建设，为思政课建设提供了根本保证；二是我们对中国共产党执政规律、社会主义建设规律、人类社会发展规律的认识和把握不断深入，开辟了中国特色社会主义理论和实践发展的新境界，中国特色社会主义取得了举世瞩目的成就，为思政课建设提供了有力支撑；三是中华民族几千年形成了博大精深的优秀传统文化，我们党带领人民在革命、建设、改革过程中锻造的革命文化和社会主义先进文化，为思政课建设提供了深厚力量；四是思政课建设长期以来形成的一系列规律性认识和成功经验，为思政课建设提供了重要基础。

接着他对思政课老师、思政课建设分别提出了明确要求：“政治要强”“情怀要深”“思维要新”“视野要广”“自律要严”“人格要正”。

第一，政治性要强。作为高校思政课教师，首先要认识到这门课的政治性，然后才是它的思想性、学科性、学术性。学术性和政治性之间的关系如果处理不好，会带来一系列问题，我们就会感到矛盾重重，也就很难增强责任感、使命感和光荣感、自豪感，甚至直接影响平时的教学，也就很难完成党中央交给我们的立德树人的光荣使命。所以，要解决学生理想信念问题，首先思政课教师自己要有信仰，有信仰的人才能讲信仰。对马克思主义的信念，对社会主义和共产主义的信念，要先在思政课教师心中扎下根，才能在学生心中开花。教师自己首先要对自己讲的内容高度认同，才能有效引导学生真学、真懂、真信、真用。要善于从政治上看问题，在大是大非

面前保持政治清醒。当前形势下，办好思政课，要放在世界百年未有之大变局、党和国家事业发展全局中看待，要从坚持和发展中国特色社会主义、建设社会主义现代化强国、实现中华民族伟大复兴的高度来对待。

第二，情怀要深。教师在课堂上展示的情怀最能打动人，甚至会影响学生一生。真信才有真情，真情才能感染人。思政课老师至少要有三个情怀：家国情怀，心中装着国家和民族，关注时代、关注社会，汲取养分、丰富思想；传道情怀，对马克思主义理论、对教育事业投入真情实感，对思政课教育教学有执着追求；仁爱情怀，把对家国的爱、对教育的爱、对学生的爱融为一体，心中始终装着学生，让思政课成为一门有温度的课。

第三，思维要新。思政课教师给予学生的不应该只是一些抽象的概念，而应该是观察认识当今世界、当代中国的立场、观点、方法。思政课教师要善于运用创新思维、辩证思维，善于运用矛盾方法抓住关键、找准重点、阐明规律，创新课堂教学。教师在教学中，可以批评不良社会现象，更要引导学生正面思考；可以讲社会主义建设的复杂性和艰巨性，更要引导学生对社会主义前途充满信心。

第四，视野要广。思政课教师要有知识视野，除了具有马克思主义理论功底之外，还要涉猎其他学科的知识，同时还要有宽广的国际视野。现在的开放环境下，学生经常会把国外的事情同国内的情况联系起来，在这个过程中他们就会产生一些疑惑，这就是思政课要讲清楚的重点。思政课教师既不能封闭保守，也不能崇洋媚外，引导学生全面客观认识当代中国、看待外部世界，善于在批判鉴别中明辨是非。思政课教师还要有历史视野。中华文明有着5000多年的辉煌历史，中国人民近代170多年斗争史，中国共产党近100年的奋斗史，中华人民共和国70年发展史，改革开放40多年的实践史，思政课教师要通过生动、深入、具体的纵横比较，将这些历史引入课堂，真正地用历史思维去分析和解决问题。

第五，自律要严。思政课教师对自己要求要严，既要遵守教学纪律，也要遵守政治纪律和政治规矩，做到课上课下一致、网上网下一致，不能在讲台讲得很好，却在讲台下乱讲，更不能在网上乱讲。两种现象都要避免：一是有的老师因为思政课的意识形态性强，怕祸从口出，就绕着问题走；二是不守政治规矩，口无遮拦乱讲一气。思政课教师只要坚持正确的政治方向，全面客观看问题，就不会在政治上出问题。

第六，人格要正。有人格才有吸引力，亲其师才能信其道。思政课教师要用高尚的人格感染学生，赢得学生信任。思政课教师要有学识魅力，用真理力量感召学生。思想要有境界，语言要有魅力，诚意正心，知行合一，自觉做为学为人的表率，真正让学生喜爱自己；要以知促行、以行促知、知行合一，立大志养浩然正气，事上磨练养诚敬气质，知行合一提高工作水平。

习近平总书记对思政课改革创新提出了“八个统一”的要求：

一是坚持政治性与学理性相统一。这是强调思政课的政治引导功能，并不是要把课讲成简单的政治宣传，而是要以透彻的学理分析回应学生，以彻底的思想理论说服学生，用真理的强大力量引导学生。马克思说理论只要彻底，就能说服人。思政课所讲的理论、观点、结论要经得起学生各种“为什么”的追问。值得注意的是，不能用学理性弱化政治性，要体现思政课的政治引导功能。

二是坚持价值性与知识性相统一。思政课重在塑造学生的价值观，这一点必须牢牢抓住。强调思政课的价值性，不是要忽视知识性，而是通过满足学生对知识渴求的基础上加强价值观教育。只有空洞的价值观说教，没有科学的知识做支撑，价值观教育的效果也会大打折扣。但也不能只强调知识性，不能为了应付考试让学生死记硬背知识点，而不注重对学生价值观的引导。知识是载体，价值是目的，思政课教师要寓价值观引导于知识传授之中。

三是坚持建设性与批判性相统一。思政课的任务是传导主流意识形态，建设性是其根本。同时，思政课还要在传播马克思主义立场、观点、方法的基础上用好批判的武器，直面各种错误观点和思潮，旗帜鲜明进行剖析和批判。任何社会任何时期都会有各种问题存在，思政课教师要教育引导学生正确看待、辩证认识、理性分析现实问题，辨明大是大非、真假黑白，在对社会假恶丑现象的批判中弘扬真善美。思政课教师要坚持问题导向，针对学生关注的、有疑惑的问题要深入研究解答，把事实和道理一条条讲清楚，从一个问题切入，把一个问题讲深，最后触类旁通，可以带动很多关联问题的解答。

四是坚持理论性与实践性相统一。思政课教师要把思政课小课堂与社会大课堂结合起来，在理论和实践的结合中，教育引导学生把人生抱负落实到脚踏实地的实际行动中，把学习奋斗的具体目标与中华民族伟大复兴的宏伟目标结合起来。既要用理论说明现实问题，又要让学生在实践中加深对理论的理解。

五是坚持统一性与多样性相统一。思政课的教学目标、课程设置、教材使用、教学管理等方面要有统一要求，但具体落实要因地制宜、因时制宜、因材施教，结合实际把统一性要求落实好，要积极探索不同方法和路径。思政课教师在教学中要把统编教材作为依据，确保教学的规范性、科学性、权威性，同时也不能简单照本宣科；要让学生爱听爱学、听懂学会，需要做很多创造性工作，做多样化探索。

六是坚持主导性与主体性相统一。思政课教学离不开教师的主导，同时教师要坚持以学生为中心，加大对学生的认知规律和接受特点的研究，发挥学生主体性作用。比如，思政课教师可以运用小组研学、情景展示、课题研讨、课堂辩论等方式开展教学，有利于学生主体性的发挥。教师要做好画龙点睛工作，加强引导和总结提炼。

七是坚持灌输性与启发性相统一。灌输是马克思主义理论教育的基本方法。列宁说："工人本来也不可能有社会民主主义的意识。这种意识只能从外面灌输进去。"①让学生接受马克思主义同样离不开灌输，但这不等于搞填鸭式的硬灌输，要采用启发式教学，引导学生发现问题、分析问题、思考问题，在启发式教学中让学生水到渠成得出结论。思政课教师要会讲故事，讲好中华民族、中国共产党、中华人民共和国、中国特色社会主义、改革开放的故事，不仅教师讲，还可以让学生自己讲。现在高校教学普遍注

①《列宁全集》第6卷，北京：人民出版社2013年版，第29页。

重教学过程，期终考试成绩在学业考核中的比重降低，所以教师一定要学会讲故事，讲好故事，讲学生感兴趣的故事，讲服务教学目标的故事，然后让学生讨论、归纳、提炼、总结，最后教师升华点睛。

八是坚持显性教育与隐性教育相统一。思政课就是思想政治教育的显性课程，中国共产党办中国特色社会主义教育，就是要理直气壮开好思政课。同时，教师要挖掘其他课程中蕴含的思想政治教育资源，实现全程全方位全员育人。各类课程都要与思政课同向同行，形成协同效应。比如，音乐课老师讲到肖邦曲子时，可以讲讲肖邦如何爱国的故事，这就是挖掘其中蕴含的思想政治教育资源。

总之，要使思政课讲得更有亲和力和感染力、针对性和实效性，就要实现知情意行的统一，让学生心服口服。

2019年4月8日，教育部召开学习贯彻习近平总书记在学校思政课教师座谈会上重要讲话精神的座谈会。陈宝生部长提出要以“三巡六创优”为抓手，进一步办好新时代学校思政课。

一是思路创优。要牢牢把握思政课的对象是人，关键是“思”，重点是“政”，载体是“课”，从“关键课程”的角度解决好思政课的核心要素、质量标准、保障条件等问题。二是师资创优。要瞄准习近平总书记提出的六个方面素养标准，对思政课教师队伍建设存在的问题和薄弱环节进行综合研判，拿出切实有效的措施，真正聚焦优秀人才，提升思政课教师质量。三是教材创优。要切实抓好经典教材、主体教材、专业教材、案例教材、特色教材、领导报告教材等建设，抓好抓实理论体系向教材体系的转化，充分体现教材的思想含量、政治含量、学术含量，进一步发挥好思政课教材所承载的历史使命。四是教法创优。要深入落实“八个统一”要求，以辩证唯物主义和历史唯物主义贯穿教学，做到“有虚有实、有角有棱、有情有义、有滋有味、有己有人”。五是机制创优。要以评价机制创新为核心，深入抓好以中共中央、国务院《关于进一步加强和改进新形势下高校思想政治工作的意见》贯彻落实工作，在思政课教师队伍建设、思政课教师职业发展规划等机制创新方面多作探索。六是环境创优。要切实认真打造思政课，为办好思政课创造良好的政治生态和学术环境，让思政课教师能潜心育人，让优秀教师有志于长期从事思政课教学。

三、靠什么上好思政课

党中央、教育部提出了高要求，给我们未来的工作指明了方向。作为高校思政课教师兼安徽省大学生思想政治教育智库负责人，我一直在思考：我们靠什么来完成这项光荣而艰巨的任务，如何切实提高思政课的课程质量，如何使学生在我们的教学中受到教育、增长才干？应该说这些年我们各个高校的马克思主义学院的班子成员和老师，一直在积极探索、努力实践，也实施了不少的举措，有些举措经实践证明也是卓有成效的，但教研室之间、教师之间的水平和能力还是很不平衡的，与中央的要求和学生的需要相比也还是有差距的，需要我们进一步加大改革创新的力度，以确保上好思政课。

上好课一靠上面的文件精神，二靠教学大纲，三靠教学经验。总的讲，就是“不唯上、不唯书、只唯实”九个字：实事求是，不唯上；认真学习，刻苦钻研，不唯书；放眼社会，育人为本，只唯实。对于高校思政课而言，有两个方面需要我们把握。一是对于管理者、管理部门来讲，要跳出教学看教学。作为管理部门，看一个老师或一个学院的教学质量，绝不能就教学看教学，实际还包括教学以外的东西。比如，教学大纲的设计，教材编写的质量，学校为老师提供的教学、科研等方面的条件保障等。二是对于教师个体来讲，决定教师课堂效果和教学质量的是在教学之外花费的功夫。这里包含这样几层意思：首先不是否定功夫要下在教学上；其次要搞好教学光把功夫下在教学上还远远不够；再次必须要关注教学以外的主客观条件，通过广泛地收集学生关注的热点、难点问题和与课程内容相关的鲜活事例，广泛地多与同行交流，才能使自己的课程受欢迎，才能达到释疑解惑的效果；最后思政课教师专业素质的提高远远在教学之外，只有通过教学之外的东西充实自己，认真思考热点难点问题，才能使自己的教学满足学生的需要。作为高校思政课教师，我们天天讲要进行素质教育，但如果自己本身就是应试教育的产物，肯定是很难真正实施素质教育的，必须靠深厚的学识、过硬的技能才能上好思政课。

一靠坚定的信念。这种信念从大的方面讲，就是“四信”和“四个自信”的问题，其实，我认为还有个问题可能是我们有些老师容易忽视的，就是学生的思想道德水准如何？处在什么层次上？我们了解多少？引导和塑造的功能能发挥到何等程度？思想政治理论课的培养目标能否实现？对于不同层次的学生需求，应该采取什么态度？当然我们首先要满足学生的需求，但如果我们的教育仅停留在满足学生的需求上，肯定是不够的，还需要引导其需求，使其向较高层次升华，向健康方向发展，做到个体适应性与社会适应性的统一。“做经师不难，做人师不易”可能就是这个意思。这个问题从大的方面讲就是有信仰的人讲信仰才能服人，真信的老师才能教出真信的学生；从小处讲，决定我们老师把课备到什么程度，也决定我们老师在选择教学内容时取舍程度，即哪些问题应重点讲、多讲，哪些问题应少讲，哪些问题可略讲。

二靠良好的精神状态、乐观的生活态度以及优秀的人格魅力。不论干什么事情，一个人的精神状态直接影响他的工作情况，教师行业和其他行业不同的是，我们是教育人的人，工人农民精神状态不好时，他们生产的产品不合格可以“回炉”，但我们的“产品”不行。老师的精神状态决定着对待学生的态度、对待教学的态度。乐观的生活态度、优秀的人格魅力，实际是无声胜有声，能吸引人、感染人、启发人，才能真正教育人，学生也才愿意与你接触、亲近你。

三靠事业心和责任感。实际上这一点是和精神状态紧密相连的，精神状态好，事业心、责任感就强，反之就弱。有事业心和责任感的老师，他们会想尽一切办法寻找资料、深入挖掘课程以外的东西，千方百计把课上得生动活泼、吸引人、感染人，以增强实效性和针对性。老师绝不能“一下课就走人”。我们要有种不把课讲好食不甘味、夜不能寐的精神。房玫老师的课我听过，我总结出她的课之所以成功关键靠以下几点：一靠有针对性，第一次课时她一般都要做个问卷调查，出一些题目让学生回答，比如，学生对什么感兴趣？学生希望老师讲什么、怎么讲？学生对这门课哪些方面感兴趣等；二靠有感染力，这是靠她自己的精神状态，靠诙谐的语言，靠与学生的广泛接触实现的；三靠对学生真心实意的关心，让学生首先喜欢她这个人，然后才愿意听她的课；四靠她对课程理论体系的转换，将理论体系变成学生喜欢听的话语体系。当然还有其他方面的原因，但我觉得关键在这几点。

四靠人生经验。过去我们总讲，“读万卷书，行万里路”，这是对读书人说的。其实，读书人从狭义方面讲包括学生和老师，老师的人生经验和阅历直接影响他的教学水平和教学效果。一个人处理问题的能力，实际上是其综合素质的反映，有时也是其人生经验的反映。现代社会对一个人的素质要求越来越高，思想政治理论课作为主渠道、关键课程，除了对学生进行思想政治教育外，实际上还要承担着帮助学生成为一个和谐人的任务。爱因斯坦说，只用专业知识教育人是不够的，通过专业教育，受教育者可以成为有用的机器，但是不能成为一个和谐发展的人。他还说，学校应该永远以培养和谐发展的人为目标，学生离开学校时应当是一个和谐发展的人，而不仅仅是一个专家。作为高校思想政治理论课教师，我们理应通过自己的努力，培养和谐发展的大学生。我认为只有当一个人是个和谐的人的时候，他的聪明才智才能得到最大化释放。

五靠交流学习、共同探讨。现代社会要求大学教师一定要是一位眼界开阔、心胸宽广的人。要做到这点就要多学习、多与同行交流，请进来、走出去，在校内多开展一些教学观摩、交流活动；多请一些水平较高的老师来校举办讲座、开展一些活动等。比如，在一个地区或城市中的高校建立联系制度或轮执制度，通过教师、教法、教案等实现资源共享，多交流、多研讨；一次课几个老师都准备课件，然后从中选出最优的或整合成最优课件，大家都用这个课件。

六靠教学相长、教学方法的改进创新。教与学是一对矛盾，但谁是矛盾的主要方面，当然是学生。所以，要想达到教学相长，作为老师一定要关心学生、启发学生，调动学生学习的积极性。学习的过程是学习者主动加工信息的过程。学生的品德和法律意识的形成，更不是靠简单的理论说教就能奏效的。一个人道德品质的形成是个人将一定社会的道德规范内化成为自身的道德需要，并最终外化成个人的道德行为的过程，是知和行的统一。学生品德的提高与完善不仅需要学生不断主动地接受道德教育，而且更需要学生能够从环境对自己行为的反馈信息中主动选择、提高与修正自己的认识，改变自己的行为并对自己的行为负责，最终成为一个道德自律的人。所有这些，都离不开学生主体意识与主体作用的发挥。在教育教学活动中，要多给学生创造当"主角"的机会，充分发挥大学生自我教育的作用。为此，有专家提出"四个把握"。一是把握学生主体需要的根本点，注重对学生的引导：一方面满足学生主体需要，另一方面要把学生向更高层面引导。二是把握学生主体接受的兴趣点，注重知行合一，专题性的讲课可能不失为一种好办法。三是把握学生主体学习的兴奋点，注重轻松的学习环境的创设。比如，过去我们讲灌输不但是思想教育的方法，而且是原则。这是列宁最早提出的，当时讲的是工人阶级不能自发地产生马克思主义，必须通过外界的灌输。但有时候理论或舆论的导向作用单靠硬性灌输还不够，还要靠受众的自愿接受来实现。就是说方式方法一定要喜闻乐见，要有鲜活力、亲和力和吸引力，才能感染人。四是把握学生主体情感的激发点，注重生命的自主体验。基于思政理论课是一门怡情、养性和导行的课，这门课一定要与生命的体验相联系。著名的哲学家胡塞尔认为，生活世界与科学世界的本质区别是生活世界中充满了目的、意义和价值。因此，我们这门课应确立"生活世界"的理念，回归到学生的生活世界中去，对现实社会的介绍一方面要实事求是，一分为二；同时，还应教会学生分析辨认社会的思维方法。在具体方法上，可采取演讲式、案例式、问答式、讨论式、辩论式、调查式、社会实践活动等形式组织教学活动，以充分发挥大学生的主体性，把有意义的课讲得有意思。

织牢风险防控网，打好平安保卫战

——为高等教育持续健康发展提供安全保障*

全省高校保卫战线的同仁们齐聚一堂，共商高校安全保卫大计，这是我省高校保卫战线的同志们认真学习贯彻习近平总书记2019年1月21日在省部级主要领导干部坚持底线思维着力防范化解重大风险专题研讨班开班式上重要讲话精神的实际行动，充分体现出谋划者、举办者和参与者高度的政治意识、大局意识和深切的忧患意识、责任意识。我首先要为大家点赞，也非常高兴有这么一个机会，与大家一起交流探讨当前高校防范化解重大风险和安全稳定问题。

围绕本次研究会的主题——不忘初心、牢记使命，筑牢新时代高校安全防火墙，结合自己对习近平总书记2019年1月21日重要讲话精神的学习体会，我今天和大家交流的题目是“织牢风险防控网，打好平安保卫战——为高等教育持续健康发展提供安全保障”，主要包括以下三个方面的内容：一是从“风险”“安全”的词源探析出发，论述加强重大风险防范、确保安全稳定的深刻内涵和重大意义；二是以问题为导向，结合当前形势和一些工作案例，分析高校安全稳定工作存在的风险隐患；三是结合安徽工业大学的做法，和大家探讨一下加强新形势下高校安全稳定工作的思路和对策。

一、深刻认识新时代加强重大风险防范、确保安全稳定的深刻内涵和重大意义

加强重大风险防范，确保安全稳定是我们党一项十分重要的工作。习近平总书记高度重视安全稳定工作，指出我们党要巩固执政地位，要团结带领人民坚持和发展中国特色社会主义，保证国家安全是头等大事。2016年1月18日，习近平总书记在省部级主要领导干部学习贯彻党的十八届五

---

* 2019年8月5日在芜湖召开的安徽省高校保卫工作研究会上的专题报告。

中全会精神专题研讨班上发表重要讲话时强调："推动创新发展、协调发展、绿色发展、开放发展、共享发展，前提都是国家安全、社会稳定。没有安全和稳定，一切都无从谈起。"[①]2019年1月21日，在省部级主要领导干部坚持底线思维着力防范化解重大风险专题研讨班开班式上，习近平总书记从战略和全局高度，分析了当前和今后一个时期我国面临的安全形势，阐明了我国需要着力防范化解的重大风险，对各级党委、政府和领导干部负起防范化解重大风险的政治责任提出了明确要求。习近平总书记的这番讲话，一是着眼新时代中国特色社会主义的大背景、大环境、大形势，从政治领域、意识形态领域、经济领域、对美经贸斗争、科技领域、社会领域、对外工作领域、党自身面临的重大风险八个领域深入系统分析了党和国家面临的重大风险，对国际形势的精准研判，对错综复杂国内环境的透彻解读，令人振聋发聩、醍醐灌顶，给人拨云见日、豁然开朗之感。二是着眼维护党和国家长治久安，一针见血点出外部风险背后的政治图谋、内部风险积聚的诸多隐患、党自身面临风险潜藏的重大危机，深入阐释了防范化解风险应该"防什么、怎么防"等深层次问题，科学指明了防范风险挑战的方向性路径，为我们认识风险、研判风险、处置风险提供了强大思想武器。三是着眼中华民族伟大复兴的历史进程，用实践观点看待问题、用辩证态度分析问题、用底线思维处理问题，充分体现了大党大国领袖的从容、自信和坚定，是引领全党打赢防范化解重大风险攻坚战、夺取新时代中国特色社会主义伟大胜利的科学行动指南，也为高等教育系统打赢防范化解重大风险提供了根本遵循。

我认为，高等教育持续健康发展要做到以下几点。

一要认识到注重防范化解重大风险是古今中外的普遍共识。"风险"指可能发生的危险，它由风险因素、风险事故和风险损失等要素组成。"安全"在各种现代汉语辞书中，都有着基本相同的解释，《现代汉语词典》对"安全"的解释是"没有危险，不受威胁，不出事故"。按照英文词典解释，安全(security)也有多种含义，其中经常被研究国家安全的专家学者提到的含义

①《习近平谈治国理政》第2卷，北京：外文出版社2017年版，第222页。

有两方面：一方面是指安全的状态，即免于危险，没有恐惧；另一方面是指对安全的维护，指安全措施和安全机构。

古今中外，人们对防范风险、维护安全都十分重视。比如，道家创始人老子在《道德经》中说："其安易持，其未兆易谋，其脆易泮，其微易散。为之于未有，治之于未乱。"意思是好事要在尚未达成之前做好准备，坏事要在还没有来到之前先行防范。孔子说："人无远虑，必有近忧。"唐朝魏征提出"备豫不虞，为国常道"，意思是事先防备意外之事，是治理国家的常道。英国科学家培根强调，人民的安全应是至高无上的法律。伟大的革命导师列宁曾经指出，堡垒最容易从内部攻破。历史上，不重视安全稳定和风险防控，从而导致国破家亡的事例比比皆是。从魏晋南北朝时期被隋文帝灭国的陈后主，到腐败无能任由帝国主义列强宰割的晚清政府，再到自负于"马其诺防线"固若金汤却被德国偷袭的法国，等等，这些事例都告诉我们一个真理：掉以轻心，盲目乐观，没有安全意识，一切都是空中楼阁。今天，风险意识已经深刻影响着大众的思维决策，并且已融入生产生活的方方面面，出现了风险评估、风险管控、危机处理等新事物、新业态，产生了风险管理师等新职业、新行业。可以说，一部人类发展进步史，就是一部不断与风险作斗争、实现自身安全和发展的历史。

进入新时代，习近平总书记则强调："当前我国国家安全内涵和外延比历史上任何时候都要丰富，时空领域比历史上任何时候都要宽广，内外因素比历史上任何时候都要复杂，必须坚持总体国家安全观，以人民安全为宗旨，以政治安全为根本，以经济安全为基础，以军事、文化、社会安全为保障，以促进国际安全为依托，走出一条中国特色国家安全道路。"①

二要认识到注重防范化解重大风险是我们党的制胜法宝。中国共产党是在应对各种风险挑战中不断成长壮大的。坚持底线思维、增强忧患意识，贯穿于中国共产党的奋斗历程，是中国共产党战胜风险挑战，不断走向胜利的重要思想方法、工作方法、领导方法。

在新民主主义革命时期的不同阶段，中国共产党面对国内外各种反动

①《习近平谈治国理政》，北京：外文出版社2014年版，第200—201页。

势力的阻挠，应对探索革命道路过程中的各种风险挑战，冒着在炮火纷飞的战场上随时可能献出生命的危险，带领和依靠广大人民群众，取得了一个又一个胜利。中国共产党取得胜利最重要的一个原因就在于它具有善于不断应对重大挑战、克服重大危机、化解重大风险的高超本领和强大能力。比如，1935年的遵义会议结束了王明“左”倾冒险主义在党内的统治地位，确立了以毛泽东为核心的党中央的正确领导，在极端危险的时刻，挽救了党和红军；1941年，为了彻底清算党内历次“左”、右倾错误，使党的思想路线真正转到把马克思主义普遍真理同中国革命实际相结合的轨道上来，党中央开展了延安整风运动，为取得抗日战争和新民主主义革命的胜利奠定了思想基础；1945年，蒋介石接连三次发电报邀请毛泽东去重庆谈判，毛泽东去还是不去，对时局、人心、国内外舆论都会产生重大影响，面对这种情况，中国共产党坚持底线思维，对形势进行科学分析和准确研判，毛泽东毅然决然赴重庆谈判，把主动权牢牢掌握在我们党的手里，为下一步夺取内战和全国胜利奠定了很好的群众基础和国内外舆论基础；1949年，针对在夺取全国政权后可能出现的执政考验和各种风险隐患，党中央提出了“进京赶考”，毛泽东高瞻远瞩地在党的七届二中全会上提出“两个务必”，为党中央安全平稳进驻北平、实现政权的顺利更替，做好了思想和行动的准备。

新中国成立后，在建设社会主义的过程中，我们既取得了伟大成就，也遇到一些严峻挑战和重大问题。毛泽东同志强调：“我们的国防将获得巩固，不允许任何帝国主义者再来侵略我们的国土。”[①]他号召“提高警惕，保卫祖国”，领导制定了积极防御的战略方针，除了决定并亲自领导了抗美援朝战争外，还指挥了多次打击外国侵略者的自卫反击战。1956年初，毛泽东把社会主义建设遇到的重大问题概括为“十大关系”，并发表了《论十大关系》《关于正确处理人民内部矛盾的问题》等重要著述，论述了有效化解各种矛盾风险、调动一切积极因素的观点和方法。

党的十一届三中全会后，在领导改革开放的过程中，邓小平始终提醒人

①《毛泽东文集》第5卷，北京：人民出版社1996年版，第345页。

们要注意风险，他提出："改革是中国的第二次革命"①，"中国的问题，压倒一切的是需要稳定"②，"我们要把工作的基点放在出现较大的风险上，准备好对策。这样，即使出现了大的风险，天也不会塌下来。"③此后，江泽民、胡锦涛在不同时期始终不忘强调防范风险和安全稳定问题，2011年党中央更是提出党执政建设面临"四个考验"和"四个危险"。正是因为我们党充分预见到改革开放中可能遇到的各种风险，并不断提高防范化解重大风险的能力，才能有力应变局、平风波、战洪水、防非典、抗地震、化危机，保证改革开放事业披荆斩棘、乘风破浪、高歌猛进。

党的十八大以来，面对新机遇、新挑战，习近平总书记强调，国家安全是安邦定国的重要基石，统筹发展和安全，增强忧患意识，做到居安思危，是我们党治国理政的一个重大原则，我们要树立安全发展理念，弘扬生命至上、安全第一的思想。习近平总书记明确提出要树立总体国家安全观和增强驾驭风险本领，对党所面临的错综复杂的形势保持清醒认识，并将防范化解重大风险摆在必须打好的三大攻坚战首位。其实，我们党对风险的认识是不断升级的：2017年10月党的十九大报告中提出"防范化解重大风险"是三大攻坚战之一；2018年1月在新进中央委员会的委员、候补委员和省部级主要领导干部学习贯彻习近平新时代中国特色社会主义思想和党的十九大精神研讨班开班式上，"增强忧患意识、防范风险挑战"是三个"一以贯之"之一；2019年1月，省部级主要领导干部坚持底线思维着力防范化解重大风险专题研讨班上，"坚持底线思维着力防范化解重大风险"则是此次会议的主题。

三要认识到注重防范化解重大风险是高校的重要职责。教育是国之大计、党之大计。高校肩负着立德树人的根本任务，是意识形态的前沿阵地，是维护国家安全稳定的重要阵地，一直被喻为社会稳定的"晴雨表"、国内政治形势的"稳压器"。如果没有安全稳定，广大青年学生的健康成长无从

① 《邓小平文选》第3卷，北京：人民出版社1993年版，第113页。

② 《邓小平文选》第3卷，北京：人民出版社1993年版，第286页。

③ 《邓小平文选》第3卷，北京：人民出版社1993年版，第267页。

谈起，教育“奋进之笔”无从写起，教育现代化宏伟目标的实现也无从保证。

政治、意识形态、科技、党的建设等诸多领域的重大风险，都与教育紧密相连，与我们的工作息息相关。习近平总书记高度重视高等教育发展特别是高校安全稳定工作。早在2012年第二十次全国高校党建工作会上，他就强调要以更加扎实有力的措施维护高校和谐稳定。习近平总书记在2019年专题研讨班开班式上的讲话中，把防范化解风险、维护安全稳定上升到了关系党的全面领导和事业兴衰成败的新的战略高度，特别提出“要高度重视对青年一代的思想政治工作”，“确保青年一代成为社会主义建设者和接班人”。我们必须坚持以习近平总书记重要讲话精神为指导，坚决打赢高校防范化解重大风险攻坚战，坚决实现高等教育内涵式发展，办好人民满意大学。

二、深刻认识新时代高校安全稳定工作的严峻形势和存在的风险隐患

当前，我国形势总体上是好的，党中央领导坚强有力，意识形态领域态势积极健康向上，经济保持着稳中求进的态势，全国各族人民同心同德、斗志昂扬，社会大局保持稳定。但是，我们在政治、意识形态、经济、科技、社会、外部环境、党的建设等领域仍然存在重大风险。教育部党组书记、部长陈宝生在2019年全国学校安全工作电视电话会议上指出，高校连续30年保持安全稳定，总体上看，学校安全意识进一步增强，各项工作抓得很紧，为教育改革发展提供了较好保障。但是，学校安全面临的形势依然严峻，还存在诸多亟待解决的问题。对此，我们必须保持高度警觉和清醒认识。

当前中国处于近代以来最好的发展时期，当今世界正处于百年未有之大变局，两者同步交织、相互激荡。新一轮科技革命和产业革命加快重塑世界，经济全球化深入发展推升全球治理加快变革，世界多极化深入发展使国际力量对比变得更加平衡，大国战略博弈加剧推动国际体系深刻变革，文化多样化进一步加剧“模式之争”，国际危机趋于常态化，“黑天鹅”与“灰犀牛”事件层出不穷，世界正在形成新的政治、经济、社会、文化生态。

国内的安全形势也在发生着深刻变化，各领域重大风险有如下特征。

一是从隐性转向显性。全面深化改革的新局势下，调整与重组进入关键期，逐渐触及核心区，进入深水区；不同利益主体之间的分化与博弈也日渐显现，从隐性转向显性，从后台走向前台；各种社会风险也随之转化，呈现出直接、公开、显性的特征。

二是从单一走向叠加。当前，单一的、以经济利益为中心的社会风险内容发生转变，政治、经济、文化、社会和生态文明等多种利益追求相互交织叠加，呈现出复杂化、多元化的新特征。传统上，社会风险主要是以经济利益为中心内容，但随着社会经济的不断发展和人民生活水平的不断提升，广大人民在物质满足的同时，对精神文明建设、社会文化发展和生态文明保护的要求日渐增强。这就使得原本单一的经济诉求转变为社会、经济、文化、精神和生态文明等多种诉求的叠加，主要表现为经济发展问题和精神文明建设问题相互交织、社会发展问题和环境保护问题相互交织等，呈现出矛盾叠加的新特征。

三是表达诉求的形式更加多元。当前，随着经济社会及技术的不断发展，广大人民表达诉求的途径与形式也发生了较大变化，总体上说呈现出多元化趋势。在实践中，大多数人会坚持理性，如使用法律手段维护自身利益，但也存在极少数法治意识淡薄的个体，在个别情况下采用极端方式表达利益诉求。

四是网络新媒体助推风险传导。短视频、微信、微博、抖音等网络新媒体的繁荣发展之下，人们对信息的获取不再依靠传统报纸、电视、广播等渠道，而是通过网络搭建相应的群体。因此，在现代网络新媒体搭建的基础上，具有共同利益的社会群体则可能对当下所关注的焦点问题进行组织和动员，从而引发较大社会关注，成为重大风险点。我们所处的外部环境更加复杂严峻，面临的风险挑战也日益增多，我们必须进一步提高全社会的国家安全意识，筑牢安全防线。

尽管当前形势总体上是好的，但这并不意味着我们就可以高枕无忧了，平静的水面下依然暗流涌动。高校安全稳定工作仍然存在诸多方面的问题。

一是西方反华势力千方百计对高校师生进行思想文化渗透。西方反华势力以合法掩盖非法、公开转入地下等方式，对高校从政治、思想、文化等各个方面进行全方位渗透破坏。这些势力有的通过合作办学和捐助办学的方式，打着教育资助的幌子，以恩惠手段笼络人心；有的利用互联网、无线电波、手机短信等各种手段，大搞所谓“网络民主”“空中民主”，向高校传递反动信息，不断对师生进行攻心战略宣传。

二是“法轮功”和其他邪教组织的活动仍然猖獗。“法轮功”邪教组织不断向高校有关部门和个人投寄“法轮功”宣传品，还不断更新煽动手段，意图影响高校师生；涉及高校法轮功人员的闹事事端时有出现；境内一些非法教职人员与境外宗教组织勾联，非法建立地下聚会点，频繁从事针对高校师生的非法传教活动，采取多种手段在高校师生中发展地下教徒。

三是国际国内的重大问题、热点问题可能影响学生群体情绪。在中美关系、中日关系、朝核问题、台海局势等重大事件上，我国政府应对的办法和效果将直接影响师生情绪。同时，随着我国改革进入攻坚阶段，经济建设和社会发展中的一些深层次矛盾日益显现出来，使社会稳定面临严峻挑战。

四是高校意识形态阵地特别是网络意识形态管理仍有疏漏。个别师生通过网络发表一些不当言论。

五是高校内部治理存在隐患。首先，高校改革发展中带来的一些问题可能影响高校稳定。随着高校内部管理体制改革的日益深化，利益调整的涉及面越来越广，有些问题如果处理不慎，容易引发师生的不理解和不满意。其次，高校教师师德师风问题、学术不端事件频发值得我们警惕，师德师风、学术领域的安全风险依然存在。最后，学校安全管理和周边环境治理存在不少困难。

六是高校党的建设方面存在不足。如党的基层组织不健全、先进性与凝聚力不强；领导干部处理问题水平不高、作风不实、不敢担当等问题仍然存在；极少数党员干部理想信念不坚定、对党不忠诚，不能发挥先锋模范作用等，这些都会带来重大风险。总之，我们前进的道路并不平坦，诸多矛盾叠加、风险隐患增多的挑战依然严峻复杂。

三、着力提高高校防范化解重大风险的能力

首先，在战略上应注意处理好四大关系。第一，要处理好高校风险防控化解与社会风险防控化解的关系。二者密切相关。一方面要防止高校风险对社会的影响，另一方面也要防止地方上、社会上风险对高校的渗透和影响。第二，要处理好风险防控化解与改革发展的关系。风险防控化解工作做得好就会为学校改革发展打下好的前提和基础，改革发展进行得好，也能防控化解风险。所以，改革是政绩，发展是政绩，防范化解风险也是政绩。第三，要处理好领导体制与工作机制的关系。领导体制建立具有三个原则：属地管理属地负责、一把手总负责、谁主管谁负责。我们要建立党委统一领导、各方面齐抓共管的领导体制。领导体制健全，工作机制才能正常运转。在工作机制上，要注意工作重心下移的问题，层层压实责任，同时调动基层组织的积极性、主动性和创造性，激发他们的内生动力，各负其责、共同参与，群防群治。第四，要处理好防范和化解的关系。将关口前移，在多作预判、摸清情况上下功夫，做到心中有数，早防范、早化解，且对小的隐患一定要及时处理，不留后患。

其次，在战术上要在十个方面下功夫。第一，在提高认识上下功夫。安全和稳定是办好人民满意的教育的基础和前提，一定要把"生命如天、责任如山、安全第一"这12个字刻在心上，喊在嘴上，举在手上，营造人人关注风险、处处重视安全风险的浓厚氛围，防患于未然。第二，在明确责任上下功夫。高校要落实责任，建立层层责任制和严格的责任追究制。第三，在畅通信息渠道上下功夫。高校必须严格执行风险防范和突发事件报告制度，出现影响安全稳定的事件，必须在第一时间报告，对于因瞒报、迟报和漏报而造成不良影响和产生后果的要坚决追究有关人员责任。第四，在排查安全隐患上下功夫。比如，定期检查电线是否老化、食堂用火及食品卫生是否安全、宿舍楼及教学楼窗户护栏以及学生床的护栏是否损坏，等等。

第五，在完善安全措施上下功夫。这主要指高校一定要完善安全防范规章制度，完善事故的应急机制和预案，落实责任，明确到具体人。第六，在强化校园管理上下功夫。高校的巡逻制度执行一定要严，值班人员责任心一定要强，辅导员、班主任一定要经常深入学生班级、宿舍。第七，在加强安全教育上下功夫。按照教育部的要求，高校要把安全教育纳入学校正常的教育教学内容之中，全面培养学生的安全意识，培养学生在紧急情况下的自救能力和处理问题的能力。第八，在前移工作关口上下功夫。比如，对新生进行心理普查，发现有心理问题的同学，心理老师要立即跟上做工作；重视新生进校的体检等。第九，在治理校园周边环境上下功夫。学校要主动与地方政府、有关部门联系，加大校园及其周边环境的治理力度，尽早解决学校大门口没有斑马线、红绿灯，周边有网吧、歌舞厅等问题。第十，在校园网络阵地建设上下功夫。现在存在各种敌对势力借助网站论坛、聊天室、虚拟社区、新闻跟帖等，攻击党和国家领导人，煽动社会不满情绪，传播淫秽色情等，对大学生健康成长带来不可估量的负面影响，我们必须给予高度关注。高校在这个问题上，一是主动出击努力建设红色网站或网页，并要建立一支水平高、网络业务强、熟悉学生上网特点的网络管理队伍。二是密切关注校园网络动态，敏锐捕捉一些苗头性、倾向性、群体性问题，正面引导网络舆论。三是指定专人24小时监控校园论坛，及时发现和删除各类有害信息。四是教育和管理学生文明上网。

以下，我结合安徽工业大学的具体做法，就提升高校防范化解重大风险能力，谈三点认识。

第一，要强化担当，在“建”上下功夫。

一是在制度机制建设上下功夫。高校要建立健全风险研判、决策风险评估、风险防控协同、风险防控责任等风险防控机制，主动加强协调配合，坚持一级抓一级、层层抓落实，坚决维护制度的严肃性和权威性，坚决纠正“有令不行、有禁不止”的行为，使制度成为“硬约束”而不是“橡皮筋”。在实际工作当中，安徽工业大学建立健全了领导和工作机构，成立了防范化解重大风险工作领导小组、安全管理委员会、应急工作领导小组等系统完备的议事协调机构,每年召开防范化解重大风险暨安全稳定工作会议,与二级单位党政负责人签订年度安全工作目标责任书,定期布置工作。我校不断强化制度建设,先后印发实施《安徽工业大学防范化解重大风险实施方案》《中共安徽工业大学党委关于深入推进全面从严治党的实施意见》,落实意识形态工作责任制、校园网络安全管理、教师师德师风和学术道德建设、重大安全责任事故责任追究、党风廉政建设责任制考核等一系列规章制度。我校加强了责任体系和工作机制建设,结合安徽省"三全育人"改革试点工作,强化意识形态工作责任制,将学校党建与思想政治工作体系、专业培养体系、管理与生活保障服务体系、医疗卫生与心理健康体系、校园安全体系等整合共建。学校强化"十大育人"体系,着力构建学校党委领导、行政主导、综治协调、部门齐抓、师生参与的校园安全责任体系和管理体系。我校还积极加强与省市国安、宣传、安全等部门的协调联动,健全完善定期会商、信息共享、联合预警与应急处理机制。2018年,我校积极落实安徽省公安厅要求,与所在地公安局联动,设立了校园警务室,共建了外国留学师生服务站,取得了良好成效。

二是在"三防"建设上下功夫。强化校园安全管控,需要做到人防、物防、技防"三防合一"。我校着重加大安保、思政、学生"三支工作"力度。学校通过改保卫处为安全保卫部推进保卫队伍内部建设革新和服务能力提升,以招标程序引入有资质的专业化安保公司打造校园"特勤队",成立二级单位安全员队伍,实现安全工作网格化、安全管理垂直化、安全责任明确化,增强群防群治合力。通过选优配齐辅导员、班主任、心理指导老师,推进思想政治理论课课程改革和本科生导师制实施,深入开展大学生思想政治教育工作,积极发挥思想政治教师和学生导师在引领学生思想、指导学生学习、疏导学生心理等方面的作用。通过加强学生干部、信息员、宿舍长队伍建设和培训工作,及时掌握学生思想、学习和生活动态。

我校积极开展安全志愿服务活动,发挥不同专业的学生在普法宣传、护学行动、技术服务等校园安全工作中的作用。我们着力构建校园立体防控体系,推进打防管控一体化、网上网下一体化,加强校园网络监管,加大对治安、消防、交通、食品安全监控与监管的物防和技防投入，形成了以校园110接警服务平台为中心、两千多个前端监控技术防范网络为“支点”的覆盖全校的数字化安防系统。近年来，我校校内治安案件逐年减少，政治性事件、较大刑事案件、群体性事件、安全责任事故以及“法轮功”等邪教组织有影响事件从未发生。在2015年到2018年马鞍山市安全工作考核中，学校连续三年荣获安全工作优秀称号。学校还曾荣获“全国大学生心理健康教育工作先进集体”“全国国防教育特色学校”等称号。

三是在安全文化建设上下功夫。安全文化是实现安全管理的灵魂，高校要将安全教育融入安全文化建设中。我校通过举办“平安校园行”主题音乐会，深挖传统文化精髓，培育广大师生珍惜美好生活的情怀，激发他们自觉提高安全防范意识。通过举办“安全在我心中”大学生主题演讲比赛、征文比赛，引导师生树立维护国家安全意识，使大学生从国家安全的受教育者转变为国家安全的宣传者、守护者。通过创新设计校园交通文化标牌，将安全文化建设与校园环境、校园文化建设相结合，营造校园安全文化氛围，培养学生良好的安全意识和习惯。通过推动社团文化和现代网络相结合，组建学生安全志愿者队伍，引导学生主动参与校园安全建设。通过组建由保卫、教务、学工、后勤等多个部门工作人员参加的QQ群、公众号，随时随地解决师生员工在日常生活中遇到的安全问题。

第二，要筑牢底线，在“防”上出实招。

一是坚持教育先行。化解风险隐患要有超前思维，坚持防范在前，教育在先。我校坚持把政治建设放在首位，通过大力推进“两学一做”学习教育常态化、制度化以及专题警示教育等，树牢“四个意识”，坚定“四个自信”，坚决做到“两个维护”。坚持筑牢意识形态阵地，以师风带学风，推进“三全育人”试点工作，构建“大思政”工作格局，加强网络思想政治工作，引导主流思想舆论。学校注重加强大学生安全教育，注意把关口前移。从新生入学前开始，坚持做到“六个一”：学生录取时，寄送一封《新生安全须知》；新生报到时，送出一份温馨提示；新生开学时，上好一堂安全课，发放一本《安全教育手册》，开展一场记忆深刻的消防演练，建立一个学生互动的微信群。学校实现安全宣传“七个全覆盖”：新生家庭全覆盖、年度时间全覆盖、学校空间全覆盖、学习过程全覆盖、教育内容全覆盖、宣传手段全覆盖、队伍建设全覆盖。学校让学生从被录取开始，就接受良好的安全教育，增强安全防范意识。同时，学校根据季节特点、阶段工作重点，做好食品安全、防溺水、防寒保暖、交通消防安全、自然灾害应对、“网络金融”风险防范，以及“两会”、国庆等重大时间节点的日常安全教育，注重利用微博、微信等师生喜闻乐见的新媒体形式，拓展教育的覆盖面。

二是科学设计方案。我校制定实施了《防范化解重大风险点任务分解表》《“平安校园”创建工作实施方案》，在深入分析学校可能存在的风险点的基础上，制定相关隐患的防范措施、责任细则、整改方案“三个清单”，明确责任部门和责任人。同时，针对各类突出事件，学校制定了较为完善的《学生突发事件应急预案》《学生心理健康预警与危机处理预案》《少数民族学生工作方案》《校园及周边安全隐患集中排查治理专项工作方案》《实验室突发事件应急预案》等。定期通报学校安全稳定情况，研判校园安全稳定形势和风险隐患。学校还经常性组织演习演练，按照规范流程开展应急处置、心理危机干预工作，有效提高了学生应对突发事件的能力。

三是坚持严格查改。我校将安全工作与业务工作同规划、同部署、同落实、同检查，建立了常态化的隐患排查整治机制。我校采取安全自查、专项检查与全校安全大检查相结合的方式，常态化开展意识形态、消防、交通、饮食、住宿、危化品等安全隐患排查整治工作。学校根据季节特点，针对性开展以消防重点为主的消防安全专项检查整治，集中开展以查处学生违章用电为主的宿舍安全专项检查，不定期开展以危化品管理为主的实验室安全专项检查、以校园周边和校内交通为主的校园治安专项检查。对检查出来的问题，学校要求相关单位和个人落实整改，不能立即整改到位的，要求制定任务分解表，明确责任单位和协办单位，限期整改。我校坚决把安全风险管控、隐患排查治理工作做到位。

第三，要担当实干，做新时代合格的“安保人”。

一是要学深悟透、融会贯通。高校要站在落实立德树人根本任务的角度，把习近平总书记关于肩负防范化解重大风险政治责任的重要讲话精神与学习贯彻全国、全省教育大会精神融会贯通起来，在理论武装中打牢“基本功”，在汲取知识中充实“营养液”，强化风险意识，树牢底线思维；要站在政治大局的高度，常观大势、常思大局；要正确认识到我们遇到的很多风险和问题都是发展中的问题，最终要靠发展的思路、发展的办法来解决；要既抓发展又抓稳定，以高质量发展推动重大风险有效化解，以安全稳定的环境保障高质量发展。

二是要知行合一、担当实干。我们要在“行”字上出实招，把安全稳定工作装在心上、扛在肩上、落实在行动上。高校要立足于早、立足于小、立足于防，下好“先手棋”、打好“主动仗”，带头深入校园治安综合治理、防范化解风险隐患的前沿阵地，带头深入教室、宿舍、实验室、实习基地等重点区域，全面掌握师生的所思所想所盼，及时化解矛盾和风险隐患，努力防患于未然，在实践历练中增强担当实干的自觉性，铸就能挑重担的“铁肩膀”，练成驾驭风险的“真本领”。

三是要敢于斗争、善做善成。我们必须以目标、问题、效果为导向，增强斗争精神和斗争本领，善于发现问题，勤于分析问题，奔着问题去、迎着困难上，亮出党性、拿出血性，敢于挺身而出，勇于亮剑发声。学校要善于教育引导，切实提高对各种矛盾问题的预测、预警、预防和处置能力，以“踏平坎坷成大道，斗罢艰险又出发”的顽强意志，应对好每一场重大风险挑战，绝不把问题和风险推给上级、留给国家、留给师生。

高校要通过这些工作实现“三个决不允许”，即决不允许在校园出现挑战党和国家政治底线的言论及活动，决不允许错误思想观点在校园散布和传播，决不允许在校园发生危害国家安全和社会稳定的政治事件；坚决做到“三稳”，即阵地稳固，人员稳控，校园稳定；坚决做到“三防三不一确保”，即防止小风险演化为大风险，防止高校内部风险演化为社会政治风险，防止外部风险演化为高校内部风险；不发生重大政治安全事件，不发生重大意识形态事件，不发生重大校园安全事件；确保大局稳定。

让我们以习近平新时代中国特色社会主义思想和党的十九大精神为指

引，深入贯彻落实习近平总书记有关重要讲话精神，共同织牢风险防控“防护网”，筑牢平安保卫“安全墙”，当好校园生态“护林员”，为新时代高等教育的高质量发展营造安全稳定的良好环境，为高等教育强国和中华民族伟大复兴的中国梦添砖加瓦、贡献力量。

加强师德师风建设*

当前，全党全国人民正在深入学习习近平总书记系列重要讲话精神，大力培育和践行社会主义核心价值观，开展“三严三实”专题教育活动，实施“四个全面”战略布局。在这种形势下，教师能力发展中心举办年轻教师培训班，把加强师德师风建设作为重要内容，我认为很有必要，意义非常重大。

党中央提出的“四个全面”战略布局，归根到底要靠人来实施。高校要通过教育和培养一批批合格人才，促进人的全面发展，推动社会的全面进步，以实现全面建成小康社会的中国梦。这既要求高校领导更新观念，确立依法治校、以德治校的办学思想，加强社会主义精神文明与道德建设，同时又要求高校的教师要树立相应的法治观念和职业道德观念，实行依法执教、以德执教，通过师德师风建设，养成良好的师德师风。

一、为什么要加强师德师风建设

第一，教育是立国之本，教师是立教之本。

早在20世纪80年代邓小平就指出：“我们多次说过，我国的经济，到建国一百周年时，可能接近发达国家的水平。我们这样说，根据之一，就是在这段时间里，我们完全有能力把教育搞上去，提高我国的科学技术水平，培养出数以亿计的各级各类人才。我们国家，国力的强弱，经济发展后劲的大小，越来越取决于劳动者的素质，取决于知识分子的数量和质量。一个十亿人口的大国，教育搞上去了，人才资源的巨大优势是任何国家比不了的。有了人才优势，再加上先进的社会主义制度，我们的目标就有把握达

* 2016年9月19日，在安徽工业大学教师能力发展中心举办新进教师岗前培训班上的讲话。

到。"[①]一国的国力在根本上受到经济发展状况的制约，经济发展的状况受到科学技术发展水平的制约，而科学技术的发展水平又受到人才的数量和质量的制约，人才的数量和质量又受到各级各类学校办学的指导思想和办学质量的制约。正是在这种意义上，我国把教育放在优先发展的战略位置，把教育看作是立国之本。

教师是人类灵魂的工程师，是道德建设的重要实践者，是全面推进素质教育的主力军。学校教育的指导思想能否真正得到贯彻落实，办学质量能否真正得到保证，关键在教师，因为教师是一切学校教育活动的主体和主导力量，决定着学校的办学质量和人才培养质量。从这点看，教师又是学校的立教之本，其工作状况不仅维系着学校的兴衰，而且事关国家民族的兴衰、社会整体的文明进步。因此，抓教师队伍建设，不断提高教师的思想道德素质和业务素质，尤其是加强师德师风建设，是学校改革和发展的永恒主题。

第二，良好的师德师风是教师的立业立身之本。

教师的素质在结构上包含着两个基本方面：一是师德师风，即教师的政治思想和职业道德素质，包含政治观念、职业观念和职业道德三种基本成分；二是业务素质，由知识结构、智力结构和能力结构三种因素构成。

教师的师德师风与其业务素质是辩证统一的关系。其中，师德师风是决定性因素，决定着教师业务素质的发展水平和实际价值。这是因为，师德师风总是以教师的政治观念、政治态度、人生价值观和职业价值取向的方式，在"愿不愿"的层面上支配着教师"能不能"的业务素质及其展示的实际过程。一个教师，他的业务素质可能本来并不怎么强，但由于他具有较高的品德操守和正确的人生价值取向，职业责任感强，愿意在不断学习和实践中提高自己的业务素质，业务水平就会有所提高。反之，则会自甘平庸，得过且过。一个教师业务水平较强，如果他具有良好的师德师风，他就会充分发挥自己的才能，多作贡献；反之，则可能对工作敷衍塞责，不求工作质量。科学技术是一把双刃剑，既可以被用来发展生产力，为人类造福，

①《邓小平文选》第3卷，北京：人民出版社1993年版，第120页。

也可以被用来破坏生产力，给人类带来灾难，是福是祸全取决于掌握科学技术的人的“德性”。教师的业务素质其实也具有这种两面性，其强弱的分野，实际价值发挥得如何，并不取决于业务素质本身，而是取决于支配业务素质的师德师风。师德师风良好的教师，在发挥其社会价值的同时也实现了其自我价值。因此，我们说，师德师风是教师的立业之本，也是教师的立身之本，为师之要。

我国有着重视师德师风的优良传统。孔子创建“私学”以后，高度重视教师以身作则和率先垂范的道德意义。他说：“其身正，不令而行；其身不正，虽令不从”，“不能正其身，如正人何？”[①]孔子强调教师的德行和作风要“正”，这样才可以教育和影响学生。同时他认为，教师如果有缺点和错误，一定要勇于承认，坚决改正，他说：“过则勿惮改”[②]，“过而不改，是谓过矣。”[③]孟子认为，教师要以“得天下英才而教之”为最高的人生追求之一，要注意“知耻”“养心”“寡欲”的修身之道。秦汉以后，历代教育家和教育思想家都强调教师要重视自己的师德师风要求，如汉代儒学大师董仲舒认为，教师应当“以义正我”[④]，“说不急之言，而以惑后进者，君子之所恶也。……为人师者可无慎邪！”[⑤]他强调教师要以身作则，治学严谨，不要给学生造成不良的影响。在我国现代教育史上，伟大的人民教育家陶行知先生主张，学生的本分是“千学万学，学做真人”，教师的天职是“千教万教，教人求真”。无产阶级教育家徐特立先生认为，在师生之间教师是领导者，不可不高度重视自己的道德人格，既要做学生的“经师”，也要做学生的“人师”，将“经师”与“人师”统一在教学的整个过程之中。所以，毛泽东在给徐特立的信中写道：“你是我二十年前的先生，你现在仍然是我的先生，你将来必定还是我的先生。”[⑥]

① 出自《论语·子路》。

② 出自《论语·学而》。

③ 出自《论语·卫灵公》。

④ 出自《春秋繁露·义政》。

⑤ 出自《春秋繁露·重政》。

⑥《毛泽东书信选集》，北京：人民出版社1983年版，第98页。

在当代中国，党和国家对师德师风的要求一般都是以法律或政令的形式加以确认的。如《中华人民共和国教师法》规定教师要“遵守宪法、法律和职业道德，为人师表”[①]。《中华人民共和国高等教育法》规定：“高等学校应当对教师、管理人员和教学辅助人员及其他专业技术人员的思想政治表现、职业道德、业务水平和工作实绩进行考核，考核结果作为聘任或者解聘、晋升、奖励或者处分的依据。”[②]2001年，党中央颁发的《公民道德建设实施纲要》指出：“学校是进行系统道德教育的重要阵地。各级各类学校必须认真贯彻党的教育方针，全面推进素质教育，把教书与育人紧密结合起来……要发挥教师为人师表的作用，把道德教育渗透到学校教育的各个环节。”[③]2013年中共中央办公厅下发《关于培育和践行社会主义核心价值观的意见》，2014年中共教育部党组、共青团中央联合下发《关于在各级各类学校推动培育和践行社会主义核心价值观长效机制建设的意见》，2015年中共中央办公厅、国务院办公厅下发《关于进一步加强和改进新形势下高校宣传思想工作的意见》，这些文件对教师应尽的职责都提出了明确要求。党的十八大以来，习近平总书记多次对教师提出新要求，特别是在2013年教师节贺信中对广大教师提出“三个牢固树立”的重要思想。2014年教师节，他首次提出了做党和人民满意好老师“四有”标准的重要论述。显然，贯彻和落实这一系列指示精神，需要教师发挥主体和主导作用，而要如此，就必须具备良好的师德师风。

第三，加强高校师德建设的必要性和重要性。

高等教育是学校教育体系的最后一个阶段，本质上是准职业即就业教育，其使命是在中等教育的基础上将受教育者培养成为国家和社会所需要的合格人才。根据培养德智体美劳全面发展的教育方针的要求，高校的就业教育同时也是“就德”教育，高校教师实际上肩负着双重使命：传授就业之技，示范就业之德，即立德树人的职责。这就要求高校教师必须具有良

① 杜霞、张芃编著：《高等教育法概论》，北京：中国社会出版社2018年版，第186页。

② 国务院法制办公室编：《中华人民共和国常用法律法规全书》第2版，北京：中国法制出版社2016年版，第575页。

③《公民道德建设实施纲要》，北京：人民出版社2001年版，第10页。

好的师德师风，在执教的过程中能够按照党的教育方针的要求，做到教书育人、为人师表。

高等教育的经验证明，良好的师德师风使大学生终身受益，不良的师德师风则可能会给大学生造成终身的不良影响。大学生最喜欢的是那些既有较深的专业造诣又有良好的师德师风的老师，最不喜欢的是造诣不深或造诣虽深却师德师风不良的老师。

目前全国全省高校教师的师德师风，总的看是好的，大多数教师能够忠诚于人民教育事业，严于律己，教书育人，为人师表，给学校和大学生们留下了美好的印象，受到了社会各界和家长的广泛赞誉。但是必须清醒地看到，目前师德师风也存在着一些必须引起注意的问题。例如，有的教师职业道德观念淡薄，对学生缺乏应有的关爱；有的教师执教不负责任，对学生放任自流；有的教师为追求个人利益而不务正业，没有把主要精力放在教学和研究上，而是以教谋私，接受或索要学生的财物。这些问题虽然发生在极少数教师身上，情况和程度也有所不同，但却严重影响人民教师的应有形象，危害了大学生的健康成长。

存在这些问题的原因是多方面的。就社会原因而言，与发展市场经济过程中出现的拜金主义、个人主义、享乐主义的影响有一定关系。就个人原因而言，首先是部分老师缺乏集体观念，不能正确处理个人与集体的关系；其次是放松了自我要求，缺乏自我教育的自觉性和“为人师表”的自觉意识，忘记了自己作为人类灵魂工程师应有的形象和职业操守。

二、什么才是师德师风优秀的教师

邓小平同志曾经指出：“一个学校能不能为社会主义建设培养合格的人才，培养德智体全面发展、有社会主义觉悟的有文化的劳动者，关键在教师。”[①]教师重要，就在于教师的工作是塑造灵魂、塑造生命、塑造人的工作。一个人遇到好老师是人生的幸运，一个学校拥有好老师是学校的光荣，一个民族源源不断涌现出一批又一批好老师则是民族的希望。国家繁荣、民族

①《邓小平文选》第2卷，北京：人民出版社1994年版，第108页。

振兴、教育发展，需要涌现一大批好老师。

那么，什么是好老师呢？2014年9月9日，习近平总书记在同北京师范大学师生代表座谈时的讲话给出了非常明确的答案。他说："每个人心目中都有自己好老师的形象。做好老师，是每一个老师应该认真思考和探索的问题，也是每一个老师的理想和追求。""好老师没有统一的模式，可以各有千秋、各显身手，但有一些共同的、必不可少的特质。"[①]习近平总书记指出，要做好老师，需要做到以下几点。

第一，要有坚定的理想信念。

正确的理想信念是教书育人、播种未来的指路明灯。不能想象一个没有正确理想信念的人能够成为好老师。"师者，所以传道授业解惑也。""传道"是第一位的。一个老师，如果只知道"授业""解惑"而不"传道"，不能说这个老师是完全称职的，充其量只能是"经师""句读之师"，而非"人师"。古人云："经师易求，人师难得。"一个优秀的老师，应该是"经师"和"人师"的统一，既要精于"授业""解惑"，更要以"传道"为责任和使命。好老师心中要有国家和民族，要明确意识到肩负的国家使命和社会责任。

我们的教育是为人民服务、为中国特色社会主义服务、为改革开放和社会主义现代化建设服务的，党和人民需要培养的是社会主义事业建设者和接班人。好老师的理想信念应该以这一要求为基准。教师要始终同党和人民站在一起，自觉做中国特色社会主义的坚定信仰者和忠实实践者，忠诚于党和人民的教育事业，自觉把党的教育方针贯彻到教学管理工作全过程，严肃认真对待自己的职责；要加深对中国特色社会主义的思想认同、理论认同、情感认同，不断增强道路自信、理论自信、制度自信，积极引导学生热爱祖国、热爱人民、热爱中国共产党。好老师应该做中国特色社会主义共同理想和中华民族伟大复兴中国梦的积极传播者，帮助学生筑梦、追梦、圆梦，让一代又一代年轻人都成为实现我们民族梦想的正能量。

教师要用好课堂讲坛，用好校园阵地，用自己的行动倡导社会主义核

① 习近平：《做党和人民满意的好老师：同北京师范大学师生代表座谈时的讲话》，北京：人民出版社2014年版，第4页。

心价值观，用自己的学识、阅历、经验点燃学生对真善美的向往，使社会主义核心价值观润物细无声地浸润学生们的心田并转化为日常行为，增强学生的价值判断能力、价值选择能力、价值塑造能力，引领学生健康成长。

第二，要有良好的道德情操。

老师的人格力量和人格魅力是教育成功的重要条件。老师对学生的影响，离不开老师的学识和能力，更离不开老师为人处世、于公于私所持的价值观。一个老师如果在是非、曲直、善恶、义利、得失等方面出问题，怎么能担起立德树人的责任？教师必须率先垂范、以身作则，引导和帮助学生把握好人生方向，特别是引导和帮助青少年学生扣好人生的第一粒扣子。

“师者，人之模范也。”教师的职业特性决定了教师必须是道德高尚的人群。合格的老师首先应该是道德上的合格者，好老师首先应该是以德施教、以德立身的楷模。师者为师亦为范，学高为师，德高为范。老师是学生道德修养的镜子。好老师应该取法乎上、见贤思齐，不断提高道德修养，提升人格品质，并把正确的道德观传授给学生。

师德是深厚的知识修养和文化品位的体现。师德需要教育培养，更需要老师自我修养。做一个高尚的人、纯粹的人、脱离低级趣味的人，应该是每一个老师的不懈追求和行为常态。好老师要有“捧着一颗心来，不带半根草去”的奉献精神，自觉坚守精神家园、坚守人格底线，带头弘扬社会主义道德和中华传统美德，以自己的模范行为影响和带动学生。

好老师的道德情操最终要体现到对所从事职业的忠诚和热爱上来。好老师应该执着于教书育人。我们常说“干一行爱一行”，做老师就要热爱教育工作，不能把教育岗位仅仅作为一个养家糊口的职业。有了为事业奋斗的志向，才能在老师这个岗位上干得有滋有味，干出好成绩。

当好老师要有“衣带渐宽终不悔，为伊消得人憔悴”的精神，兢兢业业做好工作。做好老师，最好的回报是学生成人成才，桃李满天下。想想无数孩子在自己的教育下学到知识、学会做人、事业有成、生活幸福，那是何等让人舒心、让人骄傲的成就。到那时真是“桃李不言，下自成蹊”了。

第三，要有过硬的扎实学识。

俗话说，前人强不如后人强。家庭如此，国家、民族更是如此。只有我们的学生们学好知识了、学好本领了、懂得更多了，他们才能更强，我们的国家、民族才能更强。

扎实的知识功底、过硬的教学能力、勤勉的教学态度、科学的教学方法是老师的基本素质，其中知识是根本基础。“水之积也不厚，则其负大舟也无力。”知识储备不足、视野不够，教学中必然捉襟见肘，更谈不上游刃有余。

国外有教育学家说过：“为了使学生获得一点知识的亮光，教师应吸进整个光的海洋。”[①]在信息时代做好老师，自己所知道的必须大大超过要教给学生的范围，不仅要有胜任教学的专业知识，还要有广博的通用知识和宽阔的胸怀视野。好老师还应该是智慧型的老师，具备学习、处世、生活、育人的智慧，既授人以鱼，又授人以渔，能够在各个方面给学生以帮助和指导。

陶行知先生说：“出世便是破蒙，进棺材才算毕业。”[②]这就要求老师始终处于学习状态，站在知识更新前沿，刻苦钻研、严谨笃学，不断充实、拓展、提高自己。过去讲，要给学生一碗水，教师要有一桶水，现在看，这个要求已经不够了，应该是要有一潭水。

第四，要有宽厚的仁爱之心。

教育是一门“仁而爱人”的事业，爱是教育的灵魂，没有爱就没有教育。好老师应该是仁师，没有爱心的人不可能成为好老师。高尔基说：“谁爱孩子，孩子就爱谁。只有爱孩子的人，他才可以教育孩子。”[③]罗素也说：“凡是

---

① 习近平：《做党和人民满意的好老师：同北京师范大学师生代表座谈时的讲话》，北京：人民出版社2014年版，第9页。

② 习近平：《做党和人民满意的好老师：同北京师范大学师生代表座谈时的讲话》，北京：人民出版社2014年版，第9页。

③ 习近平：《做党和人民满意的好老师：同北京师范大学师生代表座谈时的讲话》，北京：人民出版社2014年版，第9页。

教师缺乏爱的地方，无论品格还是智慧都不能充分地或自由地发展。”[①]教育风格可以各显身手，但爱是永恒的主题。爱心是学生打开知识之门、启迪心智的开始，爱心能够滋润浇开学生美丽的心灵之花。老师的爱，既包括爱岗位、爱学生，也包括爱一切美好的事物。

有人说，好老师的眼神应该是慈爱、友善、温情的，透着智慧、透着真情的。好老师对学生的教育和引导应该是充满爱心和信任的，在严爱相济的前提下晓之以理、动之以情，让学生“亲其师”“信其道”。好老师要用爱培育爱、激发爱、传播爱，通过真情、真心、真诚拉近与学生的距离，滋润学生的心田，使自己成为学生的好朋友和贴心人。好老师应该把自己的温暖和情感倾注到每一个学生身上，用欣赏增强学生的信心，用信任树立学生的自尊，让每一个学生都健康成长，让每一个学生都享受成功的喜悦。

有爱才有责任。好老师应该懂得，选择当老师就选择了承担责任，就要尽到教书育人、立德树人的责任，并把这种责任体现到平凡、普通、细微的教学管理之中。正是因为爱教育、爱学生，我们很多老师才有了用一辈子备一堂课、用一辈子在三尺讲台默默奉献的力量，才有了在学生遇到危难时挺身而出的勇气，才有了敢于攻克新知新学的锐气。老师责任心有多大，人生舞台就有多大。

老师还要具有尊重学生、理解学生、宽容学生的品质。离开了尊重、理解、宽容同样谈不上教育。学而不厌、诲人不倦，有教无类，因材施教，教也多术，就是要求老师具有尊重、理解、宽容的品质。这本身就是一种伟大的教育力量。受到尊重、得到理解、得到宽容，是每一个人在人生各阶段都不可缺少的心理需要，儿童和青少年更是如此。好老师应该懂得既尊重学生，使学生充满自信、昂首挺胸，又通过尊重学生的言传身教教育学生尊重他人。

世界上没有两片完全相同的树叶，老师面对的是一个个性格爱好、脾气秉性、兴趣特长、家庭情况、学习状况不一的学生，必须精心加以引导和

① [英]罗素著，华东师范大学教育系、杭州大学教育系编译：《现代西方资产阶级教育思想流派论著选》，北京：人民教育出版社1980年版，第104页。

培育，不能因为有的学生不讨自己喜欢、不对自己胃口就冷淡、排斥，更不能把学生分为三六九等。对后进生甚至问题学生，老师更应该多一些理解和帮助。老师在学生心目中具有重要位置，老师无意间的一句话，可能造就一个天才，也可能毁灭一个天才。好老师一定要平等对待每一个学生，尊重学生的个性，理解学生的情感，包容学生的缺点和不足，善于发现每一个学生的长处和闪光点，让学生成长为有用之才。

三、靠什么当一名好老师

陈云提出“不唯上，不唯书，要唯实”。这九个字要诠释一下可以这样说：保持一致，实事求是不唯上；认真学习，刻苦钻研不唯书；放眼社会，立德树人只唯实。具体讲，当一名好老师，一靠坚定的理想信念，二靠良好的精神状态、乐观的生活态度以及优秀的人格魅力，三靠事业心和责任感，四靠自己的人生经验，五靠交流学习、共同探讨，六靠教学相长、教学方法的改进。

一靠坚定的信念。这种信念从大的方面讲就是“四信”，即对马克思主义的信仰、对社会主义的信念、对建成小康社会的信心、对党和政府的信任。我想罗国杰教授讲的“做经师不难，做人师不易”可能就是这个意思。从大的方面讲，就是老师必须树立正确的、坚定的理想信念。因为有信仰的人讲信仰才能服人，真信的老师才能教出真信的学生。从小处讲，信念决定我们老师把课备到什么程度，也决定我们老师在选择教学内容时取舍程度，即哪些问题应重讲，哪些问题应轻讲，哪些问题可一带而过。

二靠良好的精神状态、乐观的生活态度以及优秀的人格魅力。不论干什么事情，一个人的精神状态直接影响他的工作情况。教师行业和其他行业不同的是，教师是教育人的人，培养的是社会主义的合格建设者和可靠接班人。教师的精神状态决定着对待学生的态度、对待教学的态度。只有乐观的生活态度、优秀的人格魅力，才能吸引人、感染人、启发人，才能真正教育、引导人。

三靠事业心和责任感。有事业心和责任感的老师，他们会想尽一切办法去寻找资料、去深入挖掘课程以外的东西，千方百计把课上得生动活泼、吸引人、感染人，以增强实效性和针对性。有事业心和责任感的老师应该是利用课余时间与学生充分交流的人。比如安徽师范大学的房玫老师，她总是上课提前十分钟与学生交流，课间与学生交流，课后也尽量迟走一会与学生交流，所以学生都亲切地喊她“房妈妈”。老师一定要养成习惯，就是要有意识地多接触学生，多与学生沟通，多了解学生学习生活情况，要有种不把课讲好、不把学生教会食不甘味、夜不能寐的精神。

四靠人生经验。读万卷书，行万里路。老师的人生经验和阅历直接影响他的教学水平和教学效果。一个人处理问题的能力实际上是其综合素质的反映，有时也是其人生经验的反映。现代社会对一个人的素质要求越来越高，高校除了对学生进行专业教育外，实际上还承担着帮助学生成为一个和谐人的任务。爱因斯坦说，靠专业知识教育人是不够的，通过专业知识教育，学生可以成为有用的机器，而不能成为一个和谐发展的人。他在《论教育》一文中说，学校应该永远以学生离开学校时是一个和谐的人，而不是一个专家为目标，这点对高校尤其重要。现实中有许多大学生、博士生由于心理问题自杀了。中央提出构建和谐社会，如果社会中的人不和谐，这个社会要想和谐那就是天方夜谭。

五靠交流学习、共同探讨。现代的大学教师一定要是眼界开阔、心胸宽广的人。要做到这点就要多学习、多与同行交流。坚持“请进来、走出去”，在校内多开展一些教学观摩、交流活动，多请一些水平较高的老师来校开展讲座等活动。通过多共享网络资源，多参加学术研讨会，多与同行交流研讨，以便提高自己的业务能力和水平。

六靠教学相长、教学方法的改进。教与学是一对矛盾，但谁是矛盾的主要方面？当然是学生。所以，要想达到教学相长，作为老师一定要关心学生、启发学生，调动学生学习的积极性。学习的过程是学习者主动加工信息的过程，离不开学生主体意识与主体作用的发挥。在教育教学活动中，要多给学生创造当“主角”的机会，充分发挥大学生自我教育的作用。以下有“四个把握”需要大家注意。一是把握学生主体需要的根本点，注重对学生的引导；二是把握学生主体接受的兴趣点，注重知行合一；三是把握学生主体学习的兴奋点，注重欢快学习环境的创设；四是把握学生主体情感的激发点，注重个体的自主体验。著名的哲学家胡塞尔认为，生活世界与科学世界的本质区别是生活世界中充满了目的、意义和价值。因此，我们的课堂除了要确立“科学世界”的理念，还应确立“生活世界”的理念，回归到学生的生活世界中去。当涉及现实社会的，一方面要实事求是、一分为二，另一方面要教会学生分析辨认社会的方法。具体方法上可采取演讲式、案例式、问答式、讨论式、辩论式、调查式、社会实践活动等形式组织教学活动，以充分体现大学生的主体性。

四、怎样进行师德师风自我教育

做任何事情都有一个途径和方法的问题。在人的认识和实践领域，途径和方法如渡河之舟，过河之桥，其重要性不言而喻。高校教师进行师德师风自我教育，掌握自我教育的途径和方法，有助于推进自我教育，形成良好的师德师风。

第一，要做到理论联系实际、知与行的统一。

这是高校教师进行师德师风自我教育的基本途径和方法。从良好的师德师风教育和自我教育的要求出发，高校教师所需要学习的理论知识，主要是马克思主义基本原理、毛泽东思想、邓小平理论、“三个代表”重要思想、习近平新时代中国特色社会主义思想，党关于社会主义精神文明建设的基本思想和精神，党的教育方针和政策，《教育法》《教师法》《高等教育法》等法律法规，《新时代公民道德建设实施纲要》所阐明的伦理道德知识和理论等。

高校教师一般都是某一专业或学科的行家里手，理论学习和思维能力很强，学习和掌握上述理论难度不大。问题在于如何联系实际、做到知与行的统一，也就是如何化知识理论为智慧，化智慧为德性，化德性为行动。

第二，要慎独。

慎独是高校教师进行师德师风自我教育的根本途径和方法。所谓慎独，指的是一人独处，在别人看不见、听不到的情况下能够高度自律，严格要求自己，自觉按照社会道德要求行事而不懈怠，不做坏事。作为师德师风自我教育的途径和方法，也就是在别人看不见、听不到的情况下能够严格要求自己，自觉按照高校教师良好师德师风的要求行事而不懈怠，不做坏事。

慎独是中国古代知识分子修身的常用方法，是一种优良的修身之道。《礼记·中庸》说："君子戒慎乎其所不睹，恐惧乎其所不闻。莫见乎隐，莫显乎微。故君子慎其独也。"这是强调作为一个君子，不要涉足不该注意的事情、不该过问的事情，要自我判断、自我监督、自我约束。

慎独同时也是一种崇高的道德境界。一般说来，一个人能够做到慎独，也就表明他的道德品质是高尚的，在道德生活领域是一个成熟的人。不论是作为自我教育的途径和方法，还是作为道德境界，慎独都具有典型的人格特征，能够做到慎独的人其人格必定是健康的。

一般说，人或多或少都有惰性，如不思进取、敷衍塞责等，这些不良的习性易在个人独处的情况下表现出来。从这点看，强调慎独，也是防微杜渐、自我鞭策的有效途径和方法。

在当代中国，强调慎独更为必要。新时代是充满生机和活力的时代，也是充满挑战和考验的时代。在这个时代里，人们成就事业的机会很多，只要我们愿意有所作为，自强不息，奋斗不止，我们就会有很多成功的机会。但同时我们所处的时代不良诱惑也很多，能够诱使我们堕落的机会也不少，我们必须时刻保持警惕。因此，在高校教师中提倡慎独，克服消极怠工、不思进取的不良思想情绪和作风，发扬埋头苦干、尽职尽责的师德师风是必要的。

第三，要慎始。

《左传·襄公二十六年》说："慎始而敬终，终以不困。"说的是一个良好的开端对于此后发展的重要意义。慎始，可以从两个方面来理解。一种理解是，在人生发展的阶段上要谨慎、慎重地对待起初阶段面临的人生课题。这对高校青年教师来说显得尤其重要。青年教师从走上高校讲台的第一天开始，就应当树立做优秀、杰出教师的远大目标，注意按照良好的师德师风严格要求自己，努力做好自己的工作，争取有一个良好的开端。这不仅有利于教育和培养大学生，而且有助于增强自己的信心，积累经验，再接再厉，快速地成长起来。另一种理解是，做每一件事情都应当注意有一个谨慎的正确起步。俗话说“万事开头难”，执教也是这样，特别是开设一门新课或研究一项新的课题，教师一开始往往会感到困难较多，甚至无处下手，但是只要严格按照师德师风的要求行事，运用科学的方法，就会防止陷入被动，防止一失足而成千古恨的事情发生。

在师德师风自我教育的实际过程中，慎始与慎独是一致的，两者互相包容，相得益彰，能慎始者一般就能慎独，反之亦是。因此，教师进行师德师风自我教育，应当把慎独与慎始很好地结合起来。

美国著名作家弗格森说，每个人都守着一扇只能从内开启的改变之门，不论动之以情或晓之以理，我们都不能替别人打开这扇门。教师的成长之门只能由教师个人打开，别人是无能为力的。让我们自己打开书本多学习多修养，打开自己的成长之门，走向人生发展的最高境界。

珍惜大学时光，立志成长成才*

非常高兴在你们刚进校不久与你们交流。虽然大家进校时间很短，但经过入学教育、军训等环节，大家对安徽工业大学和大学生活多少应该也有了一点初步的了解。“如何珍惜大学时光，使自己成长成才”应该是每一位同学思考最多的问题。今天，我想结合自己的经历和同学们谈谈这个问题。

同学们到了安徽工业大学，首先要对我们的学校有个了解。入学教育、参观校史馆过程中，相关老师也把校情校史、专业等给大家作了简要介绍。为了加深大家对学校的了解，我这里换种方式解读一下“安徽工业大学”这六个字。“安”字是要我们安心读书、安心求学，同时还提醒我们要注意安全——生命和财产的安全，这是底线、是第一位。大学生中上当受骗的、陷入传销组织的大有人在。大家要注意，害人之心不可有，防人之心不可无。“徽”字的双人旁代表团结、团队精神；中间是山，要求我们要学习山的刚毅挺拔；右边是文，代表有文化。“工”字表示作为工业大学，“工”是我校的特色，也是优势。学“工”的就要懂得工学专业知识。这提醒我们要有工匠精神，对新兴工学学科知识要主动涉猎。但是，光有工科的知识也是不可能真正学好工科的，还要有意识地学些人文社会科学知识，来拓展自己的视野。我校的校训“精工博学”就包含这个意思。“业”字提醒我们作为学生，学业是第一位的。这个时代是知识更新最快的时代，只有不断学习的人才能立在时代的潮头。“业精于勤而荒于嬉，行成于思而毁于随。”我们要用好业余时间。人与人的差距往往体现在业余时间的利用上。“大”字提醒我们是大学生了，要大气、大度、大方，要立志成大家。同学之间相处千万不要斤斤计较。这个“大”字也代表大学不同于中小学，你的学习方式、

* 2019年9月26日给2019级新生上的第一堂课的讲稿。

生活方式、处理问题的方式方法都与以往有很大的不同，大家需要尽快适应，并能把握它的规律，这样才能游刃有余。“学”字提醒我们这个地方是学校，是知识的殿堂，是学习的圣地。“宝剑锋从磨砺出，梅花香自苦寒来”，不花费一番辛苦是不可能学到真知识的。“学而不思则罔，思而不学则殆”，大家要勤于思考、善于思考。阿基米德有一句名言：“如果给我一个支点，我可以撬起整个地球。”这句名言最早出自物理学的杠杆原理，后来常被人们引用到人生中，很多人梦想着能有个支点，撬起自己的人生，干出一番事业，让人生显示出华彩。我时常听到一些“英雄无用武之地”的感叹和抱怨。有一个支点，成了多数人的期盼。但仔细琢磨，如果把“给我”二字改成“找到”可能更加贴切些，也更显积极主动些。成功必须有支点，支点也是客观存在的。我们需要自己在人生的道路上，有一往无前、百折不挠的进取精神，去寻找能够支撑成功的支点，撬起自己的人生。

人生的这个支点之所以难找，在于这个支点是无形的。它不像物理学的杠杆原理那样，可以通过计算得出支点的位置。人生的这个支点，是人生的进取点，也是人生的平衡点，看不见、摸不着，但又确确实实影响着人生。人生这个支点，实际上是人的理想、态度、知识以及意志共同作用形成的一个点，反映出一个人度的把握、量的积累、质的提高。人生的这个支点之所以难找，在于它不是一劳永逸的。撬动地球那个支点，找到了就成为永恒；而人生支点的寻找却是动态的，需要不断地调校，调试得越准确，支点把握得就越好。现实中，为什么有的企业家总是立于潮头，有的则昙花一现，关键在于他们是否做到了与时俱进，顺应时代发展的需要。人生的这个支点之所以难找，在于“找”与“不找”的度难以把握。两者的把握正确与否，往往决定着支点的定位。“找”必须是积极的、向上的，否则，越找支点越偏。人生的这个支点之所以难找，在于支撑人生成功的支点是多样的。人生的支点，除了必须具有成功者应具备的共同品质，还必须具备那个职业所具有的特点以及学术素养。政治家、企业家、科学家、艺术家的成功支点是有区别的。你必须对自己所从事的职业应具有的素质要求有充分的了解，同时还要了解自己适合不适合这个支点。人生的这个支点之所以难找,还在于方法是在反复探索比对中总结出来的。要想成功找到这个支点,就要经过不断地实践与探索。实际上大学阶段,我们每一位同学都是在为自己寻找人生的支点打基础,作准备。

我是1980年考入大学的,1982年入党,1984年大学毕业留校担任辅导员。第一届带三个班共93人,1985年、1986年我又各带了3个班,最多时同时带6个班的辅导员。我获得合肥工业大学管理学博士学位,任安徽师范大学博士生导师、安徽工业大学党委书记。2014年毕业30年聚会,我代表全校1980级500多名同学所作的发言,引起大家强烈的共鸣。回顾总结个人这30多年的经历,我的体会是:在大学时自己就要为自己确定一个目标,将来干什么,要成为一个什么样的人。同时,要与时俱进,根据不同情况不断调整校正自己的目标。

目前,高校学生大致可分为“四大家族”,即“考公一族”“考研一族”“寄托一族”“考证族”。不管你是哪一族都是无可厚非的,但大学里绝不是只有这四族。你也不能只把自己限定在这四族中的一族里,而应该利用这段人生中最美好的时光,尽可能地充实自己、完善自己。第一,找准方向。未来的世界充满了不确定性和风险性,谁能够在有限的时间和空间里尽早地作出正确的选择,谁就可能成为这个领域的领头羊、专家或者权威。现在是讲究绩效的时代,公司、企业、政府需要的是有能力且能与单位共同发展的人,而不是一味努力却毫无结果的人。自己适合哪些行业、哪些职业,有很多东西是先天决定的,一个人只有充分发掘自己的潜力,才能出人头地。方向不对,再努力、再辛苦,你也很难成为你想成为的那种人。第二,培养能力。知识如果没有转化为能力,那么即便是拥有再多的知识的人,或许可以在答卷上顺利地回答如何管理企业,如何解决棘手的问题,但是在现实面前,他们却显得毫无头绪、不知所措。他们的知识只是知识,没有转化为能力,他们更没有通过努力来发掘他们的潜力。现在许多企业都在研究能力模型,从能力的角度来观察应聘者能否胜任岗位。所以要特别注重培养个体的能力。第三,保持健康。进入高校就意味着新的竞赛、新的起跑线。没有健康的身心,如何应对更加繁重的学习生活?如何应对变幻莫测的市场环境和人生变革？而且，在现代社会，光拥有强壮的身体还显得不够，健康的心理越来越受到重视。处理复杂的人际关系、承受挫折、缓解压力，这些都将成为我们常常面对的问题。所以，要多注意自己的身心健康。第四，提高情商。情商主要是指那些与认识自我、控制情绪、激励自己以及处理人际关系等相关的个人能力。在情商所描述的各项能力因素中，自觉、自律、同理心和人际关系是四种对现代人的事业成败起决定性作用的关键因素。

同学们到大学来要学会三件事：学会做人，学会做事，学会思考。

第一，学会做人。做人，是人人都要面对的课题。要做一个高尚的人、一个纯粹的人、一个有道德的人、一个脱离低级趣味的人、一个有益于人民的人。人的一生，社会和他人给予他的评价很多，如果说某人是个堂堂正正的人，是个大写的"人"，这是对他特别高的评价。

在做人方面存在一些值得注意的问题：一是诚信意识淡薄；二是团队合作精神欠缺；三是心理素质有待提高。这三个问题实际上是有关联的。不诚信，别人就不愿与你交往。不与别人交往，就容易产生心理问题，更说不上什么团队精神了。

中华民族历来把诚实守信作为立身处世之本。"言必信，行必果"，"人而无信，不知其可也"，"不宝金玉，而忠信以为宝"等都说明了一个道理：要想成功地与他人合作，就必须遵守诺言、待人诚信，一诺千金。孔子曾经对信义作过精辟的论述。《论语》中记载，一次，他的学生子贡向他请教治国方法。他说："确保粮食充足、军队充实以及对人民的信义，就可以治理好国家。"子贡又问："三者如果要舍其一，应该舍哪个？""军备。""不得已再舍一个，怎么办？""舍粮食"。"为什么不能舍信义？"子贡问。孔子说："人难免一死，没有粮食可以，如果没有信义，根本与禽兽无异，这时活着还有什么意思呢？"古人把诚信看得比生命更重要，宁可舍弃生命而不愿背信弃义。

现代社会是一个竞争的社会，更是一个合作的社会。社会对团队精神提出了更高的要求。有人曾经问过闻名世界的指挥家卡拉扬："您是如何指挥世界著名的交响乐团的？"卡拉扬说："我只强调三个音，来使我的乐团变成团队。首先是'起音',起音不齐,乐曲就乱。第二是个人的'专业音',不管是吹喇叭的还是打鼓的,要表现出自己在专业上最好的、最高段的音。第三是'团队音',就是个人打出专业音之后,还要考虑到整体,不能成为干扰别人的音。"[①]任何个人要取得事业的成功,要靠自己的真才实学,更要靠与你一起奋斗的那个团队。所以,部分同学不愿意参加集体活动,不愿意与同学一起上晚自习,找各种理由想一个人租房外住、搞个人"小天地"等,都是缺少团队精神的表现,结果自然不会令人满意。实际上,不重视团队合作,不重视人际交往,还会产生心理问题。有研究表明,人们的心理障碍大多是由人际关系出现问题引起的。很多退学的学生多是不善于与同学交往,不善于沟通,欠缺团队精神。

所以,要做一个堂堂正正的人是很不容易的,标准也是很高的。一要有高尚纯洁的品行,二要有积极健康的身心,三要有自强不息的品质,四要有团结协作的精神,五要有公平竞争的意识。学会做人,就是要从以上五个方面不断反省自己、完善自己,努力把自己培养成能适应不同社会角色,能承担相应社会责任的人。一个人,工作可以换,地点可以变,职位可能升降,责任可能增减,但是要做一个对社会有益的人,做一个物质和精神都富有的人,做一个大写的"人",这样的做人目标永远不能变。

第二,学会做事。现代社会发展的趋势是越来越注重能力。一些有远见卓识的企业家,早就把能力当作用人的重要标准,惟才是用。现实中,一些大学生、研究生乃至博士生不受用人单位欢迎,其根本原因是他们不会做事,还对工作挑三拣四。

首先,要充分发展个人能力,特别是自学能力、实践能力和创新能力。怎么样培养创新能力?中国科学技术大学原校长朱清时说的以下要求十分重要。

一要有好奇心和兴趣。好奇心是创新人才最重要的素质。科学上最重大的原始创新大都是由好奇心推动的。众所周知,核物理学的一个重大里程碑——放射性的发现,就是因为年轻的居里夫人被一种强烈的好奇心所

① 黄干才编:《心理健康》,北京:北京出版社2009年版,第153页。

驱使，选择了探索贝克勒尔射线的秘密作为论文课题。她花了整整四年时间，在一个破旧的棚房中坚忍不拔地重复着繁重而又枯燥的工作，终于找到了新元素镭和钋。在爱因斯坦七十岁生日时，著名物理学家拉比致辞说："在爱因斯坦以前，在爱因斯坦以后，从来没有人这样深入地探索、研究过我们关于空间、时间、因果性这样一些人类最本能的观念。"[①]拉比的话带有很浓的感情色彩，但毫无疑问，爱因斯坦是人类中极少数能够深入思考这类人类最本能的观念的人，因而他对这类问题的好奇心可以持续下去。

二要有强烈的直觉或洞察力。什么是人的直觉和洞察力？简而言之，就是指当一个人面对十分复杂的情况时，迅速地抓住问题的关键并找到出路的能力。爱因斯坦曾现身说法地解释过："（学生时代）我在一定程度上忽视了数学，其原因不仅在于我对自然科学的兴趣超过对数学的兴趣，而且还在于下述奇特的经验。我看到数学分成许多专门领域，每一个领域都能费去我们所能有的短暂的一生。因此，我觉得自己的处境像布里丹的驴子一样，不能决定自己究竟该吃哪一捆干草。这显然是由于我在数学领域里的自觉能力不够强，以致不能把带有根本性的最重要的东西同其他那些多少是可有可无的广博知识可靠地区分开来。诚然，物理学也分成了各个领域，可是，在这个领域里，我不久就学会了识别出那些能导致深邃知识的东西，而把其他许多东西撇开不管，把许多充塞脑袋、并使它偏离主要目标的东西撇开不管。"[②]在这里爱因斯坦强调了直觉在选择研究课题上的重要作用。爱因斯坦能够取得如此大的成功，原因之一就是他在很年轻时就懂得直觉的重要，选择了他最擅长的领域——物理学。

三要勤奋刻苦，集中注意力。数学家华罗庚常说，天才出于勤奋，聪明在于积累。他还说过，在中学学习时，别人花一小时，他就花两小时。而到工作时，别人花一小时解决的问题，他有时可能用更少的时间就解决了。他还带了许多优秀学生，陈景润就是其中之一。这些科学家对基础知识下

① 武杰、周玉萍编著：《创新、创造与思维方法》，北京：兵器工业出版社2002年版，第313页。

② 盛乐编著：《博弈论的诡计大全集》，北京：企业管理出版社2010年版，第298页。

的功夫很深，像老工人熟悉机器的每一个零件一样，因此也可以像老工人把零件装成机器那样熟练地用所学知识写出新定理，完成新实验。勤奋刻苦必须以能集中注意力为前提。注意力集中的程度决定着思维的深度和广度。科学史上思想深邃的巨人都特别能集中注意力。牛顿曾在思考时误把怀表当作鸡蛋放进水里煮。奥托弗里希回忆说："爱因斯坦特别能集中注意力，我确信那是他成功的真正秘诀：他可以连续数小时，以我们大多数人一次只能坚持几秒钟的程度完全集中注意力。"[①]这句话很精彩，它清楚地揭示出了优秀科学家与一般人的不同之处。

四要有善于抓住机遇的能力。机遇往往是突然地或不知不觉地出现的，有时甚至永远不为人所知，或只是在回首往事时才认识到过去的那件事是个机遇，庆幸抓住了它或者后悔失去了它。《三国演义》中诸葛亮的故事就是个众所周知的例子。在南阳卧龙岗隐居时，诸葛亮肯定已具有非凡智力，然而若他未遇刘备，并抓住机遇毅然出山，他也不会创造出那段精彩的历史，被传颂至今。就自然科学而言，一个学科领域中大的机遇百年一遇，中等机遇可能十几年、几十年一遇，人的一生中小机遇不断。对于这点我们要有清醒的认识。大的机遇是历史和社会的产物，科学史上的重大突破，都与这类大机遇有关。如果牛顿不是生在他那个时代，他不可能发现万有引力定律。爱因斯坦能够发现相对论也是如此。他生逢其时，非欧几何已经建立，发现光速不变的迈克尔孙-莫雷实验刚完成，这些使相对论的创立成为可能。不过爱因斯坦那个时代的物理学家有很多，他执着地钻研相对论这个问题，有超人的才华，成功地抓住了重大的时代机遇。许多学生都具备很好的个人素质，但后来的成就却千差万别，其中一个原因就在于是否善于抓住机遇。因此，善于抓住机遇的人应该具有以下基本素质。一要随时做好准备。不要等机遇来的时候才临时抱佛脚。随时做好准备，包括从年青时代开始就要尽可能地获取广博的知识，要尽可能地培养自己的创新素质，这样在机遇来到的时候你才有能力抓住它。二要从小事做起，认真地做好每一件事。由于机遇总是突然地、不知不觉地出现，只有认

① 常桦：《意志决定成败》，武汉：武汉大学出版社2006年版，第106页。

真地做好每一件事的人，才不会失去机遇。三要全力以赴，牢牢抓住机遇。我国第一个乒乓球世界冠军容国团说过，“人生能有几回搏！”这是他在获得世界冠军时说的。冠亚军决赛，打赢了就是世界冠军。这种机会并不多，所以人生能有几回搏，他是拼了，他得到了世界冠军。他的这句话对中国乒乓球队影响很大。实际上，学术界也一样，人生能有几回搏？

其次，要善于发挥自己的能力，对社会作出贡献。仅有能力，还不一定会做事、做成事。英雄找不到用武之地，是不会做成事的。社会处处都是施展才华的舞台，会不会做事，能不能做成事，就看愿不愿意，善不善于利用能力，发挥作用。也有一些能力很强的人，危害社会，最后成为阶下囚，这更是不会做事。

最后，要从小事做起。换句话讲，能力要全面发展，但事情要从小事做起。有很多有能力的人，一心只想做大事，不愿从小事做起，结果什么事情也做不成。大小事都是相对的，积小事成大事。能看见小事的人能看见大事，但能看见大事的人未必能看到小事。一屋不扫何以扫天下？眼前的小事不做，怎么去做看不见的大事？所以，学会做事，就是要把自己的能力全面发展，在自己能力范围内对社会多作贡献，从我做起，从小事做起。每做一件事都要求自己尽其所能，做得尽善尽美。

第三，学会思考。

要养成勤于思考的习惯，关键要勤于学习。思考的前提是你必须要有丰富的基础知识。首先要有意志力，培养自己良好的生活学习习惯，人们常说“有志者立一志，无知者常立志”，要注意克服惰性。惰性，人皆有之。惰性一产生，会使人不想学习、不愿意动脑筋，得过且过、精神萎靡，使人的思想布满灰尘，也就不会“常思学习之责，常想做事之道”，只想舒舒服服，不想勤勤恳恳。天道酬勤、业精于勤，一勤天下无难事，做人离不开一个“勤”字。

我希望每个同学的明天都能掌握在自己的手里。希望你们也相信你们一定能干得很好，就像《钢铁是怎样炼成》中奥斯特洛夫斯基所讲的，回首往事时不因虚度年华而悔恨，也不因碌碌无为而羞愧。

以信仰坚守初心，用担当诠释使命*

自2019年9月12日我校“不忘初心、牢记使命”主题教育全面启动以来，学习教育、调查研究、检视问题和整改落实四项重点措施正在有条不紊地同步推进，根据学校学习研讨方案的安排，国庆前我们完成了第一专题的学习研讨，目前进入了第二专题的学习研讨，此前学校给中层以上干部发放了多本学习教材，这些书我都认真进行了学习，收获很大。

2017年10月18日，习近平总书记在党的十九大报告中提出，以县处级以上领导干部为重点，在全党开展“不忘初心、牢记使命”主题教育，到2019年5月31日，作出具体部署，间隔一年零七个月。这么长的时间间隔，既反映了中央对主题教育的高度重视、精心准备，也反映了在时机上的精心选择。在新中国成立70周年之际进行主题教育，习近平总书记以四个“迫切需要”回答了为什么在这个时刻开展主题教育是“正当其时”。

一是用习近平新时代中国特色社会主义思想武装全党的迫切需要。一部中国共产党史就是一部党的思想解放史和思想觉醒史，用马克思主义中国化的最新成果统一全党，是我们党思想建党、理论强党的宝贵经验。从抗日战争关键时候开展的延安整风运动，到新中国成立前的西柏坡会议，到改革开放前关于实践是检验真理的唯一标准大讨论，再到近年来党的先进性教育、党的群众路线教育、“三严三实”教育、“两学一做”教育等，每当党的事业发展进入关键阶段，我们党总是通过学习来凝聚共识、统一思想行动。习近平新时代中国特色社会主义思想既是对毛泽东思想和中国特色社会主义理论体系的继承和发展，也是在深刻总结我们党70年的执政经验，在新时代的伟大实践中孕育、产生、升华和形成的。孔子是这样表述自

---

* 2019年10月10日，在“不忘初心、牢记使命”主题教育中为全校党员教职员工上的党课讲稿。

己成长过程的："吾十有五而志于学，三十而立，四十而不惑，五十而知天命，六十而耳顺，七十而从心所欲，不逾矩。"[①]如果以此来对表我们党执政的成长过程，有明显的相似之处。孔子说他"三十而立"，新中国成立后我们党经历了很多艰难曲折，在十一届三中全会后找到一条建设中国特色社会主义的康庄大道。从1949年到1979年，正好30个年头。孔子说他"七十而从心所欲，不逾矩"。现在，我们党也是经历了70年的历史风雨和执政历练，如今能够洞察事物发展规律，想什么、做什么，都能进退有据、从容应对。因此，习近平新时代中国特色社会主义思想，是对党的十八大以来习近平治国理政实践经验的总结和提炼，也是党和人民实践经验的总结和集体智慧的结晶。

二是推进新时代党的建设的迫切需要。中央决定在新中国成立70周年开展主题教育，一个重要考量就是作为长期执政的世界第一大党，面临的最大课题之一，就是怎样始终走在时代前列，成为得到人民拥护，经得起各种风浪考验、始终朝气蓬勃的马克思主义执政党。因为，一个党执政时间越长，离出发点越远，不忘初心的难度就越大；党员数量越大，管党治党难度就越大；掌握资源越多，反腐倡廉难度越大。长期执政考验、改革开放考验、市场经济考验、外部环境考验，仍然是党在新时代面临的重大考验；精神懈怠危险、能力不足危险、脱离群众危险、消极腐败危险是党在新时代面临的重大危险。党的十八大以来，党内政治生活气象更新，政治生态明显好转，党的革命性锻造得更加坚强，创造性、凝聚力、战斗力显著增强，为新时代改革开放再出发提供了坚强保证。但还不能说全党已通过"四大考验"，跨越"四大危险"了。思想不纯、组织不纯、作风不纯等问题还在党内一定范围内存在，一些干部无所作为的心态、懒政庸政的行为、得过且过的标准，都与党的使命格格不入。开展主题教育，就是要认真贯彻新时代党的建设总要求，全面推进党的各项建设特别是思想建设。习近平总书记说："奔着问题去，以刮骨疗伤的勇气、坚忍不拔的韧劲坚决予以整治，同一切影响党的先进性、弱化党的纯洁性的问题作坚决斗争，努力把我们党建

① 出自《论语·为政》。

设得更加坚强有力。”[①]因此，这一主题教育，是对全党理想信念的再教育、使命意识的再强化、奋斗精神的再激发，也是开启新征程的思想发动、意志锤炼。

三是保持党同人民群众血肉联系的迫切需要。我们党执政70年，但建党已将近100年。国际上一般用25年划分为一代人。算上建党的一代，这次作为主题教育的重点对象是县处级以上领导干部，少数属于党的第四代，大多数则可以归入第五代，45岁以下的青年干部在党内占很大比重。作为领导党的各项事业的中坚力量，这一代与前几代人相比，无论在全球性视野、现代化思维、改革创新精神，还是受教育水平、掌握科技前沿知识方面，都具有不可比拟的优势。但他们也有一个突出的弱点，就是对党的优良传统的了解主要来源于书本，对革命战争年代形成的党和人民群众的血肉联系缺乏亲身感受。由于中国共产党长期执政，一些官员官本位观念滋长，还有对外开放、市场经济条件下，西方意识形态的渗透和多元化价值观的冲击，对一些干部影响也很大。有的干部把党群之间的鱼水关系变成需要时跳到水里、不需要时跳出来的“蛙水关系”，有的甚至变成浮在表面、融不进去的“油水关系”。有些常把公仆意识挂在嘴边的领导干部，内心深处仍存在高人一等的优越感。老百姓找上门来反映问题，官气十足，人前表态含糊，人走就扔脑后。有的甚至对群众的合理诉求采取非理性手段，导致矛盾激化。更有个别干部甚至以权谋私、侵害群众利益。而在新中国成立70年后的今天，我们党面临的群众也发生了深刻变化。今天的绝大多数中国人，都是通过自己的亲身感受来认识我们党和党的干部的。他们更会用身边那些党员领导干部的言和行来考量，看谁说的是真话，谁说的是假话；哪些是真做，哪些是做样子。他们的民主、平等、维护自身权益的诉求更多。在这种情况下，他们所接触的党的干部、特别是领导干部的所作所为，会直接影响他们对我们党和我们这个社会制度的看法。而人民对党的信任，本质上是对党的各级领导干部的信任；党在人民群众中的形象，也

① 习近平：《在“不忘初心、牢记使命”主题教育工作会议上的讲话》，北京：人民出版社2019年版，第3—4页。

是以每个领导干部的人格魅力来体现的。如果说再革命年代，共产党人可以靠他们的赫赫战功，靠他们在血与火的考验中形成的胆识和魅力成为新中国当之无愧的领导者，那么，在执政70年后的今天，我们党要获得中国人民的继续认可，要靠不断与时俱进，不断增强党的治国理政本领能力，在比过去更复杂的情况下引导中国走正确的道路；更要靠我们不忘初心、牢记使命，自觉践行党的宗旨，着力解决群众最关心最现实最直接的利益问题，不断增强人民群众对党的信任和信心，筑牢党长期执政最可靠的阶级基础和群众基础。

四是实现党的十九大确定的目标任务的迫切需要。新中国成立70年了，再过30年，我国将全面建成富强民主文明和谐美丽的社会主义现代化强国。当前和今后一个时期，是全面贯彻落实党的十九大精神的开局阶段，是迈进新时代、开启新征程、续写新篇章的奠基阶段。而我们面临的改革发展稳定任务之重、治国理政考验之大，也是前所未有的，党和国家事业已经进入“爬坡过坎、滚石上山”的关键时期。从国际看，今后中美经贸摩擦可能越来越多、越来越频繁，未来“摩擦、斗争、谈判、再摩擦、再斗争、再谈判”的循环将成为常态，可能成为一场旷日持久的交锋和博弈。从国内看，虽然发展前景光明，但经济下行压力加大，消费增速减慢，有效投资增长乏力，实体经济困难较多。我国发展面对问题增多的复杂局面，需要迎难而上，作好打硬仗的充分准备。我们要把通过主题教育得到增强的使命意识和担当精神，转化为攻坚克难、干事创业的实际成果，因此，2019年的政府工作报告中提出了十八个字要求：困难不容低估，信心不可动摇，干劲不能松懈。

所以，党中央通过部署开展“不忘初心、牢记使命”主题教育，在全党再开展一次大学习大教育，共同重温“我是谁”“为了谁”“依靠谁”“我从哪里来”“为什么出发”“到哪里去”这些根本性问题，就像党中央在从西柏坡动身前往北京时告诫全党作好“赶考”的准备一样，这也是提醒我们要作好迎接新时代的充分准备。

一、“初心”“使命”的词语探源

“初心”是指做某件事情最初的愿望、原因。初心为始，正果为终。“使命”是使者所奉命令，也就是任务。从词义上看，“初心”是“使命”的本原，“使命”是“初心”的延伸升华。从学习掌握的资料看，习近平总书记第一次提到“不忘初心”是2015年7月1日，在给国测一大队老队员老党员回信中说：“党的事业，人民的事业，是靠千千万万党员的忠诚奉献而不断铸就的。不忘初心，方得始终。”[①]他就是要告诉我们，共产党人为实现自己的远大理想，无论取得多大成就、遇到多大困难，无论走到多远，都要坚守理想信念。习近平总书记第一次提到“牢记使命”是2013年3月17日，他在十二届全国人大一次会议闭幕式上指出，“全国各族人民一定要牢记使命，心往一处想，劲往一处使，用13亿人的智慧和力量汇集起不可战胜的磅礴力量。”[②]习近平总书记第一次把“不忘初心”和“牢记使命”连在一起使用，是在党的十九大报告中提出，“中国共产党人的初心和使命，就是为中国人民谋幸福，为中华民族谋复兴”[③]。从中可以看出，这是在世界正经历百年未有之大变局、中国特色社会主义进入新时代的历史背景下提出的党的奋斗主题。“为中国人民谋幸福，为中华民族谋复兴”，这是我们党的初心和使命，也是理解和把握习近平新时代中国特色社会主义思想的一把金钥匙。“不忘初心、牢记使命”，成为新时代党的建设的主题词。

二、党的“初心”“使命”的渊源和内涵

要使“不忘初心、牢记使命”在全党深入人心、形成共识，首先要弄清中国共产党的初心使命来自哪里。纵观我们的党史、新中国史，中国共产党人的初心和使命，可以说源于苦难、源于梦想、源于信仰。

①《习近平关于“不忘初心、牢记使命”论述摘编》，北京：中央文献出版社2019年版，第5页。

②《习近平谈治国理政》，北京：人民出版社2014年版，第40页。

③ 习近平：《决胜全面建成小康社会 夺取新时代中国特色社会主义伟大胜利——在中国共产党第十九次全国代表大会上的报告》，北京：人民出版社2017年版，第1页。

百年苦难,是我们党初心使命的历史背景和现实需求。中华民族对伟大复兴的愿望,产生于被列强欺侮的历史;中国人民对幸福生活的追求,来自遭受的苦难。我们党的初心使命是在民族危难、国家危亡的背景下孕育产生的。1840年发生的鸦片战争,是中国进入半殖民地半封建社会的重要标志,从此以后,中国进入了长达百年的屈辱时代,中华民族处在积贫积弱、内忧外患的苦难深渊,中国人民处在饥寒交迫、民不聊生的悲惨境地。这样的苦难和耻辱,迫使近代无数有识之士孜孜以求,寻找改变命运的正确道路,中国共产党正是在这样的背景和呼声下应运而生的,历史选择了中国共产党,也是历史造就了共产党人的初心使命。

复兴梦想,是我们党初心使命的目的动机和不竭动力。中国共产党的初心使命是在救亡图存、奋斗图强中升华出来的。中国近代以来的历史就是中国人民谋求民族独立、人民解放和国家富强、人民幸福的斗争历史。实现中华民族伟大复兴是近代以来中华民族最伟大的梦想。中国共产党自成立以来,就义无反顾地将实现这一梦想作为自己的历史使命,并团结带领中国人民历经了28年的浴血奋战实现了“站起来”的奋斗目标,历经了70年的社会主义建设和改革开放实现了“富起来”的奋斗目标,正在向“强起来”的奋斗目标迈进,谱写了一首气吞山河的壮丽史诗。党的十九大报告指出,今天,我们比历史上任何时期都更接近、更有信心和能力实现中华民族伟大复兴的目标。

马克思列宁主义,是我们党初心使命的理论依据和根本遵循。百年中国的落后,源于闭关锁国。其中,思想观念和认识能力的落后,是导致近代中国落后的内在深层文化原因。近代史上为了救亡图存,以左宗棠、李鸿章为代表的洋务派探索开展过洋务运动,以康有为、梁启超为代表的资产阶级维新派推行过维新变法,以孙中山为代表的资产阶级革命派推行过“三民主义”,但他们的道路最后都没有走通。这样的落后局面,在“十月革命一声炮响,给我们送来了马克思列宁主义”之后,才发生了根本改观。马克思列宁主义以解放全人类、实现共产主义为奋斗目标,指引了中国革命的正确方向。共产党人的初心使命以马克思列宁主义为指导,建立在科学先进的理论基础之上，因此也就具有实现的可能性。中国共产党人的初心和使命孕育于马克思主义的传播和党的创建过程中，产生于领导人民进行革命、建设和改革的历史进程中，并在实现中华民族的三次伟大飞跃中不断升华。

进入新时代，以习近平同志为核心的党中央之所以反复强调"不忘初心、牢记使命"，正是基于对历史发展规律的深切认识，基于对党所面临的"四大考验"和"四种危险"的深刻分析，基于对加强党的建设伟大工程的深远谋划。成就越大，越容易产生自满和懈怠；走得太远，也越容易忘记为什么出发。习近平总书记在十九届中央政治局第十五次集体学习时强调，越是长期执政，越不能忘记党的初心使命，越不能丧失自我革命精神。那么，新时代我们究竟需要不忘什么、牢记什么呢？一是不忘党的本质、牢记党的信仰，就是不忘马克思主义政党属性，牢记我们党的信仰是马克思主义。二是不忘党的性质、牢记党的宗旨，就是不忘我们党的阶级立场和"两个先锋队"的性质，始终把人民放在心中最高位置。三是不忘党的理想、牢记党的信念，就是不忘我们党的革命理想，立足"两个一百年"奋斗目标，自觉做共产主义远大理想和中国特色社会主义共同理想的坚定信仰者、忠实实践者。四是不忘党的本色、牢记党的优良传统，就是不忘我们党的来路是用鲜血和汗水铺就的，始终保持革命精神、斗争精神。总之，强调"不忘初心、牢记使命"，就是要把我们党建设成为始终走在时代前列、人民衷心拥护、勇于自我革命、经得起各种风浪考验、朝气蓬勃的马克思主义执政党，带领全国各族人民夺取新时代中国特色社会主义伟大胜利。

三、大学的"初心""使命"

习近平总书记在全国教育大会上指出，教育是国之大计、党之大计，是民族振兴、社会进步的重要基石，是功在当代、利在千秋的德政工程，对实现中华民族伟大复兴具有决定性意义。新时代面对新形势新环境新挑战，党和国家事业发展对教育的需要，对科学知识和卓越人才的渴求，比以往任何时候都更强烈。教育影响甚至决定着民族复兴和国家崛起，新时代建设教育强国，就是要强化为党育人、为国育才，要把办好人民满意的教育作为历史使命。

对于办好人民满意的教育，毛泽东同志曾指出："中国应当建立自己的民族的、科学的、人民大众的新文化和新教育。"[①]邓小平同志指出，"一个十亿人口的大国，教育搞上去了，人才资源的巨大优势是任何国家比不了的。有了人才优势，再加上先进的社会主义制度，我们的目标就有把握达到。"[②]党的十八大以来，习近平总书记立足我国实际，强调要"办好人民满意的教育"，深刻阐释了新时代我国教育改革发展的方向，更是在全国教育大会上强调了"九个坚持"。这些都是我们把握和认识教育初心使命的根本遵循。

大学的主要职能是人才培养、科学研究、社会服务、文化传承创新和对外交流合作。大学是为社会的发展进步服务的，是为满足人民获得更高层次更好教育的需要服务的。因此，我们可以说大学的初心就是为党育人、为国育才，大学的使命就是立德树人。面对这样的初心和使命，高校教师应该怎么办？一是要系统学习习近平总书记关于教育工作的重要思想，学深悟透、融会贯通，努力将学习所得应用到重要改革和政策举措的谋划制定中，应用到中央和省委决策部署的贯彻落实中，应用到教书育人和办学治校的具体实践中，努力把学习成果转化为改革创新的思路和攻坚克难的方法。二是要深刻理解和把握坚持社会主义办学方向的政治原则，坚持"四个服务"，认识和回答好"为谁培养人？培养什么人？怎样培养人？"的教育永恒之问，打造培养社会主义事业合格建设者和可靠接班人的坚强阵地。三是要深刻理解和把握坚持以人民为中心的发展思想，坚持立德树人根本任务，注重以人为本，促进人的全面发展，实现"凝聚人心、完善人格、开发人力、培育人才、造福人民"的工作目标。

2019年是我们落实学校第四次党代会任务目标的开局之年，是完成"十三五"发展规划的攻坚之年，是推进地方特色高水平大学建设的关键之年。作为阶段性目标，到2023年，我们要建成地方特色高水平大学，必须要

①《毛泽东选集》第3卷，北京：人民出版社1991年版，第1083页。

②《邓小平文选》第3卷，北京：人民出版社1993年版，第120页。

深入实施人才培养、师资队伍、学科建设结构性改革，增强发展动力。必须要大力优化学科布局，推进现代化大学治理体系建设，实现提升人才培养质量和科技创新水平、科研服务能力的"建设任务"，提升综合实力，助推安徽发展。面对教育强国的要求，面对长三角一体化发展战略和现代化五大发展美好安徽建设的需要，面对社会和师生员工的期待，对于我们安徽工业大学的老师，特别是安徽工业大学的党员干部来说，就是要坚守教育报国初心、勇担立德树人使命，努力扎根安徽大地办教育。

四、怎样守好初心、担好使命

"不忘初心、牢记使命"主题教育的目标是理论学习有收获、思想政治受洗礼、干事创业敢担当、为民服务解难题、清正廉洁作表率，这也是我们守初心、担使命的根本要求。我们要通过主题教育，使党员干部在理论学习、理想信念、干事创业、为民服务、清正廉洁等方面都能有新的提高，从而不断提高党的政治领导力、思想引领力、群众组织力和社会号召力。对于我们的党员干部来说，怎样守好初心、担好使命？可以从以下五个方面出发。

一要实现理论学习有收获，把稳思想之舵善担当。

恩格斯指出："一个民族要想站在科学的最高峰，就一刻也不能没有理论思维。"[①]中国共产党一贯重视自身建设，不断强调思想建党、理论强党。习近平总书记强调："加强思想教育和理论武装，是党内政治生活的首要任务。"[②]"必须用科学理论武装头脑，不断培植我们的精神家园。"[③]事实上，学校部分党员干部在理论学习上与党的要求还存在明显差距。我们有的党员干部忽视和弱化理论学习，以业务学习代替理论学习，导致理论素养不高；有的党员干部学习走过场、不走心，导致信念不坚、能力不足、本领恐慌等情况不同程度存在。比如说，"学习强国"是一个非常好的政治理论学习平台，

①《马克思恩格斯选集》第3卷，北京：人民出版社2012年版，第875页。

②《习近平谈治国理政》第2卷，北京：外文出版社2017年版，第180页。

③《习近平关于全面从严治党论述摘编》，北京：中央文献出版社2016年版，第61页。

但是我们不少党员干部很少去关注它甚至根本不关注；也有少数党员干部虽然学习积分很高，但是实际的学习收获却很小。因此，党员干部必须坚持以理论立身，始终把学习理论当作一种崇高使命、一种精神境界、一种毕生追求，在学思践悟中、在真信笃行中，把理论的力量转化为行动的力量；必须要努力学懂弄通做实，坚持用习近平新时代中国特色社会主义思想武装头脑、指导实践、推动工作；坚持往深里走、往心里走、往实里走，努力学习掌握习近平新时代中国特色社会主义思想的精髓和要义，增强贯彻落实的自觉性和坚定性。

第一，要在读好原著、悟好原理上下功夫。我们要认认真真学好习近平新时代中国特色社会主义思想，学好习近平总书记关于“不忘初心、牢记使命”主题教育的重要论述，学好习近平总书记关于教育的重要论述；在系统读原著、学原文、悟原理的过程中，实现对自身综合素养的全面提升和自我超越，收获思想上的新进步、新高度和行动上的新提升。

第二，要在掌握立场观点和方法上下功夫。学理论不是为了包装自己，而是为了武装自己。马克思主义既是世界观，也是方法论。我们在理解和把握好新思想的深刻内涵的同时，更重要的是要学习和掌握其中蕴含的立场、观点和方法，并以之运用于学校和本单位发展的实践。努力提升我们推动学校综合改革、推进学校长远发展的本领，提高我们应对和处理“双一流”建设重大挑战和复杂问题的能力。

第三，要在学用结合、以学促用上下功夫。我们要把对习近平新时代中国特色社会主义思想和习近平总书记关于教育的重要论述的学习，和思考谋划学校的发展战略结合起来，和落实管党治党主体责任、落实立德树人根本任务、解决人才建设和学科发展关键性问题结合起来，自觉用新思想武装头脑，用新思想谋划思路，用新思想校准偏差。

总之，党员干部要学出对人民、对共产党、对中国特色社会主义的真感情，学出党性修养、思想境界、政治觉悟的真提升，学出学校改革发展创新的新思路，学出为师生员工服务的真本领，学出自律自尊自爱。

二要实现思想政治受洗礼，发扬斗争精神敢担当。

习近平总书记指出："党的初心和使命是党的性质宗旨、理想信念、奋斗目标的集中体现，越是长期执政，越不能忘记党的初心使命，越不能丧失自我革命精神，在新时代把党的自我革命推向深入，把党建设成为始终走在时代前列，人民衷心拥护、勇于自我革命、经得起各种风浪考验、朝气蓬勃的马克思主义执政党。"[①]这一重要论述，充分彰显了中国共产党的强烈使命担当和高度政治自觉。思想政治受洗礼，解决的是理想信念和精神支柱方面的问题。坚定的理想信念是共产党人安身立命的根本。在实际工作中，有的党员干部缺乏担当意识，碰到困难躲着走、绕着行，面对教学改革难以推进、学科发展水平不高、队伍建设成效不明显等事关学校发展大局的要事难事，不是花精力认真思考解决问题的办法，而是安于现状、甘于平庸。有的党员干部缺乏斗争精神，信奉"好人主义"、"庸俗"哲学，对于个别干部与民争利、个别教师学术不端等歪风邪气不敢反对，原则问题不敢坚持，喜欢"和稀泥"，搞"一团和气"。我们在主题教育中，要自觉同党的基本理论、基本路线、基本方略对标对表，同以习近平同志为核心的党中央的要求对标对表，真正把"两个维护"体现在坚决贯彻中央决策部署的行动上，体现在推动干部履职尽责的实效上，体现在规范党员日常言行上。

第一，要努力经受严格的思想淬炼。坚持用习近平新时代中国特色社会主义思想指导实践，努力将其转化成清醒的理论自觉、坚定的政治信念、科学的思维方式和根本的价值选择，从而坚定中国特色社会主义共同理想，不断增强"四个自信"，提高"四个意识"，做到"两个维护"。

第二，要持续接受严格的政治历练。面对"四大考验""四种危险"，我们既要有敢于亮剑的精神，又要有刀刃向内的勇气。要能做到大是大非面前，自觉在思想上、政治上、行动上同以习近平同志为核心的党中央保持高度一致，严守政治纪律和政治规矩，旗帜鲜明地坚持真理、修正错误。

第三，要不断进行严格的实践锻炼。学校要引导更多的党员干部，特别是年轻干部沉到基层一线、融入师生员工，到学校改革发展的主战场、立

①《习近平关于"不忘初心、牢记使命"论述摘编》，北京：中央文献出版社2019年版，第178—179页。

德树人的第一线、服务师生员工的最前沿，参与思想政治教育、教学改革研究、学科专业发展、科研技术攻关等方面工作，让他们在实践中经风雨、见世面、墩苗壮骨。

三要实现干事创业敢担当，坚持问题导向会担当。

干事创业敢担当，针对的是工作态度和精神状态方面的问题。自建党以来，中国共产党之所以能够带领人民取得革命、建设、改革一个又一个胜利，很重要的一条就是靠勇立潮头干事创业的昂扬斗志、力戒空谈真抓实干的求实作风。今天，面对学校发展中的各种矛盾与困难、风险与挑战，少数党员干部仍然缺乏责任意识和担当精神。比如，少数党员干部缺乏进取精神，满足于教学、科研上取得的一点小进步、小奖励，一味守成，不思开拓。有的党员干部缺乏危机意识，对学校和本单位的党建和事业发展缺乏深入细致的研究，看不到问题所在，或者看到了存在的问题，但却不敢不愿尝试解决问题的办法，无所用心，一事无成。要做到"不忘初心、牢记使命"，就要求我们的党员干部要弘扬共产党人的担当精神，瞄着问题去，追着问题走，把问题意识转化为问题导向，努力在解决问题中集积事业发展的正能量，自觉践行新时代好干部标准。

第一，要锤炼勇于发现问题的大智慧。坚持问题导向是马克思主义鲜明特色。党员干部要通过加强学习教育，克服本领恐慌、本领落后的问题，全面分析经济社会发展和高等教育发展的形势，主动适应社会需要；要深入调研总结学校党建和事业发展的现状，找准存在的差距不足，从而增强勇于发现问题、善于分析问题的胆识智慧。

第二，要培养敢于解决问题的硬作风。我们要有敢于负责、敢于担当、敢于较真、敢于碰硬的精神，越是难解决的问题，越要深入师生员工，深入基层一线，实打实、硬碰硬地把症结找出来，把根源挖出来；要以解决问题为己任，对照形势发展的新要求，优先解决事关本部门本单位发展的重大现实问题；对照师生员工的新期待，抓紧解决事关群众切身利益的重要问题，勇于挑重担子、啃"硬骨头"。

第三，要增强善于破解难题的真本领。我们要把善于化解矛盾、破解难题作为打开工作局面的突破口，真正通过主题教育的四项措施，把问题找准、把方法找对、把工作落实，使学校党建和事业融合发展、一流本科建设、高层次人才引进、重点学科建设推进力度、学科专业整体实力、重大科研项目、标志性成果获奖等工作得到进一步加强和提升。

四要实现为民服务解难题，坚持以人为本能担当。

为民服务解难题，针对的是群众观念和宗旨意识方面的问题。习近平总书记要求广大党员干部坚守人民立场，树立以人民为中心的发展理念，增进同人民群众的情感，自觉同人民想在一起、干在一起，着力解决群众的操心事、烦心事，以为民谋利、为民尽责的实际成效取信于民，真正做到“为民服务解难题”。目前从学校看来，我们仍有少数党员干部群众观念淡泊，不愿意深入基层，不愿意联系师生员工，听不进师生员工意见。有的党员干部宗旨意识弱化，对师生员工合理意愿和诉求不关心、不关注、不维护，甚至个别干部还存在与民争利的现象；有的单位深入基层、联系师生制度不健全，执行不到位，渠道不畅通。我们要通过主题教育，进一步强化以人民为中心的发展思想，始终牢记为人民服务的根本宗旨，始终保持同师生员工的密切联系，用好群众路线这一党领导工作的根本工作方法，切实为师生员工谋利益，办好人民满意的教育。

第一，要强化宗旨意识。我们要对标对表习近平总书记对主题教育的总要求，把自己摆进去，把职责摆进去，把工作摆进去，加强学习教育，牢固树立正确的价值观、权力观、政绩观，坚定以人民为中心的发展思想，真正从思想上尊重师生员工，政治上代表师生员工，感情上贴近师生员工，行动上深入师生员工，工作上为了师生员工，从而赢得师生员工的真诚信赖。

第二，要走好群众路线。广大党员干部要结合主题教育调查研究、征求意见、整改落实等措施，完善并落实好我校联系基层、联系党支部、联系骨干教师、联系学生制度，坚持深入课堂听课，深入宿舍、深入食堂调查研究、听取意见，真正和师生员工打成一片，自觉听取师生员工的意见，接受师生员工监督。

第三，要解决实际问题。我们要在深入调查研究和广泛征求意见的基础上，找准师生员工关注的热点、难点问题，选择能够短期内解决的问题抓紧解决；短期内解决不了，则要纳入工作计划或者列入研究课题，逐步解决；用心用情用力帮助师生员工解难题、办实事，切实把工作做到师生员工惦念和揪心的地方，努力打造“有温度”的校园。

五要实现清正廉洁作表率，强化务实作风真担当。

清正廉洁作表率，针对的是权力观和作风建设方面的问题。腐败是我们党面临的最大威胁，党风廉政建设是关系党的生死存亡的重大政治问题。物必先腐而后虫生。纵观所有的落马官员，几乎都是心中无戒，法纪意识变得越来越淡漠，忘记了自己共产党员的身份，忘记了共产党员的初心与使命，忘记了自己该有的担当与责任，为了一己贪欲，最终走向了不归路。从最近几年高校暴露出来的一些问题看，我们有个别党员干部对自我要求不严格，个人私心较重，纪律观念和法治意识淡薄，甚至有的因为违规违纪问题受到处理。也有个别党员干部抵制不住外部环境诱惑，人生观、价值观受到影响，出现道德滑坡、生活不够检点的现象。“问渠那得清如许，为有源头活水来”。党走过了90多年辉煌历程，清正廉洁始终是党的事业不断发展壮大、党的组织不断成熟完善、党员理想信念不断增强的重要保障。我们要注意修好新时代共产党人的“心学”，时刻坚守精神高地，随时打扫思想灰尘，坚定不移正风肃纪反腐，一以贯之全面从严治党，树立为民务实清廉的良好形象。

第一，强化纪律观念。我们要坚持把纪律挺在前面，坚持纪严于法、纪在法前，用纪律管住全体党员；坚持把严以修身、锤炼党性作为终身的必修课，毫不松懈克服形式主义、官僚主义，久久为功祛除享乐主义和奢靡之风，廉洁自律、守好底线。

第二，强化法治意识。我们要自觉尊法、学法、守法、用法，自觉用法治思维和法治方式办事，履行好宪法法律赋予的职责使命；要切实增强遵规守纪意识，慎独、慎初、慎微、慎欲，时刻绷紧拒腐防变这根弦。

第三，强化制度底线。必须把制度建设贯穿于高校党风廉政建设和反腐败斗争的全过程，不断健全规范权力运行的制度体系。同时也要建立严格的监督机制和严肃的查处机制，综合运用审计、巡察、专项检查等多种手段，及时发现和查处存在的问题，推动学校各项事业持续健康发展。

使命在前、重任在肩。我们要切实抓好“不忘初心、牢记使命”主题教育，在常学常新中加强理论修养，在真学真信中坚定理想信念，在学思践悟中牢记初心使命，在知行合一中主动担当作为，在推进地方特色高水平大学建设中、在助力现代化五大发展美好安徽建设中铸造使命的辉煌。

学习宣传贯彻党的十八届三中全会精神*

学习宣传贯彻十八届三中全会精神是全党当前和今后一个时期的主要任务,今天我想从两个大的方面来向大家汇报一下我的学习认识和体会。

一、全面准确把握十八届三中全会精神的"1+3"

"1"就是十八届三中全会召开的历史背景。十八届三中全会的召开倍受国内外各方关注的根本原因是因为中国共产党每次召开的三中全会地位特殊。一般来说,我们党是5年开一次党代会,在这5年中要开7次全会,而一、二、三中全会最受关注。一中全会是决定党和国家领导集体;二中全会是结合第二年全国人民代表大会、政协换届决定人事安排;而四中全会大多是聚焦党建和执政能力建设;五中全会一般是讨论审议新的五年规划;六中全会一般注重社会风气、党风和精神文明建设的问题;七中全会一般是总结经验、筹备下次大会的会议。所以,一、二中全会是人事安排,四、五、六、七中全会是执政策略细化推进的会议;三中全会则是新领导层在大政方针的"首演",而改革又是关系国计民生的大事,故而三中全会往往备受关注。

我们再看看历届三中全会重大意义:1978年十一届三中全会,开启了改革开放进程,确定了迄今30多年中国发展的方向;1984年十二届三中全会通过《中共中央关于经济体制改革的决定》,阐明了加快以城市为重点的整个经济体制改革的必要性、紧迫性,规定了改革的方向、性质、任务和各项基本方针政策;1988年十三届三中全会确定治理经济环境、整顿经济秩序、全面深化改革的指导方针;1993年十四届三中全会确定了中国社会主义市场经济体制的发展方向,同样被认为是影响中国历史进程的重要会

* 党的十八届三中全会闭幕不久,给全校教职员工宣传其精神的讲稿。

议；1998年十五届三中全会提出坚持以家庭承包经营为基础统分结合的双层农村经济体制；2003年十六届三中全会提出了坚持公有制为主体，多种所有制经济共同发展的方针，进一步转换国有企业经营机制，建立产权清晰、权责明确、政企分开、管理科学的现代企业制度，转变政府管理经济的职能，建立以按劳分配为主体、多种分配方式并存的收入分配制度；2008年十七届三中全会明确提出了新形势下推进农村改革发展的指导思想、目标任务、重大原则，并从加强农村制度建设、积极发展现代农业、加快发展农村公共事业三个方面进行了全面部署。每次三中全会都对我国的发展起到了推动作用。

此次召开的十八届三中全会，会前广受关注，会后广受赞誉。全会公报一经发出，国内外媒体好评如潮。《人民日报》发表《让改革的旗帜在中国道路上飘扬》的社论；新华社刊载《在新的历史起点上谱写新的篇章》的评论员文章；《光明日报》推出《在新的历史起点迈向更辉煌征程》的评论员文章，均认为作为中国改革的又一里程碑，这次全会和全会的纲领性文件都将在中国改革历史上留下浓墨重彩的一笔。英国《卫报》指出，从历史上看，三中全会是历届新政府开展经济改革的跳板，本次全会也不例外，它是对新的领导班子锐意改革的第一次测试。英国《金融时报》指出，中共十八届三中全会将成为中国经济、社会与政治全面发展的新里程碑，其意义不亚于35年前召开的十一届三中全会。

“3”即十八届三中全会的逻辑框架，即从“为何改、怎么改、改什么”三方面来分别介绍改革的根本原因，全面深化改革的指导思想、总体目标、基本原则，以及全面深化改革的主要内容。

首先，在新的起点上谋求新的更大发展必须全面深化改革。

十一届三中全会确立了“以经济建设为中心，坚持四项基本原则，坚持改革开放”“一个中心，两个基本点”的基本路线，改革开放在党中央工作全局中历来占有十分重要的地位。通过多年的改革开放，我们开创和发展了中国特色社会主义，取得了举世瞩目的成就，面对新形势新任务，除了全面深化改革，别无他途。

十八届三中全会由习近平总书记担任文件起草组组长，制定了《中共中央关于全面深化改革若干重大问题的决定》（以下简称《决定》）。关键词之一“全面”，就是必须更加注意改革的系统性、整体性、协同性，加快发展社会主义市场经济、民主政治、先进文化、和谐社会、生态文明，让一切劳动、知识、技术、管理、资本的活力竞相迸发，让一切创造社会财富的源泉充分涌流，让发展成果更多更公平地惠及全体人民。关键词之二“深化”，我们已经走过了多年的改革历程，改革进入深水区、攻坚期，面临的改革形势更加复杂、艰难。因此，改革必须深化，胆子要大，步子要稳，要敢于啃“硬骨头”，将加强顶层设计和摸着石头过河相结合，整体推进和重点突破相促进。

“全面深化改革”有四点原因。第一，实现党的十八大描绘的全面建成小康社会的宏伟目标，要求必须全面深化改革。党的十八大报告提出“全面建成小康社会，必须以更大的政治勇气和智慧，不失时机深化重要领域改革，坚决破除一切妨碍科学发展的思想观念和体制机制弊端，构建系统完备、科学规范、运行有效的制度体系，使各方面制度更加成熟更加定型”①，确定了全面建成小康社会和全面深化改革的重大战略任务。同时，全面建成小康社会必须以全面深化改革为基础。第二，不断推进中国特色社会主义制度自我完善和发展，要求必须全面深化改革。经过新中国成立特别是改革开放以来的不懈探索，我国已经确立了中国特色社会主义制度。但正如党的十八大报告指出的那样，在新的历史条件下夺取中国特色社会主义新胜利，推进中国特色社会主义制度的自我完善和发展，必须牢牢坚持包含改革开放在内的“八个必须坚持”：必须坚持人民主体地位，必须坚持解放和发展社会生产力，必须坚持推进改革开放，必须坚持维护社会公平正义，必须坚持走共同富裕道路，必须坚持促进社会和谐，必须坚持和平发展，必须坚持党的领导。第三，解决发展面临的突出矛盾和挑战，要求必须全面深化改革。目前发展面临的主要问题有以下几点：发展中的不

①《中国共产党第十八次全国代表大会文件汇编》，北京：人民出版社2012年版，第17页。

平衡、不协调、不可持续问题依然突出；科技创新能力不强；产业结构不合理；发展方式粗放；城乡区域发展差距与居民收入差距依然较大；社会矛盾增多；教育、就业、社会保障、医疗、住房、生存环境、食品药品安全等关系群众切身利益的问题较多；“四风”问题突出；一些领域消极腐败现象多发易发，反腐败形势依然严峻；等等。如何解决这些矛盾和问题，习近平总书记指出：“改革开放中出现的矛盾只能用改革开放的办法来解决，改革开放只有进行时没有完成时”，“实践发展永无止境，解放思想永无止境，改革开放也永无止境，停顿和倒退没有出路”，“改革是由问题倒逼而产生的，又在不断解决问题中得以深化”。①第四，顺应党内外对深化改革的期待，必须全面深化改革。在改革已经进入攻坚期和深水区的今天，以习近平同志为核心的党中央发出铿锵有力的宣言：“必须敢于啃硬骨头，敢于涉险滩，以更大的决心冲破思想观念的束缚，突破利益固化的藩篱。”②这些在全党全社会引起强烈的反响，让党内外充满期待。

其次，全面深化改革必须有明确的思路、目标与原则。

十八届三中全会通过的《决定》对此作出了明确的阐述，这是我们在新的历史起点上全面深化改革必须遵循的。

关于指导思想，《决定》提出：“必须高举中国特色社会主义伟大旗帜，以马克思列宁主义、毛泽东思想、邓小平理论、‘三个代表’重要思想、科学发展观为指导，坚定信心，凝聚共识，统筹谋划，协同推进，坚持社会主义市场经济改革方向，以促进社会公平正义、增进人民福祉为出发点和落脚点，进一步解放思想、解放和发展社会生产力、解放和增强社会活力，坚决破除各方面体制机制弊端，努力开拓中国特色社会主义事业更加广阔的前景。”③

关于总体目标，《决定》提出：“坚持把完善和发展中国特色社会主义制

①《深入学习习近平同志系列讲话精神(上)》，北京：人民出版社2014年版，第154页，第232页，第234页。

②《中国共产党第十八届中央委员会第三次全体会议文件汇编》，北京：人民出版社2013年版，第23页。

③《十八大以来重要文献选编(上)》，北京：中央文献出版社2014年版，第512页。

度，推进国家治理体系和治理能力现代化作为全面深化改革的总目标。”[①]这是两句话组成一个整体，前一句规定了根本方向，我们的方向就是中国特色社会主义道路，而不是其他什么道路。也就是坚定不移走中国特色社会主义道路，既不走封闭僵化的老路，也不走改旗易帜的邪路。后一句规定了在根本方向指引下完善和发展中国特色社会主义制度的鲜明指向。必须更加注重改革的系统性、整体性、协同性，加快发展社会主义市场经济、民主政治、先进文化、和谐社会、生态文明，让一切劳动、知识、技术、管理、资本的活力竞相迸发，让一切创造社会财富的源泉充分涌流，让发展成果更多更公平惠及全体人民。

关于基本原则，《决定》对改革开放的成功实践进行了科学总结，并将这些“重要经验”规定为全面深化改革必须长期坚持的基本原则，即“四个坚持”。一是坚持党的领导，贯彻党的基本路线。不走封闭僵化的老路，不走改旗易帜的邪路，坚定走中国特色社会主义道路，始终确保改革的政治方向。二是坚持解放思想、实事求是、与时俱进、求真务实。一切从实际出发，总结国内成功做法，借鉴国外有益经验，勇于推进理论和实践的创新。三是坚持以人为本。尊重人民的主体地位，发挥群众的首创精神，紧紧依靠人民推进改革，促进人的全面发展。四是坚持正确处理改革发展稳定的关系。胆子要大、步子要稳，加强顶层设计和摸着石头过河相结合，整体推进和重点突破相促进，提高改革决策科学性，广泛凝聚共识，形成改革合力。这四个坚持，从根本上阐述了改革的性质和方向、道路和途径、改革主体和价值取向以及改革的科学方法，是新一届中央领导集体在“下大功夫”总结改革开放实践后对成功经验作出的最新概括，也是全面深化改革的基本遵循。

关于改革遵循的原则，即“六个必须”。一是必须把完善和发展中国特色社会主义制度、推进国家治理体系和治理能力现代化作为总目标。“总目标”揭示了改革的方向，是全面深化改革的“总引领”，是必须把握好的“第一位要求”。这里要注意把握好两个问题。第一个问题就是推动中国特色

①《十八大以来重要文献选编(上)》，北京：中央文献出版社2014年版，第547页。

社会主义制度的完善和发展。习近平总书记强调:“改革开放是有方向、有立场、有原则的,有些不能改的,再过多长时间也是不能改的,我们决不能在根本性问题上出现颠覆性失误。”[①]第二个问题就是推进国家治理体系和治理能力现代化。要通过深化改革,使中国特色社会主义各方面制度和体制机制更加科学、更加完善,实现党、国家、社会各项事务治理制度化、规范化、程序化。将制度优势转化为管理国家的效能,不断提高党的执政水平。国家治理体系和治理能力是一个国家制度和制度执行能力的集中体现。国家治理体系是在党领导下管理国家的制度体系,包括经济、政治、文化、社会、生态文明和党的建设等各领域体制机制、法律法规安排,也就是一整套紧密相连、相互协调的国家制度;国家治理能力则是运用国家制度管理社会各方面事务的能力,包括改革发展稳定、内政外交国防、治党治国治军各个方面。国家治理体系和治理能力是一个有机整体,相辅相成,有了好的国家治理体系才能提高治理能力。习近平总书记指出:“一个国家选择什么样的治理体系,是由这个国家的历史传承、文化传统、经济社会发展水平决定的,是由这个国家的人民决定的。我国今天的国家治理体系,是在我国历史传承、文化传统、经济社会发展的基础上长期发展、渐进改进、内生性演化的结果。我国国家治理体系需要改进和完善,但怎么改、怎么完善,我们要有主张、有定力。”[②]如果不顾国情照抄照搬别人的制度模式,就会画虎不成反类犬,不仅不能解决任何实际问题,而且还会因“水土不服”造成严重后果。“没有坚定的制度自信就不可能有全面深化改革的勇气,同样,离开不断改革,制度自信也不可能彻底、不可能久远。我们全面深化改革,是要使中国特色社会主义制度更好;我们说坚定制度自信,不是要固步自封,而是要不断革除体制机制弊端,让我们的制度成熟而持久。”[③]提高运用中国特色社会主义制度有效治理国家的能力,要在坚定制度自信的基础上全面深化改革,要在弘扬优秀传统文化的基础上坚守价值体系。

① 参见《十八大以来重要文献选编(上)》,北京:中央文献出版社2014年版,第461页。

②《习近平谈治国治理》,北京:外文出版社2014年版,第105页。

③《习近平谈治国理政》,北京:外文出版社2014年版,第106页。

二是必须进一步解放思想、解放和发展社会生产力、解放和增强社会活力。进一步做到这“三个解放”，既是改革的目的，又是改革的条件，三个方面相互联系、相互促进、有机统一。解放思想是前提，是解放和发展社会生产力、解放和增强社会活力的“总开关”。解放和发展社会生产力、解放和增强社会活力是解放思想的必然结果，也是解放思想的重要基础。解放思想、解放和增强社会活力是为了更好地解放和发展社会生产力。

三是必须以经济体制改革为重点，发挥经济体制改革的牵引作用。党的十八大提出“三个没有变”的科学判断，决定了经济建设仍然是我们党的中心工作。坚持以经济建设为中心不动摇，就必须坚持以经济体制改革为重点不动摇，充分发挥经济体制改革的牵引作用。《决定》突出强调坚持以经济改革为主轴，努力在重要领域和关键环节上取得新突破，以此牵引和带领其他领域改革，为其他领域改革提供强大动力，创造更好条件，使各方面改革协同推进、形成合力。

四是必须坚持社会主义市场经济改革方向。经过多年的实践，我们已经成功实现了从高度集中的计划经济体制到充满活力的社会主义市场经济体制的伟大转折，但远没达到完善的高度。所以，《决定》明确提出，坚持社会主义市场经济的改革方向，紧紧围绕使市场在资源配置中起决定性作用，深化经济体制改革。全面深化改革，就是要按照发展社会主义市场经济的要求设计和构建各方面体制机制，使各方面体制改革朝着建立完善的社会主义市场经济体制的方向协同推进，同时也使各领域自身相关环节更好适应社会主义市场经济发展提出的新要求。

五是必须以促进社会公平正义、增进人民福祉为出发点和落脚点。公平正义是中国特色社会主义的内在要求，人民福祉是我们党的不懈追求，以促进社会公平正义、增进人民福祉为深化改革的出发点和落脚点，体现了我们党全心全意为人民服务的根本宗旨，揭示了深化改革的本质要求和价值取向。

六是必须紧紧依靠人民推动改革。党的十一届三中全会以来，改革开放之所以不断深化，得到人民群众衷心拥护和积极参与，最根本原因在于我们一开始就把改革开放同改善人民生活紧紧联系在一起，使改革开放事业深深扎根于人民群众之中。全面深化改革必须坚持以人为本。

二、十八届三中全会确定的改革任务和重大举措

《决定》全面贯彻落实党的十八大提出的全面深化改革的战略任务，围绕解决好人民群众反映强烈的问题，回应人民群众呼声和期待，突出重要领域和关键环节，突出经济体制改革牵引作用，作出了一系列重大部署。

1.关于经济体制改革

紧紧围绕使市场在资源配置中起决定作用，不断深化经济体制改革，坚持和完善基本经济制度，加快完善现代市场经济体系、宏观调控体系、开放型经济体系，加快转变经济发展方式，加快建设创新型国家，推进经济更有效率、更加公平、更可持续发展。经济体制改革是全面深化改革的重点，核心问题是处理好政府和市场的关系，使市场在资源配置中起决定作用和更好地发挥政府的作用。必须积极稳妥从广度和深度上推进市场化改革，大幅度减少政府对资源的直接配置，推动资源配置依据市场规则、市场价格、市场竞争，实现效益最大化和效率最优化。政府的作用主要是保持宏观经济稳定，加强和优化公共服务，保障公平竞争，加强市场监督，维护市场秩序，推动可持续发展，促进共同富裕，弥补市场失灵。对此，《决定》提出“六大任务”。

第一，坚持和完善基本经济制度。公有制经济和非公有制经济都是社会主义市场经济的重要组成部分，都是我国经济社会发展的重要基础。必须毫不动摇巩固和发展公有制经济，坚持公有制的主体地位，发挥国有经济主导作用。必须毫不动摇鼓励、支持、引导非公有制经济发展，激发非公有制经济活力和创造力。重点措施：完善产权保护制度；积极发展混合所有制经济；推动国有企业完善现代企业制度；支持非公有制经济健康发展。

第二，加快完善现代市场体系。建设统一开放、竞争有序的市场体系，是使市场在资源配置中起决定性作用的基础。基本要求：必须加快形成企业自主经营、公平竞争，消费者自由选择、自主消费，商品和要素自由流动、

平等交换的现代市场体系，着力清除市场壁垒，提高资源配置效率和公平性。重点措施：建立公平开放透明的市场规则；完善主要由市场决定价格的机制；建立城乡统一的建设用地市场；完善金融市场体系，深化科技体制改革。

第三，加快转变政府职能。科学的宏观调控，有效的政府治理，是发挥社会主义市场经济体制优势的内在要求。基本要求：必须切实转变政府职能，深化行政体制改革，创新行政管理方式，增强政府公信力和执行力，建设法治政府和服务型政府。重点措施：健全宏观调控体系；全面正确履行政府职能；优化政府组织结构。

第四，深化财税体制改革。科学的财税体制是优化资源配置、维护市场统一、促进社会公平、实现国家长治久安的制度保障。基本要求：必须完善立法、明确事权、改革税制、稳定税负、透明预算、提高效率，建立现代财政制度，发挥中央和地方两个积极性。重点措施：改进预算管理制度；完善税收制度；建立事权和支出责任相适应的制度。

第五，健全城乡发展一体化体制机制。城乡发展不平衡不协调，是我国经济社会发展存在的突出矛盾。基本要求：必须健全体制机制，形成以工促农、以城带乡、工农互惠、城乡一体的新型工农城乡关系，让广大农民平等参与现代化进程、共同分享现代化成果。重点措施：加快构建新型农业经营体系；赋予农民更多财产权利；推进城乡要素平等交换和公共资源均衡配置。

第六，构建开放型经济新体制。基本要求：推动对内对外开放相互促进、引进来和走出去更好结合，促进国际国内要素有序自由流动、资源高效配置、市场深度融合，加快培育参与和引领国际经济合作竞争新优势，以开放促改革。重点措施：放宽投资准入；加快自由贸易区建设；扩大内陆沿边开放。

2. 关于政治体制改革

紧紧围绕坚持党的领导、人民当家作主、依法治国有机统一深化政治体制改革，加快推进社会主义民主政治制度化、规范化、程序化，建设社会主义法治国家，发展更加广泛、更加充分、更加健全的人民民主。

可采取的重点措施包括：推进人民代表大会制度与时俱进；推进协商民主广泛多层制度化发展；发展基层民主；维护宪法法律权威；深化行政司法制度改革；确保依法独立公正行使审判权、检察权；健全司法权力运行机制；完善人权司法保障制度；形成科学有效的权力制约和协调制度；加强反腐败体制机制创新和制度保障；健全改进作风常态化制度。

3. 关于文化体制改革

紧紧围绕建设社会主义核心价值体系、社会主义文化强国深化文化体制改革，加快完善文化管理体制和文化生产经营机制，建立健全现代公共文化服务体系、现代文化市场体系，推动社会主义文化大发展大繁荣。

可采取的重点措施包括：完善文化管理体制；建立健全现代文化市场体系；构建现代公共文化服务体系；提高文化开放水平。

4. 关于社会体制改革

紧紧围绕更好保障和改善民生、促进社会公平正义深化社会体制改革，改革收入分配制度，促进共同富裕，推进社会领域制度创新，推进基本公共服务均等化，加快形成科学有效的社会治理体制，确保社会既充满活力又和谐有序。

可采取的重点措施包括：深化教育领域综合改革；健全促进就业创业体制机制；形成合理有序的收入分配格局；建立更加公平可持续的社会保障制度；改进社会治理方式；激发社会组织活力；创新有效预防和化解社会矛盾体制；健全公共安全体系。

5. 关于生态文明体制改革

紧紧围绕建设美丽中国深化生态文明体制改革，加快建立生态文明制度，健全国土空间开发、资源节约利用、生态环境保护的体制机制，推动形成人与自然和谐发展现代化建设新格局。

可采取的重点措施包括：健全自然资源资产产权制度和用途管理制度（建立空间规划体系，划定生产、生活、生态空间开发管制界限，落实用途管制)；制定生态保护红线(探索编制自然资源资产负债表，对领导干部实行自然资源资产离任审计，建立生态环境损害责任终身追究制)；实行资源有偿使用制度和生态补偿制度(坚持使用资源付费和谁污染环境、谁破坏生态谁付费原则，逐步将资源税扩展到占用各种自然生态空间)；改善生态环境保护制度(及时公布环境信息，健全举报制度，加强社会监督，完善污染物排放许可制，实行企事业单位污染物排放总量控制制度)。

6. 关于党的建设制度改革

紧紧围绕提高科学执政、民主执政、依法执政水平深化党的建设制度改革，加强民主集中制建设，完善党的领导体制和执政方式，保持党的先进性和纯洁性，为改革开放和社会主义现代化建设提供坚强政治保证。

可采取的重点措施包括：中央成立全面深化改革领导组，负责改革的总体设计，统筹协调，整体推进、督促落实；深化公务员分类改革，推进公务员职务与职级并行、职级与待遇挂钩制度，加快建立专业技术、行政执法类公务员和聘任人员管理制度；人民是改革的主体，要坚持党的群众路线，建立社会参与机制，充分发挥人民群众积极性、主动性、创造性。

习近平总书记就各级领导干部对全面深化改革应持的态度提出三点要求：增强推进改革的信心和勇气；坚持解放思想、实事求是，要在全面改革上取得新突破；坚持从大局出发考虑问题。到2020年，在重要领域和关键环节改革上取得决定性成果，完成《决定》提出的改革任务。

三、准确把握我国高等教育的阶段性特征和十八届三中全会对高等教育的要求

我国高等教育的阶段性特征包括：第一，办学规模不断扩大；第二，结构布局更加优化；第三，人才队伍不断壮大；第四，学科建设不断加强；第五，科研水平日益提升；第六，服务能力显著增强，开放办学步伐加快；第七，体制机制日益完善。

总之，我国高等教育发展态势良好，取得成绩也是明显的，人民群众满意度是在提高的，但我国是高等教育大国，不是高等教育强国。这主要表

现在：毛入学率不高，大众化水平依然较低；人才培养模式不适应创新型国家建设需要；教师队伍整体实力不强，缺乏领军人才，影响高质量人才培养；学科专业结构仍然与行业需求差距较大；社会支持高等教育能力水平有待提高。

《决定》对高等教育的要求具体包括以下几点。一是培育和践行社会主义核心价值观。第一，形成爱学习、爱劳动、爱祖国活动的有效形式和长效机制；增强学生社会责任感、创新精神、实践能力，抓节粮节电节水教育；第二，进行诚信教育；学生在校可犯许多错误，但两个错误不能原谅：偷盗和考试作弊；第三，汲取中华民族优秀传统文化营养；第四，坚持知行统一。二是改进体育和美育。第一，促进青少年身心健康、体魄强健；第二，改进美育教学，提高学生审美和人文素养；第三，推进课程体系改革，深入挖掘每门课的德育资源。三是促进教育公平。第一，“兜底线”，保证每个孩子都有学上，抓好农民工子女、残疾人和家庭困难学生教育；第二，“保基本”，使每所学校达到基本办学条件；第三，“上水平”，扩大优质教育资源覆盖面。四是招生考试制度改革。比如，逐步推行普通高校基于统一高考和高中学业水平考试成绩的综合评价多元录取机制。试行高校、高职院校、成人高校之间学分转换，拓宽终身学习通道。五是调整教育结构。第一，加快现代职业教育体系建设，深化产教融合、校企合作，培养高素质劳动者和技能型人才；第二，公办民办教育，通过政府补贴、政府购买服务、助学贷款、基金奖励、捐资激励等制度，鼓励社会力量兴办教育。六是转变教育管理职能。第一，简政放权；第二，推动依法治教；第三，加强教育现代化的检测。七是建立现代学校制度。第一，党委领导下的校长负责制；第二，学术委员会制度和学术评价制度；第三，教职工代表大会制度；第四，学校董事会、理事会等合作办学机制。八是关于教育督导。强化国家教育督导，委托社会组织开展教育评估检测。

高校作为人才第一资源与科技第一生产力两个“第一”的结合点，要落实十八届三中全会精神，提升高校“教书育人、服务社会、科技创新、文化引领”四大功能。

第一，坚持把本科教学作为学校的重要基础。高校要牢固树立本科教育在学校的重要地位，牢固树立人才培养在学校的中心地位。高校要提高学校办学与国家区域发展的适应度，提高学校领导力量、治理能力和治理结构、实验设备、图书资料、后勤服务等对人才培养的保障度，提高学校人才培养、科学研究、服务社会、引领文化对经济社会发展的贡献度，提高学生家长社会对学校人才培养质量的满意度。高校要牢固树立立德树人的育人观。党的十八大和十八届三中全会都讲到要增强学生的社会责任感、创新精神、实践能力，今后我们要在这三方面下功夫，思考在学校如何切实真正推进素质教育。从高校学生工作角度看，“立德树人”强调的是“立德”在整个“树人”中的重要性。要避免两种倾向：一是重视“立德”，但却轻视“立德”与“树人”整体过程的密切联系，从而使“立德”脱离学校教育和大学生培养的整体过程；二是重视“树人”，但却忽视“立德”在其中的灵魂核心地位，从而模式化地把“树人”作为大学生培养的整个目的。

立德树人要落实和体现在培养学生社会责任感、创新精神和实践能力的过程和环节之中，要实现这两者的密切结合和有机统一。要在教育目标确定和培养过程中，在课堂教学和校园文化建设中，在教育质量评价和检测中，在学校教育和家庭社会教育网络化建设中，切实落实好立德树人。

第二，坚持把优化结构作为战略举措。高校要克服短视行为，逐步完善学科专业退出机制；要学会远视，围绕国家战略性产业需要、现代服务业发展需要来设置专业；要懂得环视，要在人才培养质量和类型上取得突破性进展，重点在应用型人才培养上。

第三，坚持把综合改革作为根本动力。从健全、完善制度入手，例如，健全大学章程、学术委员会制度，修订完善专业人才培养方案、处级干部考核办法等。只有有了一流的制度，才能有一流的大学。学校治理体系和治理能力是一所学校制度和制度执行能力的集中体现。治理体系包括教学安排、政治和科研教学生态、文化及后勤保障和党的建设等各方面体制机制，也就是一整套紧密相连、相互协调的学校制度；治理能力则是运用国家规定和学校自己设定的制度管理学校各方面事务的能力。一所高校选择什么样的治理体系，是由这个学校的历史传承、文化传统和所处的经济社会发展水平决定的。

第四，坚持把教师队伍作为重要保障。师德师风要优良，业务能力、实践能力要提高，评价考核机制要科学。高校要引导教师“重教学、重育人、重科研、重成果转化、重师德”。高校要把握两个导向：国家需求导向和人才需求导向。

第五，加强对综合改革的领导。高校要成立领导小组，把党委领导、校长负责、教授治学、民主管理落到实处。对于高校来说，方向是原则。要坚持社会主义办学方向规律，如高教规律、人才成长规律、教学科研规律、办学规律等。资源是前提。要积极争取校外资源，合理配置校内资源。制度是保障，要建立健全现代大学制度。学术是基础，学风是氛围。要培育师德为先、教学为要、科研为基、服务社会的校园风气。学生是根本，学校所有一切都是为学生发展服务的。

青年大学生的使命与担当

——纪念马克思诞辰200周年*

我今天主要想和大家交流三个方面的内容:一是马克思主义是对历史的正确解释,我与大家一起认识一下什么是马克思主义;二是马克思主义中国化是我们取得胜利的关键,当代青年大学生应了解马克思主义与中国共产党的关系;三是继承发展马克思主义是当代大学生的使命和担当,我谈一谈当代青年大学生如何在新时代展现新作为。

一、马克思主义是对历史的正确解释

要说马克思主义,我们先来认识一下马克思,马克思全名叫卡尔·海因里希·马克思,他于1818年5月5日出生在德国特里尔城,他的爷爷、父亲都是律师,虽属平民阶层,但家境富裕。他的身上很好地体现了德国人崇尚自由、民主、科学、法治的精神,以及对待工作求真务实的作风。正是有了这样的精神特质,最终他舍弃了舒适的生活,走上了一条艰苦卓绝的推动人类解放的探索和斗争之路。

习近平总书记在纪念马克思诞辰200周年大会上的讲话中是这样评价马克思的:"马克思是全世界无产阶级和劳动人民的革命导师,是马克思主义的主要创始人,是马克思主义政党的缔造者和国际共产主义的开创者,是近代以来最伟大的思想家。两个世纪过去了,人类社会发生了巨大而深刻的变化,但马克思的名字依然在世界各地受到人们的尊敬,马克思的学说依然闪烁着耀眼的真理光芒!"①

---

* 作为中共安徽省委教育工委组织的"学习新思想,千万师生同上一堂课活动"的首席教师在安徽大学新校区礼堂给合肥部分高校师生上课的讲稿。

① 习近平:《在纪念马克思诞辰200周年大会上的讲话》,北京:人民出版社2018年版,第1—2页。

习近平总书记说："马克思是顶天立地的伟人，也是有血有肉的常人。"[①]之所以说马克思是顶天立地的伟人，原因有以下四点。

一是因为他的一生是胸怀崇高理想、为人类解放不懈奋斗的一生。早在中学时代，马克思就树立了为人类幸福而工作的志向。1835年，17岁的马克思在他的中学考试作文《青年在选择职业时的考虑》中这样写道："如果我们选择了最能为人类而工作的职业，那么，重担就不能把我们压倒，因为这是为大家作出的牺牲……我们的幸福将属于千百万人。"[②]此后他用了一生的时间，不断探索人类社会发展的奥秘，创立了唯物史观和剩余价值学说，揭示了人类社会发展的一般规律，揭示了资本主义运行的特殊规律，为人类指明了从必然王国向自由王国飞跃的途径，指明了实现自由和解放的道路。他放弃了优越的生活，走上和统治阶级对抗并不断奔走逃亡的斗争之路，饱尝颠沛流离的艰辛、贫病交加的煎熬，但他始终初心不改、矢志不渝。他时刻关注和思考人类的命运，特别是大多数人的命运，时刻关心受剥削、受压迫劳苦大众的命运，把无产阶级解放和全人类解放当作最高追求，他的一生都在为人类解放的崇高理想而不懈奋斗，并成就了伟大人生。

二是因为他的一生是不畏艰难险阻、为追求真理而勇攀思想高峰的一生。从大学时代开始，马克思就博览群书、广泛涉猎，不仅深入了解和研究哲学社会科学各个学科知识，而且深入了解和研究各种自然科学知识，努力从人类创造的一切文明成果中汲取养料。他将理论研究和革命实践紧密结合，不顾身份深入到社会各个阶层，不顾艰辛深入到工厂、煤矿，不顾危险深入到工人运动的战场，为他的理论研究挖掘了大量第一手资料；他始终站在前沿，参与和指导巴黎公社等无产阶级革命运动，不断检验并修正自己的理论。马克思毕生忘我工作，经常每天工作16个小时。他在给友人的信中说："我一直在坟墓的边缘徘徊。因此，我不得不利用我还能工作

① 习近平：《在纪念马克思诞辰200周年大会上的讲话》，北京：人民出版社2018年版，第5页。

②《马克思恩格斯全集》第1卷，北京：人民出版社1995年版，第459页。

的每时每刻来完成我的著作。”[①]即使在多病的晚年，马克思仍然不断探索新的科学领域和目标，写下了数量庞大的历史学、人类学、数学等学科笔记。

三是因为他的一生是为推翻旧世界、建立新世界而不息战斗的一生。马克思时刻关注和思考人类的命运，特别是大多数人的命运，时刻关心受剥削、受压迫劳苦大众的命运，他始终坚持实现人类解放、维护人类利益的立场，以实现人的自由而全面的发展和全人类解放为己任。他和恩格斯合作撰写了《共产党宣言》，撰写了“工人阶级的圣经”——《资本论》。他领导创建了世界上第一个无产阶级政党——共产主义者同盟，领导了世界上第一个国际工人组织——国际工人协会，热情支持世界上第一次工人阶级夺取政权的革命——巴黎公社革命，满腔热情、百折不挠地推动各国工人运动发展。

四是因为他热爱生活，真诚朴实，重情重义。他和恩格斯之间长达40年相扶相助、始终如一的革命友谊，和妻子燕妮之间患难与共、忠贞不渝的浪漫爱情就是明证。

1844年9月，恩格斯到巴黎拜访了马克思，两人并肩开始了对科学社会主义的研究，并从此结成了深厚的友谊。他们一起撰写了《德意志意识形态》，创立了历史唯物主义；一起起草了《共产党宣言》；一起组建了共产主义者同盟；一起支持巴黎公社革命，相携站在革命的前沿。靠着恩格斯的无私资助，马克思才能度过贫病交加的困苦生活，完成《资本论》这一鸿篇巨制。他们在生活上相互帮助，精神上相互扶持，工作中相互合作。正如列宁所说，马克思、恩格斯的友谊“超过了古人关于人类友谊的一切最动人的传说”[②]。马克思和恩格斯的崇高友谊，为人类树立了光辉的典范，这两位伟人的伟大友谊告诉世人：建立在共同信仰和追求基础之上的友谊，是万古长青，牢不可破的。

而马克思和他的妻子燕妮则共同谱写了一曲理想和爱情的命运交响

①《马克思恩格斯文集》第10卷，北京：人民出版社2009年版，第253页。

②《列宁选集》第2卷，北京：人民出版社2013年版，第10页。

曲。马克思出生于平民阶层，燕妮则出生于名门望族，1836年，贵族出身的燕妮不顾身份上的差距，瞒着父母与马克思私订了终身，而马克思为了能够取得燕妮父母的认可，发奋读书，于1841年4月提前获得了哲学博士学位。在这期间两人只能偶尔相聚，他们通过信函倾诉着彼此的思念、爱慕和志向。1843年6月，马克思终于与苦等了他7年之久的燕妮结婚，随后两人就一同踏上了流亡的征途，燕妮成了马克思的秘书，几乎马克思的所有手稿都由她誊写。无论环境多么凶险，生活多么困难，即便是经历了三个孩子先后夭折的沉痛打击，忍受着衣食无着、病痛缠身的苦难煎熬，两人的爱情始终如一。

在马克思诞辰200周年的今天，在世界人民心目中马克思依然是最伟大的思想家，被公认为“千年第一思想家”。马克思给我们留下的最有价值、最具影响力的精神财富，就是以他名字命名的科学理论——马克思主义。

马克思主义主要由哲学、政治经济学、科学社会主义三大组成部分构成。这三大组成部分分别来源于德国古典哲学、英国古典政治经济学、法国空想社会主义。马克思批判性地吸收了三大理论成果，并以此对所处时代和世界进行深入考察，对人类社会发展规律进行深刻把握。马克思的思想理论源于那个时代又超越了那个时代，既是那个时代精神的精华又是整个人类精神的精华。马克思主义理论“犹如壮丽的日出，照亮了人类探索历史规律和寻求自身解放的道路”[①]。

只有在整个人类发展的历史长河中，才能透视出历史运动的本质和时代发展的方向。我们认识和理解马克思主义可以从以下几个方面着手。

一要从时代性把握马克思主义的产生背景与现实意义。19世纪初，工业革命席卷德国，不仅形成了资产阶级和无产阶级两大对立阵营，还带来了资本主义的基本矛盾和经济危机的不断加剧，因此探求经济危机的根源，解释资本主义本质，解救无产阶级和劳动人民于水深火热之中，找到克

① 习近平：《在纪念马克思诞辰200周年大会上的讲话》，北京：人民出版社2018年版，第6页。

服经济危机的措施和方法，就成了时代的要求。正是在这个大背景下，马克思主义应运而生，它寻求人的全面自由发展，力图“在批判旧世界中发现新世界”①。今天，互联网、大数据、云计算、量子通信、人工智能迅猛发展，和平赤字、发展赤字、治理赤字是人类面临的严峻挑战，马克思主义仍然“在场”，以人的全面自由发展为基本原则的社会大思路，仍然是当代世界进步发展的先锋潮流和方向。

二要从科学性把握马克思主义的思想价值与真理信仰。马克思主义理论的科学性源于辩证唯物主义和历史唯物主义的科学世界观和方法论，创造性地揭示了人类社会发展规律，为我们认识世界、改造世界提供了强大思想武器，为人类指明了从必然王国向自由王国飞跃的途径，指明了实现自由和解放的道路。马克思主义不仅是伴随着现代科学技术的出现而产生的，而且是伴随着现代科学技术的发展而发展的。它揭示了资本主义的发展必然会走向共产主义的历史大趋势，确定了人民群众的历史主体地位，提出了无产阶级解放全人类并解放自己的历史使命；它立足当时的历史现状，对人类社会的未来作出了合理推论；它植根于人类发展与进步的实践，与时俱进，决不使基本结论成为僵化的教条。马克思主义开辟了一条通向人类理想社会的康庄大道，是属于全人类的真理。

三要从人民性把握马克思主义的根本宗旨与力量源泉。人民性是马克思主义最鲜明的品格，在勇敢探求人类自由解放的道路上，马克思主义始终站在人民大众的立场上，这也是马克思主义之所以具有跨越国度、跨越时代的影响力的原因所在。早在《共产党宣言》中，马克思恩格斯就明确指出：“过去的一切运动都是少数人的或者为少数人谋利益的运动。无产阶级的运动是绝大多数人的、为绝大多数人谋利益的独立的运动。”②马克思主义第一次站在人民的立场探求人类自由解放的道路，以科学的理论为最终建立一个没有压迫、没有剥削、人人平等、人人自由的理想社会指明了方向。中国共产党新时代的“以人民为中心”的执政理念和“共享”的发展理

①《马克思恩格斯全集》第1卷，北京：人民出版社1956年版，第416页。

②《马克思恩格斯选集》第1卷，北京：人民出版社1995年版，第283页。

念，是对马克思主义人民性的生动阐释，促进了马克思主义人民性的时代飞跃。

四要从实践性把握马克思主义活的灵魂与道路选择。马克思主义是实践的理论。马克思主义的所有理论都产生于资本主义社会发展的实践，产生于无产阶级与资产阶级斗争的实践，产生于无产阶级政党参与和领导共产主义运动的实践，是为了改变人类历史命运而创立的，也是在人类求解放的实践中丰富和发展的，为人类认识世界、改造世界提供了强大精神力量。马克思说，“全部社会生活在本质上是实践的”，“哲学家们只是用不同的方式解释世界，问题在于改变世界”[①]。实践的观点是马克思主义认识论的基本观点，实践性是马克思主义理论区别于其他理论的显著特征。在实践基础上的理论创新，是保持马克思主义生命力的根本途径。在实践的基础上用发展的马克思主义指导新的实践，是我们在新的伟大斗争中赢得胜利的必然要求。

五要从开放性把握马克思主义的创新发展和不懈探索。马克思主义不是僵化的理论体系，而是不断发展的开放的理论。恩格斯深刻指出：“马克思的整个世界观不是教义，而是方法。它提供的不是现成的教条，而是进一步研究的出发点和供这种研究使用的方法。”[②]马克思主义为无产阶级认识世界、改造世界提供的是基本立场、基本观点、基本原则、基本方法，随着时代的前进，由马克思恩格斯以及他们的后继者们根据时代、实践、认识发展而不断丰富和发展马克思主义，这也是马克思主义能够永葆其美妙之青春，不断探索时代发展提出的新课题、回应人类社会面临的新挑战的重要原因。立足世情、国情、党情的不断变化，不断推进马克思主义时代化、大众化，是发展马克思主义的重要表现。

正是在马克思主义的指导下，“第一国际”等国际工人组织相继创立和发展，马克思主义在不同时期指导和推动了国际工人运动的联合和斗争。列宁领导的十月革命取得胜利，社会主义从理论变为现实，打破了资本主

①《马克思恩格斯选集》第1卷，北京：人民出版社1995年版，第56—57页。

②《马克思恩格斯选集》第4卷，北京：人民出版社1995年版，第742—743页。

义“一统天下”的世界格局。进入20世纪后，以列宁为代表的马克思主义者继承和发展了马克思主义民族理论，指导和支持殖民地半殖民地国家民族解放运动。马克思主义极大地推进了人类文明进程，至今依然是具有重大国际影响的思想体系和话语体系，可以说在人类思想史上，没有一种思想理论能像马克思主义这样对人类产生了如此广泛而深刻的影响。

二、马克思主义中国化是我们取得胜利的关键

马克思主义不仅深刻改变了世界，也深刻改变了中国。把马克思主义普遍真理与中国具体实际相结合，这是马克思主义中国化的核心、灵魂。马克思主义中国化的历史进程，也是中国人民实现民族独立、国家富强、人民富裕的历史进程，更是实现中华民族伟大复兴的历史进程。中国共产党结合中国国情和时代特点，不断为马克思主义注入新鲜血液，马克思主义得以不断更新，蓬勃发展。

近代以来，争取民族独立、人民解放和实现国家富强、人民幸福成为中国人民的历史任务。在旧式的农民战争走到尽头，不触动封建根基的自强运动和改良主义屡屡碰壁，资产阶级革命派领导的革命失败和西方资本主义的其他种种方案纷纷破产的情况下，十月革命一声炮响，为中国送来了马克思列宁主义，给苦苦探寻救亡图存出路的中国人民指明了前进方向、提供了全新选择。在这个历史大潮中，一个以马克思主义为指导、勇担民族复兴历史大任、必将带领中国人民创造人间奇迹的马克思主义政党——中国共产党应运而生。

中国共产党人是马克思主义最忠实的学生，也是最聪慧的学生，以马克思主义为利器，雕刻出了最壮丽雄伟之中国。中国共产党人将马克思主义理论与中国革命、建设和改革的实践结合起来，带领人民不懈奋斗，中华民族迎来了从站起来、富起来到强起来的伟大飞跃，迎来了实现中华民族伟大复兴的光明前景。

回顾党的奋斗历程我们可以发现，中国共产党之所以能够历经艰难困苦而不断发展壮大，很重要的一个原因就是中国共产党始终重视思想建

党、理论强党，使全党始终保持统一的思想、坚定的意志、协调的行动、强大的战斗力。1938年，毛泽东指出："如果我们党有一百个至二百个系统地而不是零碎地、实际地而不是空洞地学会了马克思列宁主义的同志，就会大大地提高我们党的战斗力量。"[①]

毛泽东是马克思主义中国化的伟大开拓者，作为中国新民主主义革命的领导者，毛泽东非常敬仰马克思、信仰马克思主义。他读了《共产党宣言》，接受了马克思主义是对历史的正确解释以后，对马克思主义的信仰就没有动摇过。他在对各类学说、思想、主义进行比较后，坚定地认为，马克思的学说最管用，一是中国社会需要，二是中国革命需要，三是一旦被中国马克思主义者掌握住了，就会在中国发生大作用。毛泽东强调："马克思列宁主义来到中国之所以发生这样大的作用，是因为中国的社会条件有了这种需要，是因为同中国人民革命的实践发生了联系，是因为被中国人民所掌握了。"[②]毛泽东同时强调："马克思主义一定要向前发展，要随着实践的发展而发展，不能停滞不前。停止了，老是那么一套，它就没有生命了。"[③]

中国共产党真正走上马克思主义中国化道路是从1935年1月遵义会议开始的，这次会议是中国共产党第一次独立自主地运用马克思列宁主义基本原理解决路线、方针、政策等问题的会议。遵义会议之后毛泽东就致力于马克思主义中国化，在他的带领下，中国共产党人把马克思主义基本原理同中国革命和建设的具体实际结合起来，经过长期奋斗，完成了新民主主义革命和社会主义革命，建立起中华人民共和国和社会主义基本制度，进行了社会主义建设的艰辛探索，实现了中华民族站起来的伟大飞跃。

毛泽东思想之后，中国共产党在马克思主义中国化的道路上，先后创造出了邓小平理论、"三个代表"重要思想、科学发展观，以及习近平新时代中国特色社会主义思想这一列马克思主义中国化最新成果。

邓小平在党的十二大开幕词中郑重宣布："把马克思主义的普遍真理同

①《毛泽东选集》第2卷，北京：人民出版社1991年版，第533页。

②《毛泽东选集》第4卷，北京：人民出版社1991年版，第1515页。

③《毛泽东选集》第7卷，北京：人民出版社1999年版，第281页。

我国的具体实际结合起来，走自己的道路，建设有中国特色的社会主义，这就是我们总结长期历史经验得出的基本结论。”[①]邓小平始终坚信马克思主义中国化才是马克思主义在中国的必然出路，中国也只有走中国化的马克思主义道路才能不断取得伟大胜利。

在邓小平的带领下，中国积极推进改革开放，开创了一片繁荣盛世。中国共产党人把马克思主义基本原理同中国改革开放的具体实际结合起来，团结带领人民进行建设中国特色社会主义新的伟大实践，使中国大踏步赶上了时代，实现了中华民族从站起来到富起来的伟大飞跃。

党的十八大以来，我国政治、经济、军事、科技、外交等各项事业都取得了突破性的进展，不仅经济总量稳居世界第二，而且和美国的差距日益缩小，对全球经济的贡献率稳居第一，达30%以上。中国在全球经济下行的大背景下，不仅实现了较好发展，而且为解决世界难题提供了中国智慧和中国方案，中国已经走近世界舞台的中心。中国共产党解决了许多长期想解决而没有解决的难题，办成了许多过去想办而没有办成的大事，推动了党和国家事业发生历史性变革。中国智慧、中国方案的核心也是习近平新时代中国特色社会主义思想。中国共产党之所以强大、之所以能干成别人想干而干不成的事，就是因为有一个正确的指导思想。所以，作为中国共产党的党员干部和当代大学生，我们应该特别幸福、特别庆幸、特别珍惜，因为我们有一套独有的既指导我们做事又指导我们做人，既系统又成熟的理论体系——习近平新时代中国特色社会主义思想。

习近平总书记总结中国共产党人对待马克思主义的一贯态度后，要求全党要以科学的态度对待科学，以真理的精神追求真理。他指出：“这是一个需要理论而且一定能够产生理论的时代，这是一个需要思想而且一定能够产生思想的时代。”[②]

习近平新时代中国特色社会主义思想立足于鲜活丰富的新时代中国实践，开辟了当代中国马克思主义、21世纪马克思主义的新境界，在世界上高

①《邓小平文选》第3卷，北京：人民出版社1993年版，第3页。

② 习近平：《在哲学社会科学工作座谈会上的讲话》，北京：人民出版社2016年版，第8页。

高举起了21世纪马克思主义的伟大旗帜，彰显了马克思主义跨越时空的永恒魅力和不朽价值。党的第十九次全国代表大会，把习近平新时代中国特色社会主义思想写入党章，第十三届全国人民代表大会第一次会议通过了宪法修正案，这一思想已经被写进党的十九大修订的宪法，这一思想成为党和国家必须长期坚持的指导思想。这是中国共产党人对马克思诞辰200周年的最好纪念。

在新时代，中国共产党人把马克思主义基本原理同新时代中国具体实际结合起来，团结带领人民进行伟大斗争、建设伟大工程、推进伟大事业、实现伟大梦想，推动党和国家事业取得全方位、开创性历史成就，发生深层次、根本性历史变革，中华民族迎来了从富起来到强起来的伟大飞跃。

这三次伟大飞跃充分证明，马克思主义的命运早已同中国共产党的命运、中国人民的命运、中华民族的命运紧紧连在一起，它的科学性和真理性在中国得到了充分检验，它的人民性和实践性在中国得到了充分贯彻，它的开放性和时代性在中国得到了充分彰显。

这三次伟大飞跃还证明，马克思主义为中国革命、建设、改革提供了强大的思想武器，使中国这个古老的东方大国创造了人类历史上前所未有的发展奇迹。历史和人民选择马克思主义是完全正确的，中国共产党把马克思主义写在自己的旗帜上是完全正确的，中国共产党坚持马克思主义基本原理同中国具体实际相结合、不断推进马克思主义中国化时代化是完全正确的，马克思主义是我们的革命、建设和改革事业取得胜利的关键。

中国共产党人和中国人民完全有信心为人类对更好社会制度的探索提供中国方案。正是基于对马克思主义中国化的信心和坚定信仰，对中国特色社会主义的自信和价值认同，中国共产党把全国十几亿人的力量凝聚起来，为实现中华民族伟大复兴的中国梦而共同奋斗，不断创造着“中国奇迹”。

三、继承发展马克思主义是当代大学生的使命担当

今天，以习近平总书记为主要代表的中国共产党人，继承和发展马克

思主义，以巨大的理论勇气和使命担当，在共产主义远大理想和中国特色社会主义共同理想的感召下凝聚起磅礴的力量，正改变着当代中国，影响着当今世界。我们所面临的新时代，既是近代以来中华民族发展的最好时代，也是实现中华民族伟大复兴的最关键时代。党的十九大对新时代中国特色社会主义事业作出战略谋划，开启了中华民族伟大复兴的新征程，当代大学生作为这一伟大进程的见证者和建设者，既拥有广阔发展空间，也承载着伟大时代使命，生逢其时也重任在肩。

习近平总书记2018年5月2日在北京大学同广大师生座谈时指出："坚持好、发展好中国特色社会主义，把我国建设成为社会主义现代化强国，是一项长期任务，需要一代又一代人接续奋斗。"①同时，他说道："为实现中华民族伟大复兴的中国梦而奋斗，是我们人生难得的际遇。每个青年都应该珍惜这个伟大时代，做新时代的奋斗者。"②青年学生要把"求真学问"和"做实干家"结合起来，努力在实现中国梦的历史进程中书写青春的时代篇章。

青年是祖国的未来和民族的希望，青年一代有理想、有本领、有担当，国家就有前途，民族就有希望。习近平总书记曾经指出，青年一代的理想信念、精神状态、综合素质，是一个国家发展活力的重要体现，也是一个国家核心竞争力的重要因素。青年作为中国特色社会主义事业建设的中坚力量，党和国家事业的接班人，他们对马克思主义的信仰，对中国特色社会主义和共产主义的信念直接关系党和国家事业的兴旺发达和长远发展。从一定意义上说，实现"两个一百年"奋斗目标很大程度上取决于我们能否培养出一大批立志学习马克思主义、坚定信仰马克思主义并为建设中国特色社会主义、实现中华民族伟大复兴的中国梦而不懈奋斗的青年马克思主义者。总之，青年对马克思主义的信仰，是国家坚定马克思主义信仰的基石。因此，自觉肩负起国家和民族的希望，努力成为一名新时代的青年马克思主义者，既是青年一代的使命责任，更应成为青年一代的自觉追求。

① 习近平：《在北京大学师生座谈会上的讲话》，北京：人民出版社2018年版，第3页。

② 习近平：《在北京大学师生座谈会上的讲话》，北京：人民出版社2018年版，第12—13页。

青年一代要坚持用马克思主义观察时代、解读时代、引领时代，用鲜活丰富的当代中国实践来推动马克思主义发展，用宽广视野吸收人类创造的一切优秀文明成果，坚持在改革中守正出新、不断超越自己，在开放中博采众长、不断完善自己，不断深化对共产党执政规律、社会主义建设规律、人类社会发展规律的认识，不断开辟当代中国马克思主义、21世纪马克思主义新境界。

做一个青年马克思主义者，关键在于做到四个“真”字：“真学”“真懂”“真信”“真用”。当代大学生要深入、刻苦地学习习近平新时代中国特色社会主义思想，把学习马克思主义当作一种生活习惯、一种精神追求。要在不断的比较、体悟、思考和超越中，做到对马克思主义“真学”“真懂”“真信”“真用”，深化对马克思主义历史必然性和科学真理性、理论意义和现实意义的认识。学会运用马克思主义立场观点方法观察世界、分析世界，真正搞懂时代课题，深刻把握世界发展走向，认清中国和世界发展大势，深刻感悟马克思主义真理力量，在人类发展的历史长河中更加坚定“四个自信”，为自身的成长成才打下科学思想基础。要继承和弘扬前辈的精神，坚定马克思主义的信仰，树立与时代主题同心同向的理想信念，把眼光放长远一点，自觉把个人理想追求融入国家和民族的事业之中，做到爱国、励志、求真、力行，做无愧于时代的实干家，为实现中华民族伟大复兴中国梦作出更大的贡献，在民族复兴的伟大实践中展现青春担当。

远望星空，还要脚踏实地。习近平总书记在2018年同北京大学师生的座谈会上说：“当代青年是同新时代共同前进的一代。我们面临的新时代，既是近代以来中华民族发展的最好时代，也是实现中华民族伟大复兴的最关键时代。广大青年既拥有广阔发展空间，也承载着伟大时代使命。”①科学的思想理论最终要转化为认识世界、改造世界的强大物质力量，青春的信仰还要落实到奋斗的行动上。

在价值多元、观念多样的今天，青年一代所面临的外在诱惑、成长困惑、生活压力更为复杂。社会转型、矛盾凸显、不公现象的存在，也使青年

① 习近平：《在北京大学师生座谈会上的讲话》，北京：人民出版社2018年版，第11页。

人的奋斗历程多了许多艰辛。不过,困难不可怕,关键是面对困难的态度。青年是标志时代最灵敏的晴雨表。从新中国成立初期献身祖国的一腔热血,到20世纪80年代改革浪潮中的“潘晓之问”,从90年代以来日益多元多样的人生选择,到现在前所未有的机遇与挑战,时代对每一代人都有不同的拷问,每一代人都会留下属于自己的青春答卷。习近平总书记2017年5月4日在中国政法大学考察时强调:“青年在成长和奋斗中,会收获成功和喜悦,也会面临困难和压力。要正确对待一时的成败得失,处优而不养尊,受挫而不短志,使顺境逆境都成为人生的财富而不是人生的包袱。”①

在陕北黄土高原的七年,青年习近平始终不忘自身责任,把百姓冷暖放在心中最高位置,把群众利益看得重于一切,为群众做实事是他始终不渝的信念。修淤地坝、建沼气池、开铁业社、开缝纫社,在他的带领下,村民的生活条件一点点改善,黄土地的面貌也悄然发生了变化。青年习近平的坚守和奉献让青春更加厚重和出彩,他也成了村民眼中的“好后生”,获得了老百姓的衷心支持和拥护。

“功崇惟志,业广惟勤”②。黄大年用生命铸就探地利器,林鸣建设伶仃洋上的“跨海长虹”,袁隆平致力于培育“东方魔稻”……无数科技工作者用辛勤的奋斗点亮了科技创新的火种。航空母舰、大飞机、量子通讯无不凝聚着青年一代的心血和汗水,也让中国科技从“跟跑者”变为“同行者”甚至“领跑者”。每一个人都是新时代的见证者、开创者、建设者。作为青年学子,更要向这些伟大的科技工作者学习,通过不懈的奋斗实现人生价值,在新时代展现新气象,实现新作为。

在我们身边,也不乏艰苦奋斗,用双手创造幸福生活的青年榜样。在国务院新闻办举行的优秀基层干部与中外记者见面会上,来自安徽省六安市金寨县花石乡大湾村的党总支第一书记、扶贫工作队队长余静分享了自己的经历。她为老百姓解决一个个实际困难,耐心回应每一个诉求,解答

①《立德树人德法兼修抓好法治人才培养 励志勤学刻苦磨炼促进青年成长进步》,《人民日报》2017年5月4日第1版。

② 出自《尚书·周书·周官》。

每一个疑惑，一步步建立起了与老百姓之间的信任，一项项政策得以落实。村里的环境变美了，老百姓的腰包变鼓了，脸上的笑容变多了。她通过自身扎扎实实的奋斗，不驰于空想，不骛于虚声，一步一个脚印，把群众最关切最烦心的事一件一件解决好，勇于担当，不负所托。

因此，我想对同学们提三点建议和期望。

一是扣好“扣子”，树立无愧时代的价值观念。2014年5月4日，习近平总书记在北京大学师生座谈会上说：“青年的价值取向决定了未来整个社会的价值取向，而青年又处在价值观形成和确立的时期，抓好这一时期的价值观养成十分重要。”[①]这就像穿衣服扣扣子一样，如果第一粒扣子扣错了，剩余的扣子都会扣错。理想指引人生方向，信念决定事业成败。广大青年是推动实现中华民族伟大复兴中国梦的中坚骨干。广大青年要把“大局为重、使命为先”“报效祖国、服务人民”作为价值指向，胸怀理想、锤炼品格，“要把自己的理想同祖国的前途、把自己的人生同民族的命运紧密联系在一起，扎根人民，奉献国家”[②]，自觉把青春融入抒写美好时代、创造美好时代中去。

二是挑好“担子”，肩负无愧时代的责任使命。当代中国青年要有所作为，就必须投身人民的伟大奋斗。同人民一起奋斗，青春才能亮丽；同人民一起前进，青春才能昂扬；同人民一起梦想，青春才能无悔。2015年7月24日，习近平总书记在致全国青联十二届全委会和全国学联二十六大的贺信中说，磨砺的青春才有光泽，担当的青春才会厚重。广大青年要自觉肩负起时代赋予的责任和使命，明白自己该做什么、要做什么，弄清楚要为时代奉献什么、创造什么，要敢做先锋而不做过客，敢于担当而不当看客，“为实现中华民族伟大复兴的中国梦而奋斗，是我们人生难得的际遇。每个青年都应该珍惜这个伟大时代，做新时代的奋斗者。”[③]要“珍惜大好学习时光，

① 习近平：《青年要自觉践行社会主义核心价值观——在北京大学师生座谈会上的讲话》，北京：人民出版社2014年版，第9页。

② 习近平：《在北京大学师生座谈会上的讲话》，北京：人民出版社2018年版，第12页。

③ 习近平：《在北京大学师生座谈会上的讲话》，北京：人民出版社2018年版，第12—13页。

求真学问，练真本领，更好为国争光、为民造福”[①]。

三是甩开“膀子”，弘扬无愧时代的拼搏精神。“青年时代，选择吃苦也就选择了收获，选择奉献也就选择了高尚。青年时期一定要多经历一点摔打、挫折、考验，有利于走好一生的路。”[②]2013年五四青年节，习近平总书记同各界优秀青年代表座谈时这样讲道。每一项事业，不论大小，都是靠脚踏实地、一点一滴干出来的。“道虽迩，不行不至；事虽小，不为不成。”[③]我们每一位青年，都应该不负伟大时代、不负青年时光、不负青春激情，自觉把握时代脉搏，自觉树立拼搏精神，怀揣干事创业激情，放飞壮志凌云梦想，为青春烙上“理想”“奋斗”的烙印。要更加务实，面向实际、深入实践，严谨务实，努力成为有理想、有学问、有才干的实干家，以更加务实、拼搏的精神拥抱伟大新时代。

2020—2050年将会是一个伟大的时代，是马克思主义中国化的繁盛时代，是中国特色社会主义事业发展的黄金时代，也是这一代青年人活动的鼎盛时代。伟大的时代总会创造出很多英才，而你们生逢其时。时代会提出它的任务，对其作出积极应答的人，一定会创造伟大的成就。

毛泽东曾说：“不如马克思，不是马克思主义者，等于马克思，也不是马克思主义者，超过马克思，才是真正的马克思主义者。”[④]我们要做马克思的好学生，就要站在巨人的肩上奋勇前进，不断开辟21世纪马克思主义发展新境界，让当代中国马克思主义放射出更加灿烂的真理光芒。

---

① 习近平：《在北京大学师生座谈会上的讲话》，北京：人民出版社2018年版，第13页。

② 《习近平谈治国理政》，北京：人民出版社2014年版，第54页。

③ 出自《荀子·修身》。

④ 马社香：《韶山档案》，北京：中央文献出版社2001年版，第131页。

践悟初心，勇担使命

——坚持和完善党委领导下的校长负责制*

今天，我们举行“不忘初心、牢记使命”主题教育专题党课报告会。此次报告会的内容是经过前段时间学习调研后我的一些学习体会和对学校工作的一些思考。

2019年9月24日至10月14日，我先后到5个学院、2个部门进行调研，了解到学校工作中、特别是党建和思想政治工作中存在的一些问题，分析了问题产生的原因，初步提出了解决问题的对策和措施，形成了《坚持和完善党委领导下的校长负责制，为新时代高水平大学建设提供根本制度保证》的调研报告。2019年10月18日，校领导班子召开主题教育调研成果交流会，我们几位班子成员分别在会上汇报了自己的调研成果，得到了省委第十五巡回指导组的充分肯定。周建春组长评价此次交流会为一次高质量的调研交流会，他认为此次调研成果交流会政治站位高、调研内容丰富、调研方法灵活多样，做到了有的放矢，调研成果言之有物、分析透彻、联系实际紧密，具有很强的操作性。这次调研成果交流会还被学习强国安徽学习平台推荐报道。

省委主题教育工作安排要求学校领导班子成员要在学习调研的基础上讲专题党课，党课要突出针对性，讲学习体会收获，讲对初心使命的感悟，讲存在的差距与不足，讲改进工作的思路和措施。今天，我就围绕“践悟初心、勇担使命——坚持和完善党委领导下的校长负责制”这一主题，讲四个方面问题。

一、为什么要坚持和完善党委领导下的校长负责制

群雁高飞头雁带，船行万里靠舵手。中国共产党成立98年、执政70年，使中华民族迎来了从站起来、富起来到强起来的伟大飞跃，创造的一个

* 2019年10月28日，“不忘初心、牢记使命”主题教育专题党课讲稿。

个中国奇迹让世界惊叹。历史充分证明，中国共产党作为一个用马克思主义武装起来的政党，作为一个全心全意为人民服务的政党，作为一个勇于革命、敢于斗争并善于斗争的先进政党，在推动中国历史前进过程中发挥着无可替代的领导核心作用。中国共产党是国家最高政治领导力量，党政军民学，东西南北中，党是领导一切的。所以习近平总书记强调："在坚持党的领导这个决定党和国家前途命运的重大原则问题上，全党全国必须保持高度的思想自觉、政治自觉、行动自觉，丝毫不能动摇。"①

而加强党对教育工作的全面领导，则关乎教育的性质，关乎教育的兴衰成败。习近平总书记在2014年12月召开的第二十三次全国高等学校党的建设工作会议上曾强调指出，高校肩负着学习研究宣传马克思主义、培养中国特色社会主义事业建设者和接班人的重大任务，办好中国特色社会主义大学，必须要坚持和完善党委领导下的校长负责制。

自开展主题教育以来，通过对党史、新中国史，对习近平新时代中国特色社会主义思想、对习近平关于教育的重要论述的深入学习，通过对教育发展历程和教育发展现实需求的深入分析，我深深地体会到，我国高校把坚持和完善党委领导下的校长负责制，作为强化党对学校工作的全面领导、推动学校事业的快速发展的重要制度保障，具有历史的必然性、政策的规定性以及发展的必要性。

1. 党委领导下的校长负责制是历史选择的必然结果

新中国成立以来，我国高等学校领导体制经历了多次变化。

新中国成立至1956年，我国借鉴苏联高校管理模式，实行"校（院）长负责制"，这种领导体制对旧的教育制度改革起到了促进作用，但忽视了党组织的领导地位，对行政领导缺乏必要的监督。

1956年党的八大后，我国试行"党委领导下的校务委员会负责制"，这一体制一定程度上保证了党委的领导地位和核心作用，但忽视了校长的职责与权力，使校务委员会有名无实，校长作用得不到有效发挥。

① 习近平：《在庆祝改革开放40周年大会上的讲话》，北京：人民出版社2018年版，第22—23页。

1961年9月，在对新中国成立以来高校工作正反两方面经验总结的基础上，我国颁布了《教育部直属高等学校暂行工作条例(草案)》(简称“高教六十条”)，明确高校实行“党委领导下的以校长为首的校务委员会负责制度”，这个体制将高校领导班子的分工进一步明确。但几年后，“文化大革命”发动，“以阶级斗争为纲”“踢开党委闹革命”等思想，影响了高校领导体制的运行。

1978年10月，教育部对“高教六十条”作了修订，重新颁布了《全国普通高等学校暂行工作条例》，实行“党委领导下的校长分工负责制”，这一体制在一定程度上推动了高等教育事业的发展，但在具体实施过程中出现效率低下、运转速度慢等一系列问题。

1978年党的十三大提出了“政治体制改革的关键首先是党政分工”。1985年，《中共中央关于教育体制改革的决定》颁布实施，当时经济领域方兴未艾的“厂长负责制”改革被简单嫁接到高等教育领域。“校长负责制”这一管理方式开始试行，逐步淡化党的领导，党委只起“保证、监督、支持”作用，淡化了对社会主义办学方向的坚守，一些大学出现了党委书记由副校长兼任，党委会的决策功能被全面忽略，党委失威、马列失灵等现象。

1989年8月，中共中央政治局举行全体会议，讨论并通过《中共中央关于加强党的建设的通知》(以下简称《通知》)。《通知》强调:“我们一定要冷静地总结过去、思考未来，认真地吸取这场风波的经验教训，充分认识加强党的建设的重要性和紧迫性。从现在起，各级党委必须按照党的基本路线的要求，聚精会神地抓党的建设，下决心解决好当前党的建设中的迫切问题。”①否则，不仅我们国家长期积累下来的各种严重问题不可能得到解决，而且会留下隐患，难免发生新的政治风波。这个《通知》还明确:“高等院校实行党委领导下的校长负责制，试行校长负责制的范围不再扩大，已经试点且收效较好的，可以继续试验。无论实行何种领导体制，党委都是学校的政治核心，全面领导思想政治工作，管理干部，同时支持行政领导独立负责地工作，力戒包揽行政事务。高校要努力建设一支精干的、专兼结合的思想政

①《十三大以来重大文献选编(中)》，北京:人民出版社1991年版，第588页。

治工作队伍。校党委应配备专职书记或副书记，较大的系应配备专职总支书记，年级应配备做学生工作的专职干部。”[①]

2014年10月15日，中共中央办公厅发布《关于坚持和完善普通高等学校党委领导下的校长负责制的实施意见》，指出：“党委领导下的校长负责制是中国共产党对国家举办的普通高等学校（以下简称‘高等学校’）领导的根本制度，是高等学校坚持社会主义办学方向的重要保证，必须毫不动摇、长期坚持并不断完善。”[②]

通过对新中国高等学校领导体制演变的梳理可以看到，这些制度在实行过程中，主要问题就是妥善解决社会主义办学方向，并将此方向与按现代大学治理规律办学的科学结合。中央办公厅、中央组织部、宣传部、教育部先后出台一系列法律法规和政策文件，对加强和改进党对高校的领导、坚持和完善党委领导下的校长负责制作出了明确要求。

2. 实行这一制度的法律法规和政策依据

中国共产党领导在我国宪法中有明确规定。2018年3月11日，第十三届全国人大一次会议第三次全体会议表决通过的《中华人民共和国宪法修正案》把“中国共产党领导是中国特色社会主义最本质特征”写入总纲。修订的宪法把党的领导写入正文。我国宪法规定：社会主义制度是中华人民共和国的根本制度，中国共产党领导是中国特色社会主义最本质的特征，国家发展社会主义的教育事业，提高全国人民的科学文化水平。党的领导原则是我国宪法的基本原则之一，体现了中国共产党领导的根本性、全面性和时代性。

改革开放以后，我国高校进行过改革领导体制的探索，最终确立了党委领导下的校长负责制并将之写进了1998年颁发的《中华人民共和国高等教育法》，党委领导下的校长负责制作为大学的领导体制以立法的形式确立。《中华人民共和国高等教育法》规定，国家举办的高等学校实行中国共

① 《十三大以来重大文献选编（中）》，北京：人民出版社1991年版，第596页。

② 周良书主编：《中国高校党的建设报告 2011—2015》，北京：光明日报出版社2016年版，第238页。

产党高等学校基层委员会领导下的校长负责制。中国共产党高等学校基层委员会按照中国共产党章程和有关规定，统一领导学校工作，支持校长独立负责地行使职权。

《中国共产党章程》第33条明确规定，实行党委领导下的行政领导人负责制的事业单位中党的基层组织，对重大问题进行讨论和作出决定，同时保证行政领导人充分行使自己的职权。

在此基础上，1996年中共中央颁发的《中国共产党普通高等学校基层组织工作条例》在总则中就明确规定：高等学校实行党委领导下的校长负责制。校党委统一领导学校工作，支持校长按照《中华人民共和国教育法》的规定积极主动、独立负责地开展工作，保证教学、科研、行政管理等各项任务的完成。

到2014年，中共中央办公厅正式发布《关于坚持和完善普通高等学校党委领导下的校长负责制的实施意见》，将多年来各高校在实践中探索积累的好做法、好经验，上升到制度层面加以规范，系统地从党委统一领导学校工作、校长主持学校行政工作、健全党委与行政议事决策制度、完善协调运行机制、加强组织领导等5个方面列出20条意见，对贯彻落实党委领导下的校长负责制提出了详细的实施意见。自此，党委领导下的校长负责制形成了完善的制度体系，为加强高校党的建设工作和完善中国特色现代大学制度提供了重要遵循。

20多年来，这一制度为全面贯彻党的教育方针，坚持社会主义办学方向，培养中国特色社会主义事业合格建设者和可靠接班人，促进高校改革发展稳定，提供了严格的制度保证。随着高等教育改革发展任务日益繁重，高校面临着许多新情况新挑战，进一步强调长期坚持并不断完善这一体制十分必要。

3. 坚持和完善党委领导下的校长负责制是时代发展的客观需要

新中国成立70年来，作为党之大计、国之大计的教育，取得了举世瞩目的成就，彻底改变了底子薄、整体落后的状况，建立了完整的现代教育体系。全体人民的思想道德素质和科学文化素质全面提升，为实现中华民族伟大复兴提供了有力人才和智力支撑。从1986年到2011年,我们用20多年时间走完了发达国家上百年的义务教育普及之路,从1999年以后又用十几年时间实现了高等教育从大众化向普及化的快速发展。2018年,我国劳动人口平均受教育年限达到10.6年,新增劳动力中接受高等教育的比例超过48%,平均受教育年限达到13.6年以上,高于世界平均水平。亿万人民通过受教育实现了完善自身、改变命运、创造美好生活的愿望,人民群众的获得感、幸福感、安全感不断增强。这一切都是建立在党的坚强领导之下的。

事业愈是重要,方向问题愈是紧要。教育的方向问题从来都是第一位的。尤其在我国进入新时代,各种思潮相互激荡,各种文化相互交融,各种观念相互碰撞的情况下,加强党对高校工作的全面领导,不仅关乎着高校的性质,也关乎着高校的兴衰成败。所以,习近平总书记在2016年12月专门主持召开了全国高校思想政治工作会议,在会上他强调指出,办好我国高等教育,必须坚持党的领导,牢牢掌握党对高校工作的领导权,使高校成为坚持党的领导的坚强阵地。党委要保证高校正确的办学方向,掌握高校思想政治工作主导权,保证高校始终成为培养社会主义事业建设者和接班人的坚强阵地。习近平总书记强调,高校党委对学校工作实行全面领导,承担管党治党、办学治校主体责任,把方向、管大局、作决策、抓班子、带队伍、保落实。

随着2018年9月10日全国教育大会的召开,习近平总书记提出了我国在教育改革发展实践中形成的一系列新理念、新思想、新观点,主要体现在"九个坚持"上,其中"坚持党对教育事业的全面领导"列在"九个坚持"中的第一位,明确了教育的首要问题和根本任务。习近平总书记指出,培养什么人,是教育的首要问题。我国是中国共产党领导的社会主义国家,这就决定了我们的教育必须把培养社会主义建设者和接班人作为根本任务,培养一代又一代拥护中国共产党领导和我国社会主义制度、立志为中国特色社会主义奋斗终生的有用人才。这是教育工作的根本任务,也是教育现代化的方向目标。新时代,办好人民满意的教育,建设教育强国,必须全面贯彻党的教育方针,坚持马克思主义指导地位,把思想政治工作贯穿教育全过程,始终坚持和完善党委领导下的校长负责制,切实加强党对教育工作的全面领导。

二、我校贯彻落实党委领导下的校长负责制的基本情况

安徽工业大学始终能坚持和完善党委领导下的校长负责制,认真落实全面从严治党要求,学校政治生态是良好的。这一评价也得到了上次省委专项巡视组的充分肯定。近年来,我校领导班子在省委综合考核中连年获“优秀”,就是一个很好的证明。

校党委始终履行“把方向、管大局、作决策、抓班子、带队伍、保落实”工作职责,不断坚持和完善党委领导下的校长负责制,并以这一根本制度,保证学校党建和事业发展深度融合、不断前进。

一是突出制度导向,强化了制度治党。2015年,学校发布实施《安徽工业大学章程》;2016年,制定了校党政工作规程,校党委常委会、校行政议事规则,以及二级院(部)党委会、党政联席会议议事规则;2018年,学校又对上述议事规则进行修订完善,同时出台《全委会议事规则》《党政领导定期沟通制度》,不断建立健全党委统一领导,党政分工合作、协调运行的工作机制。校院党委坚持民主集中制、“三重一大”集体决策制度,凡属重大问题都按照“集体领导、民主集中、个别酝酿、会议决定”的原则,由党委集体研究,保证了决策的民主与科学。领导班子成员分工合理,职责明确,对党委负责,坚决贯彻党委集体决定。党委书记与校长、党政正职与副职、副职与副职之间坚持定期沟通,及时交流工作情况,共同做好学校的各项工作。

学校还积极完善全校规章制度体系。我校推进规章制度废、改、立,对2001年以来制定的全校性规章制度进行了梳理和修订,废止相关制度200余项。2018和2019年制(修)订校级层面制度100余项,对党务和行政管理、科研与学科建设、教学和学生管理、资产财务、基建后勤等各方面工作不断完善建章立制。同时,学校调整议事协调机构,确保相关决策在执行过程中的规范、高效,并加大了对制度执行情况的督促检查力度,加强对制度和决策事项落实情况跟踪反馈,结合党建工作督查、意识形态工作督查,

加强对二级学院执行党委会和党政联席会情况的督导，有效促进了制度落实。

二是突出主体责任，夯实了党建基础。校党委不断夯实管党治党、办学治校主体责任，以强化理论武装、规范政治生活、肃净政治生态为重要要求，打牢基层党建政治基础；以思想政治理论课建设、意识形态责任制建设和“三全育人”综合改革为重要载体，打牢基层党建思想基础；以基层党组织标准化建设、教师党支部书记“双带头人”培育工程、基层党建“双争双创”为重要抓手，打牢基层党建组织基础；以党风廉政责任制、作风建设专项整治、监察执纪问责为重要手段，打牢基层党建作风基础，取得了明显成效。目前，学校基层党组织标准化建设总体达标率91.9%，“双带头人”教师党支部书记配备率已达91%，主题教育期间将实现全覆盖。学校获评1个教育部样板党支部，1个党支部书记工作案例入选教育部教材选编；学校获教育部学习党的十九大精神“万个示范课堂”重点立项，获批5项“高校思政课骨干教师‘名师示范课堂’”项目，获批省“三全育人”试点高校。学校1名教师获“全国五一劳动奖章”，1名教师获全国高校思政课教师年度影响力提名人物，2名辅导员获评全国高校辅导员年度人物，其中赵颖虹同志还应邀出席全国学校思想政治理论课教师座谈会，受到习近平总书记的亲切接见，并被作为全省重大先进典型集中宣传。

三是突出依法治校，优化了内部治理。学校党委制定并实施《校学术委员会章程》，组建校学术委员会，各院（部）建立并运行了教授委员会，完善党代会、教代会、学代会等民主管理机制，充分发挥学术委员会和教授委员会的重要作用，不断完善内部治理结构。校党委坚持实施党务校务公开机制，坚持通过不同渠道对发展规划、综合改革方案、绩效工资改革方案等，征求意见；财务运行、校办企业运营、商住楼建设等重大情况，都及时向党代会、教代会通报。同时，坚持每学期召开中层干部会议、全校情况通报会，积极开展校内走访调研，面向社会发布信息、公开年度报告，除保密规定外，面向全校公开党委常委会和校长办公会会议纪要，加强民主管理与民主监督。

四是突出顶层设计,促进了融合发展。学校党委着眼于全面从严治党、高等教育内涵式发展和现代化五大发展、美好安徽建设大势,坚持把方向、管大局、作决策、抓班子、带队伍、保落实,不断增强对一流本科教育和一流学科建设内在规律的驾驭本领,提高统筹协调、总揽全局、破解难题、推动发展的能力,着力在实施党建引领、促进思想解放、统筹顶层设计、强化过程督查等方面下功夫,抓实"十三五"事业发展规划、全面深化综合改革实施方案、加强地方特色高水平大学项目建设,促进党建和事业发展深度融合,努力把发展的蓝图转变为实实在在的成果。学校"十三五"发展规划目标的达成度不断提高。在2018年省教育厅组织开展的地方特色高水平大学建设项目中期评估中,学校取得"优秀"等级。今年上半年,我校材料科学与工程学科成功入选省"高峰学科"建设计划,材料科学、工程学、化学3个学科继续保持全球ESI排名前1%,共有11个本科专业通过工程专业认证(评估),居省属高校前列。

这些成绩充分凸显了我校党委坚持和完善党委领导下的校长负责制,在管党治党、办学治校中充分发挥了领导核心作用。当前党委把开展主题教育作为重大政治任务,推动主题教育走深、走心、走实,以主题教育为契机,推动学校党的建设和各项事业发展再上一个新台阶。2019年10月9日下午,安徽省委副书记信长星来我校调研指导,认为我校在主题教育上有新做法,在专业设置和学生培养上有特色,在党建和思政工作上有品牌,充分肯定了我校主题教育取得的成效。安徽新闻联播两次报道我校主题教育做法,这对我们来说,既是一种鼓励,更是一种鞭策,激励我们树立刀刃向内的勇气,以彻底的自我革命精神深入查找问题,努力改进工作,争取更大的进步。

三、主题教育调查研究中发现的问题

通过在主题教育中深入基层开展调查研究发现,我校在落实党委领导下的校长负责制中还存在一些需要进一步改进的地方,必须切实加以解决。

一是在校院领导班子理论武装方面，一定程度上存在“重集体学习、轻个人自学，重实际运用、轻系统全面，重上级布置、轻自觉学习”等现象。校院领导班子能够坚持中心组学习制度，注重理论武装，经常性开展学习活动，班子成员也能按时参加集中学习。但从集中学习效果看，理论学习、时政学习和党课等在效果和质量上仍需提高。学习方式过于单一，学习内容过于空泛，缺乏创新举措，尤其是对习近平新时代中国特色社会主义思想学得还不深、悟得还不透、结合得还不够、系统性还不强等问题依然存在。一定程度上存在“碎片化”“快餐式”“功利性”“讲形式”等问题，还不能将自觉、主动、带着感情学习习近平新时代中国特色社会主义思想作为一种生活习惯、自觉追求。在自觉运用习近平新时代中国特色社会主义思想去武装头脑、指导实践、推进工作上还需要下大功夫。

二是在校院领导班子精力投入方面，一定程度上存在“重业务、轻党建，重学术、轻思政，重具体事务、轻意识形态”等现象。随着党的政治建设、思想建设、组织建设、作风建设、纪律建设和制度建设的深入推进，校院领导班子比以前更加重视党建、思政和意识形态等工作，但与自己分管的业务、自己的学术研究以及具体事务相比，精力投入还很不足，深入研究还很不够，尤其在将党建、思政和意识形态等工作与自己分管的业务、自己的学术研究以及具体事务的深度融合上还需要下大功夫。

三是在党管干部、党管人才等方面，还需进一步加强。校党委能够坚持党管干部、党管人才，能够经常性开展干部培训、人才培养，但对于干部、人才培训的方式方法还不够丰富，导致了效果还不明显，尤其在充分调动广大干部的积极性、主动性、创造性方面，还缺少可量化的考核指标，导致了效能建设相对滞后，一定程度存在“干多干少一个样”“干好干坏一个样”“干与不干一个样”等消极现象。对于高层次人才引进工作，校党委虽然采取了“一人一策”“上不封顶”等激励举措，但由于很多主客观原因，效果还没有显现出来。高层次人才引进难的问题，是我们下一步要着力解决的。

四是在基层党委政治核心作用发挥和议事决策能力建设上，还需进一步提升。近两年，我校在接受省委综合考核时，问题经常得到的反馈结果是：基层党委仍存在一些问题，如从严治党向基层延伸的有效工作机制有待进一步健全；有的基层党组织落实主体责任的主动性和自觉性还不够强；个别学院在执行学院党委会和党政联席会议制度还不够到位；对基层党支部建设以及党建与事业融合发展上的具体指导和监督还需进一步加强；基层党建工作创新还不够；部分基层党务干部主责意识、创新意识和创新能力还不够强；结合实际开展的特色活动和党建品牌项目还不够多等。

五是在学校基层党建与教学科研的融合上，还需进一步深化。调研中，不少老师反映，基层党建工作仍存在诸多问题，比如，教师党支部书记“双带头人”仍没有配齐，没有实现全覆盖；基层党建工作中旗帜鲜明讲政治、理直气壮谈信仰的底气不足，尤其是各级领导的思想政治素质需要进一步提高；支部在发动引导党员及师生员工交流思想、观点碰撞、研讨问题、化解矛盾、促进和谐等方面意识不强、能力不足；存在工作作风不实、执行力和推动力不强等问题，基层党组织的战斗堡垒作用还没有完全得到有效发挥；党建与业务融合不够，少数党员干部模范带头、服务师生员工作用发挥不突出，对服务对象需求了解不多、研究不深等。

六是在学校内部治理体系和治理能力现代化上，还需进一步加快步伐。学校有些部门职责不够清晰，工作运行不够流畅，有些工作存在路途远、程序繁、办事难等现象，耗费师生大量时间和精力。目前，学校虽已实施绩效工资和一次性绩效奖励，但奖惩激励等措施不健全，奖优罚劣、奖勤罚懒还缺乏必要的工作机制和制度保障，对于教学单位的目标管理考核体系还不够健全，指标还不够科学，管理还相对滞后。

四、践悟初心、勇担使命，坚持和完善党委领导下的校长负责制，办人民满意的高等教育

为中国人民谋幸福，为中华民族谋复兴，是中国共产党人的初心和使命，是激励一代代中国共产党人前赴后继、英勇奋斗的根本动力。对高等教育和高校来说，初心和使命是什么呢？党的十八大以来，习近平总书记对教育工作发表了一系列重要讲话，深刻论述了新时期我国教育改革和发

展的重大理论问题和实践问题，形成了重要的教育思想体系。这是我们学思践悟高等教育和高校初心使命的根本遵循。习近平总书记强调："优先发展教育事业。建设教育强国是中华民族伟大复兴的基础工程，必须把教育事业放在优先位置，加快教育现代化，办好人民满意的教育。"①他指出："我国高等教育发展方向要同我国发展的现实目标和未来方向紧密联系在一起，为人民服务，为中国共产党治国理政服务，为巩固和发展中国特色社会主义制度服务，为改革开放和社会主义现代化建设服务。"②"办好人民满意的教育""教育必须为人民服务"，是深入贯彻以人民为中心的发展思想的具体体现，只有办好人民满意的教育，才能为实现中华民族伟大复兴的中国梦提供源源不断的智慧支持。培养德智体美劳全面发展的社会主义建设者和接班人，加快推进教育现代化，建设教育强国，办好人民满意的教育，这就是教育事业的初心和使命。

主题教育开展以来，我一直在思考，作为校党委书记，我的初心是什么？我认为就是全面贯彻党的教育方针，坚持马克思主义指导地位，坚持社会主义办学方向，办好人民满意的高等教育。我的使命又是什么？我认为就是要以"四个服务"为指引，落实立德树人根本任务，培养德智体美劳全面发展的社会主义建设者和接班人，把党对教育事业的全面领导贯彻好、落实好。

围绕这一初心使命，就要坚持和完善党委领导下的校长负责制这一根本制度，深刻把握党的建设新要求，全面加强党对学校工作的领导，进一步夯实管党治党、办学治校主体责任，把党的教育方针全面贯彻到学校工作各方面，以高质量党建引领新时代高水平大学建设。我们可以从以下几个方面着力开展工作。

1. 强化举旗定向，坚持和加强党的全面领导

一是要把政治建设作为首要任务。教育是培养接班人的事业，具有极

① 习近平：《决胜全面建成小康社会 夺取新时代中国特色社会主义伟大胜利——在中国共产党第十九次全国代表大会上的报告》，北京：人民出版社2017年版，第45页。

②《习近平谈治国理政》第2卷，北京：外文出版社2017年版，第376—377页。

强的意识形态属性，要把党的政治建设摆在学校工作的首要位置。党的政治建设，核心是政治信仰和政治方向，关键是政治领导和政治根基，基础是政治生态和政治文化。我们要深入学习贯彻习近平新时代中国特色社会主义思想，坚决落实《中共中央关于加强党的政治建设的意见》和全国教育大会精神，进一步增强“四个意识”，坚定“四个自信”，坚决做到“两个维护”，坚定社会主义的办学方向。

二是要把理论武装作为重要法宝。政治上的坚定，党性上的坚定，都离不开理论上的坚定。伟大时代催生伟大思想，伟大思想领航伟大时代。我们要以主题教育为契机，把学习习近平新时代中国特色社会主义思想作为重中之重，深刻领会这一重要思想的理论渊源、实践基础和作风要求，在常学常新中加强理论修养，做到学、思、用贯通，知、信、行统一。学习理论最有效的方法是读原著、学原文、悟原理，要直面问题、直奔主题、直切要害，全面系统地学、原汁原味地学、联系实际地学、带着感情地学，依靠学习提升能力，推进学校党的建设和事业发展全面进步。

三是要把思想政治工作贯穿教育教学全过程。高校思想政治工作是一项战略工程、固本工程、铸魂工程，关乎培养什么人、怎样培养人、为谁培养人这一根本问题。抓好思想政治工作是落实党委对学校工作实行全面领导的关键，也是培养社会主义合格建设者和可靠接班人的根本保证。高校要认真贯彻落实党中央关于加强和改进高校思想政治工作的新要求新部署，紧紧围绕为党育人、为国育才的根本要求，突出思政课的主渠道、主阵地地位，切实提高思政课的教学实效性；要时刻紧绷坚守意识形态领域这根弦，加强对意识形态工作的科学、规范、有效管理；要抓好“三全育人”综合改革试点工作，积极培育和践行社会主义核心价值观。

2. 突出制度治党，整合并完善制度体系

一是要强化学校章程的统领地位。大学章程是现代大学制度的主要载体，是处理学校内外部关系的基本法律依据。我校现行章程于2015年发布实施，对推进学校制度建设、治理体系和治理能力提升发挥了重要作用。然而学校章程对学校治理体制、重要性实体工作的规范、党委领导的途径等规定不够明确，章程的指导性不够强，与下级制度的衔接不够顺畅等问题逐步显现。随着世情、社情、党情、国情和高等教育发展形势的变化，我们需要与时俱进，用新定位校准学校的发展坐标，用新判断来审视学校发展中遇到的一些矛盾问题，用新论述擘画学校未来的发展蓝图。因此，我们要以习近平新时代中国特色社会主义思想为指导，修订学校章程，正确认识和妥善处理党委工作与教学科研行政工作的关系，确保党委领导核心地位不动摇，充分发挥党委总揽全局、协调各方的领导核心作用。

二是要整合党政议事决策机制。近年来，我校一直在不断完善建章立制，包括校院党政议事决策和协调运行制度，规章制度比较全面，但也失于分散，缺少系统性，影响到制度执行的效率。我们要一体化修订议事决策制度，归总制定我校《关于坚持和完善党委领导下的校长负责制的实施细则》，进一步明确校党委的职责、校长的职责、学校党政议事决策制度，进一步健全党委统一领导，党政分工合作、协调运行的工作机制，细化决策事项清单，明确组织保障措施，提升制度的系统性、规范性、科学性。

三是要严格党政领导干部问责机制。近年来，学校党风廉政建设全面加强，但是通过巡视巡察、信访审计和平时的督查考核，也发现了少数党员领导干部存在着违规违纪和作风不实等方面的问题，校纪委按规定进行了处理。对照新时代党的建设新要求，我们要认真落实有关党章党规，出台我校《党政领导人员问责工作实施细则》，对党的领导弱化，党的建设缺失，全面从严治党不力，维护党的纪律不力，推进党风廉政建设和反腐败工作不坚决、不扎实，推进学校事业发展失职失责，担当精神缺失，消极懈怠，不作为，执行不力，致使政令不畅或影响学校全局工作的党政领导干部进行问责，保障党的理论和路线方针政策以及中央、教育部、省委、省委教育工委及校党委决策部署的贯彻落实。

3.聚焦主业主责，巩固并提高基层党建水平

一是要强化院级党组织的政治核心作用。院级党组织是党在学校教学、科研和管理服务一线的政治核心，院级党组织党建工作是学校坚持和加强党的领导、全面贯彻党的教育方针的重要环节。我们要出台相关管理办法，在学院探索实行院党委领导下的院长负责制，进一步修订、完善二级院（部）党委会、党政联席会议议事规则，健全院（部）集体领导、党政分工合作、协调运行的工作机制，提升班子谋划战略方向、完善体制机制、盘活资源、凝聚人心的整体功能和水平，使各级党组织始终成为领导改革发展事业的坚强领导核心。

二是要打牢党支部标准化规范化建设基础。《党支部工作条例》指出，党支部是党的基础组织，是党在社会基层组织中的战斗堡垒，是党的全部工作和战斗力的基础，担负直接教育党员、管理党员、监督党员和组织群众、宣传群众、凝聚群众、服务群众的职责。我们之前抓党支部建设取得了较好成效，关键是要巩固成果，不要“辛辛苦苦大半年，一朝回到解放前”，今年内有两个目标要实现，都是硬任务，一个是标准化达标率要达到100%，一个是“双带头人”要实现全覆盖。院级党组织要加强对党支部建设的具体指导和督查考核，尤其在主题教育中，要让支部真正动起来，完成好“规定动作”，创新“自选动作”，确保取得实实在在的成效。

三是要促进党建和事业发展深度融合。基层党组织是推动学校改革发展的基础和关键，加强基层党组织建设，要坚持围绕中心抓党建、抓好党建促发展，把基层党建工作和教学、科研和社会服务有机结合起来，把党支部建设与人才培养模式、学科发展规划、科研项目攻关等事业发展建设同步谋划，把党支部与系（室）组织同步设置，把党建工作与事业发展工作同步开展。通过开展党建特色品牌活动，通过创新党组织活动方式，加强党建与事业发展的深度融合和共同发展。

4. 着眼工作效能，完善并优化内部治理

一是要持续推动全面深化综合改革。针对调研中大家反映的内部治理存在的问题和矛盾，要持续推进全面深化综合改革。部门层面，要全面清理部门职责，进一步理清职责边界，解决部门内部存在的“越位”“缺位”以及职责交叉重叠等问题，促进各部门正确高效履行职责、强化服务职能。学院层面，要实施管理重心下移，把学科专业建设、人事管理、财务资金等下放到各院，由院级学术委员会或教授委员会等提供决策方案并进行监督,强化院级单位的权责,充分调动大家的积极性、主动性和创新性。

二是要持续推进目标管理与绩效考核。我们要把岗位设置管理与聘用办法、绩效工资分配办法、教学单位事业发展目标管理办法等三个办法一起修订完善,配套实施,完善考核评价、分配激励机制,注重工作实效,加大成果运用,真正达到激励先进、鞭策后进的作用。

三是要持续加强监督检查与责任追究。我校近几年针对党建和事业发展重点任务的落实情况,加强了监督检查,取得了一定成效。我们要严格执行督办工作办法和党务校务公开制度,加大督查督办力度,进一步落实好党的建设、事业发展、意识形态等工作的常态化监督检查,加强对决策事项落实情况的跟踪反馈,促进全校各二级单位进一步提升工作效能,切实提升执行力和执行效率。对在学校重要工作、重大活动中出现的不担当、不负责、不落实现象,敢于亮剑,严肃追责。

初心凝聚力量,使命催人奋进,奋斗成就辉煌。希望全体党员同志不忘初心、牢记使命,树牢“四个意识”,坚定“四个自信”,坚决做到“两个维护”,全面贯彻党的教育方针,落实立德树人根本任务,以彻底的自我革命精神找差距、抓落实,以求真务实作风把党中央决策部署落到实处,以永不懈怠的精神状态和一往无前的奋斗姿态,勇于担当作为,为新时代高水平大学建设贡献力量和智慧!

在“新中国70年：马克思主义中国化的理论与实践”全国高层论坛上的致辞*

五月的马鞍山，春粒渐满，夏果新熟。在全党、全国上下喜迎新中国70华诞之际，中央党校马克思主义学院邀请全国社科界的部分专家学者，相聚“生态福地，智造名城”马鞍山，聚焦习近平总书记关于马克思主义中国化的重要论述，紧紧围绕新中国成立70周年来我国在经济、政治、文化、社会、生态文明、党的建设方面的经验启示等开展深入研讨，符合中央精神，切合时代要求，意义重大。

本次论坛由我校承办，体现了中央党校对我校的充分信任和大力支持，我们感到非常荣幸。在此，我代表安徽工业大学党委、行政人员，以及全校3万名师生员工，向论坛的举办表示热烈祝贺！向各位领导专家莅临我校，表示热烈欢迎！向大家长期以来给予我校的关心、支持和帮助，表示衷心感谢！

借此机会，我向各位领导专家汇报两方面的内容：一是简要介绍一下安徽工业大学的基本情况；二是就本次论坛主题谈谈自己的看法。

一、安徽工业大学的基本情况

安徽工业大学创建于1958年，经过60多年的建设和发展，学校已成为一所以工科为主，工、理、经、管、文、法、艺七大学科门类协调发展，具有鲜明特色的多科性大学，是国家科技部与安徽省政府联动支持高校、安徽省地方特色高水平大学建设高校。我校在发展中始终坚持以下三个原则。

一是坚持质量立校，把立德树人根本任务落到实处。学校面向全国19个省、市、自治区进行一本批次招生，具有海外招收留学生、免试推荐研究

* 2019年5月25日，在安徽工业大学与中央党校（国家行政学院）马克思主义学院在马鞍山联合举办的“新中国70年：马克思主义中国化的理论与实践”全国高层论坛上的讲话。

生资格以及学士、硕士、博士三级学位授予权。我校设有17个教学院部，65个本科专业，17个一级学科硕士点，21个专业学位授权点，2个一级学科博士点，1个博士后科研流动站。学校现有教职工2025人，其中高级职称和博士占到了近一半的比例，全日制本科生两万多人，研究生近三千人，留学生近四百人。近年来，学生共获授权专利1139项，其中30多项专利技术成果转让给相关企业。在各类学科竞赛中，学生获得多项国际、国家级奖项。学校连续多届担任“挑战杯”发起高校，决赛总分位列安徽高校第一。毕业生就业率连续多年保持在95%以上。学校成为全国首批深化创新创业教育改革示范高校，创新创业典型经验50强高校。我校在“2019中国大陆最具创新力大学百强榜”中排名99位，居安徽高校第二位。

二是坚持特色兴校，彰显以工为主、服务行业、融入地方、创新发展的办学特色。学校形成了工学集成度高、学科链与产业链关联度高、学科布局与地方主导产业吻合度高的办学优势。我校与省内外多个地方政府建立了稳固的政产学研合作联盟，共建了6个工业技术研究院；与百余家企事业单位签订了战略合作协议，建立了42个联合研究中心。目前，我校材料科学、工程学、化学3个学科持续保持全球ESI排名前1%，在2018年中国大学ESI高被引论文排行榜600强中，我校跻身第85位，排名安徽高校第一。不久前，在教育部公布的首批47所高等学校科技成果转化和技术转移基地中，我校成为安徽省首批唯一入围高校。学校大力加强智库建设，在安徽省16个高校智库项目中，获批两个。

三是坚持党建领校，党建和思政工作成效显著。我校先后多次荣获全国大学生志愿服务西部计划绩效考核优秀项目办、全国大学生心理健康教育工作先进集体、全国暑期“三下乡”社会实践优秀单位、“全国国防教育特色学校”等荣誉称号。我校马克思主义学院入选全省重点学院。我校1个支部书记工作案例入选教育部《基层党组织书记案例选编》，1个党支部获批教育部首批全国党建工作样板支部培育创建单位，2名党员获得全国五一劳动奖章，1名辅导员被评为全国辅导员年度人物，1名辅导员获全国高校辅导员素质能力大赛一等奖，创安徽省历史最好成绩。前不久，全国高校辅导员素质能力大赛一等奖获得者应邀出席全国学校思政理论课教师座谈会,受到习近平总书记的亲切接见。

二、就本次论坛主题简谈自己的看法

本次论坛主题为“新中国70年:马克思主义中国化的理论与实践”,我认为主题鲜明,主旨深刻,立意深远。

2018年习近平总书记在纪念马克思诞辰200周年大会上,深刻阐释了马克思主义的科学体系、丰富内涵及其对人类社会发展的巨大作用,总结了中国共产党带领人民创造性推进马克思主义中国化的壮阔历程和丰硕成果,提出了新时代继续推进马克思主义中国化的全新要求。2019年,《求是》杂志第7期发表了习近平总书记的重要文章——《关于坚持和发展中国特色社会主义的几个问题》。文章从基本原则、实践探索、不断发展、坚定信仰和忠实践行等方面,为我们进行马克思主义中国化的理论研究和实践探索指明了前进方向,更为我们举办这次论坛提供了重要的遵循。

70年砥砺奋进,我们的国家发生了天翻地覆的变化。无论是在中华民族历史上,还是在世界历史上,这都是一部感天动地的奋斗史诗,是一个经济发展、民生改善、科技进步、制度创新的伟大奇迹。站在新的历史起点上,马克思主义中国化研究要以习近平新时代中国特色社会主义思想为指引,坚定中国特色社会主义道路、理论、制度和文化自信,守正创新,深刻阐发新中国历史性变革中所蕴藏的内在逻辑,讲清楚历史性成就背后的中国特色社会主义道路、理论、制度、文化优势,更好地用中国理论解读中国实践、解读当今世界,彰显中国共产党人在新时代对马克思主义中国化的新发展、新成果。

我们认识和理解马克思主义中国化应该从以下五个方面着手。

一要从时代性把握马克思主义中国化的产生背景与现实意义。1938年,毛泽东同志在党的六届六中全会上作的政治报告——《论新阶段》中最先提出了“马克思主义中国化”这个命题。此后,中国共产党实现了马克思主义中国化的两次历史性飞跃,有效解决了我国在社会主义革命、建设、改革等方面的一系列历史性难题。今天，互联网、大数据、云计算、量子通信、人工智能迅猛发展，治理赤字、信任赤字、和平赤字、发展赤字仍是人类面临的严峻挑战，马克思主义中国化成为我们关注和回答重大时代课题、实践课题的有力思想武器。

二要从科学性把握马克思主义中国化的思想价值与真理信仰。马克思主义理论创造性地揭示了人类社会发展规律。中国共产党人不断推进马克思主义中国化，形成了习近平新时代中国特色社会主义思想这一最新理论成果，续写了马克思主义中国化的新篇章，开辟了马克思主义中国化的新境界。

三要从人民性把握马克思主义中国化的根本宗旨与力量源泉。马克思主义是人民的理论，第一次创立了人民实现自身解放的思想体系。习近平新时代中国特色社会主义思想最突出的特点就是以人民为中心。

四要从实践性把握马克思主义中国化活的灵魂与道路选择。马克思主义是实践的理论，它为中国革命、建设、改革、发展提供了强大思想武器。在中国化的马克思主义的指导下，中国创造了人类历史上前所未有的发展奇迹，中国共产党人坚持实事求是的思想路线，中国特色社会主义道路越走越宽阔。

五要从开放性把握马克思主义中国化的创新发展和不懈探索。马克思主义是不断发展的开放的理论，以习近平总书记为主要代表的中国共产党人在经济全球化的时代背景下，以宽广的情怀、改革开放的态度，坚持和发展马克思主义，在内政外交国防、治党治国治军、经济建设和生态文明建设等各方面进行了卓有成效的探索，取得了举世瞩目的历史性成就，丰富发展了马克思主义。

毛泽东同志曾说："不如马克思，不是马克思主义者；等于马克思，也不是马克思主义者；只有超过马克思，才是马克思主义者。"[①]我们要做马克思的好学生，就要站在巨人的肩上奋勇前进，不断开辟21世纪马克思主义发展新境界，让当代中国马克思主义放射出更加灿烂的真理光芒。我们热切

① 马社香：《韶山档案》，北京：中央文献出版社2001年版，第131页。

期待各位马克思主义理论研究领域的领导专家,畅所欲言、互相启迪,使我们这次论坛能够迸发智慧的火花,结出丰硕的成果。真诚期盼各位领导专家,对我校建设发展特别是马克思主义理论学科和马克思主义学院建设给予悉心指导和热情帮助。

本次论坛时间紧、内容多、任务重、节奏快。作为东道主,我们将竭力做好各项会务工作,为大家提供热情周到的服务,努力让大家省心、安心、放心、舒心。

以新思想引领高等教育内涵式发展*

党的十九大在政治上、理论上、实践上取得了一系列重大成果，是中国共产党在新时代开启新征程、续写新篇章的政治宣言和行动纲领。

2017年10月26日，党的十九大胜利闭幕后的第二天，安徽省委就召开了常委扩大会议，传达学习党的十八届七中全会和十九大、十九届一中全会精神，研究部署我省学习宣传贯彻工作。

2017年10月27日，十九届中共中央政治局就深入学习贯彻党的十九大精神进行第一次集体学习。习近平总书记在主持学习时强调，贯彻落实党的十九大精神，全党要来一个大学习，并要求全体党员在学懂、弄通、做实上下功夫。

2017年10月29日至30日，安徽省委召开中心组理论学习会议，交流学习贯彻党的十九大精神的心得体会，研究我省贯彻落实的思路和举措。安徽省委书记李锦斌主持会议并讲话。他强调，要全面加强和维护党中央集中统一领导，坚决维护、爱戴、追随习近平总书记这个党的领袖，切实抓好大学习、大宣传、大培训、大调研、大落实，真正学懂、弄通、做实党的十九大精神，着力推动习近平新时代中国特色社会主义思想在安徽落地生根、开花结果。

2017年10月31日，习近平总书记带领中央政治局常委到上海和浙江嘉兴，瞻仰中共一大会址和嘉兴南湖红船，习近平总书记发表了重要讲话。他强调，只有不忘初心、牢记使命、永远奋斗，才能让中国共产党永远年轻；只要全党全国各族人民团结一心、苦干实干，中华民族伟大复兴的巨轮就一定能够乘风破浪、胜利驶向光辉的彼岸。

---

* 2017年11月6日，在安徽省委教育工委学习宣传贯彻党的十九大精神座谈会上的发言。

2019年11月以来，先是安徽省委常委们分赴各地宣讲，接着是安徽省委讲师团在各地进行宣讲。

党的十九大闭幕后短短几天，全国就兴起学习党的十九大精神的热潮，这说明学习宣传和贯彻党的十九大精神是全党全国当前和今后一个时期首要的政治任务。这也说明，中央和安徽省委正在带头学，我们要向中央和安徽省委学习。这次座谈会也是安徽省委教育工委带头学习的一个示范。

作为高教工作者，我们要落实这个首要政治任务，就是要以习近平新时代中国特色社会主义思想引领高等教育内涵式发展。

一、对五年来历史性成就和历史性变革的体会

党的十九大报告指出："五年来的成就是全方位的、开创性的，五年来的变革是深层次的、根本性的。"[①]对于这点，安徽工业大学五年来发展所取得的成绩也能够充分证明。五年来，我校制定实施了学校章程，成立了校院两级学术委员会及相关专门委员会，以章程为核心的学校制度体系建设取得了突破性进展；在8大领域，明确了27项改革任务，出台了72项改革措施，全面深化校内综合改革。学校获批科技部与安徽省联动支持高校、"全国首批深化创新创业教育改革示范高校"、全国创新创业典型经验50强高校。2012—2015年连续三年综合创新排名和授权发明专利均居省属高校第一；实现了博士学位授予权的突破，3个学科进入全球ESI排名前1%，1名教师入选"2016全球高被引科学家"和"2016年中国高被引学者"名单，1名教师被评为"全国高校辅导员年度人物"。不久前，我校申报的"特殊服役环境的智能装备制造"示范型国际科技合作基地通过科技部专家评审，有望获批国家级科研平台。2016年，我校冶金工程专业通过了教育部工程专业认证。今年，我校通过了教育部本科教学工作审核评估，又有6个专业接受了教育部、住建部开展的专业认证，人才培养质量稳步提升，等等。这

① 习近平：《决胜全面建成小康社会 夺取新时代中国特色社会主义伟大胜利——在中国共产党第十九次全国代表大会上的报告》，北京：人民出版社2017年版，第8页。

些成就，为我们在新时代继续在习近平新时代中国特色社会主义思想指引下，取得更大的成就打下了坚实的基础。

二、对新时代、新思想的体会

“中国特色社会主义进入新时代”这一重大政治论断，是党的十九大报告的一大亮点。“新时代”具有丰富内涵，报告用了“三个意味着”和“五个是”作了精辟概括。“新”在哪呢？一是从时间上，“新”在从党的十八大算起。二是从内容上，“新”在提出坚持和发展什么样的中国特色社会主义和怎么样坚持和发展中国特色社会主义这一重大时代课题。三是“新”在从社会主要矛盾新变化上体现新特点，指出我国社会主要矛盾转变为人民日益增长的美好生活需要和不平衡不充分的发展之间的矛盾。四是“新”在马克思主义中国化最新理论成果上，形成了习近平新时代中国特色社会主义思想，实现了马克思主义中国化第三次飞跃。五是“新”在阶段性目标上，党的十九大提出分“两步走”建设社会主义现代化强国：2020年到2035年，基本实现社会主义现代化；2035年到本世纪中叶，把我国建成富强民主文明和谐美丽的社会主义现代化强国。这比以前设定的基本实现现代化提前了15年，从一个侧面证明党的十八大以来取得的巨大成就。六是“新”在决定性作用的力量上，突出强调党的领导作用，提出党的建设新要求——推进党的建设新的伟大工程。这些实际上就是回答新时代的中国要举什么样的旗、走什么样的路，完成什么样的历史任务、进行什么样的战略安排，坚持什么样的发展思想、达到什么样的发展目的，以什么样的精神状态、实现什么样的宏伟目标，处于什么样的国际地位、要对人类社会作出什么样的贡献等问题。新时代呼唤新思想，习近平新时代中国特色社会主义思想是应运新时代要求、应运坚持和发展中国特色社会主义新实践而产生的。党的十八大以来，习近平新时代中国特色社会主义思想适应新时代，指导我党成功、从容应对新时代国内外形势变化和我国各项事业发展的各种挑战，并被实践证明是正确的，所以，其在党的十九大上被全党确立为正确的指导思想，并得到全党的高度一致拥护。这一指导思想，同样是指导高校培养什么人、为谁培养人、怎样培养人等重大问题的强大思想武器。比如，工科是安徽工业大学的优势学科，以工为主是我校的最大特色，但新经济的发展对传统工程专业人才培养提出了挑战。相对于传统的工科人才，未来新兴产业和新经济需要的是工程实践能力强、创新能力强、具备国际竞争力的高素质复合型“新工科”人才。因此，我们目前正在全校大力倡导所有工科专业积极申请工程专业认证。就在上周，我们刚刚送走一组工程认证专家，今后还会有更多的认证专家走进安徽工业大学，工程专业认证已成为我校的新常态。11月11日校内就业招聘来了几百家企业，许多都是国内一流企业，这反映出我校毕业生得到社会认可。我们的培养目标是，安徽工业大学的毕业生不仅能运用所掌握的知识去解决现有的问题，也有能力学习新知识、新技术去解决未来发展出现的问题，他们不仅在技术上优秀，同时懂得经济、社会和管理，兼具良好的人文素养和道德素质。

三、对学习宣传贯彻党的十九大精神的思考

在党的十九大召开前后，我还有一个深刻感受，就是党的十九大在师生中的关注度是空前的，这说明广大师生对党的十九大充满期盼，为我们迅速兴起学习宣传和贯彻党的十九大精神热潮奠定了良好的民意基础。党的十九大召开前，我校就印发了《关于做好学习宣传贯彻党的十九大精神的通知》《关于成立安徽工业大学党委讲师团的通知》。我校通过校院两级中心组学习、教职工和大学生政治学习等形式，深入学习党的十八大以来以习近平同志为核心的党中央治国理政的新理念、新思想、新战略。同时，我校积极营造浓郁氛围，在校园网首页连续开设六期“喜迎十九大·数说新变化”专栏，举办全校教职工“喜迎十九大”书画展和文艺演出，展示党的十八大以来我校各项工作取得的新成就，凝聚全校上下奋发有为、砥砺前行的强大动力。党的十九大召开期间，我校组织师生集中观看了党的十九大开幕会盛况，并及时组织广大师生座谈感想体会。党的十九大闭幕当晚，我校就举办了“不忘初心，牢记使命，同心共筑中国梦”庆祝党的十九大胜利召开文艺晚会。之后，我校组织召开了党委理论中心组学习会，传达

学习习近平总书记2017年10月27日在十九届中共中央政治局第一次集体学习时的重要讲话精神，以及李锦斌书记10月26日在安徽省委常委扩大会上的讲话精神，并进行了专题研讨。2017年11月1号，我校党委正式下文，成立了“安徽工业大学习近平新时代中国特色社会主义思想研究中心”，2017年11月10号，我校大学生研究中心成立了。

我校将以本次座谈会为契机，按照习近平总书记“学懂、弄通、做实”总要求和李锦斌书记八个“深入学习领会”的要求，积极组织校院两级党委中心组专题学习，创新学习形式，务求学习效果。同时，我校将做好校领导、中层干部、师生员工的分层学习安排，举办师生党的十九大精神专题学习会和专题报告会，深入开展学习党的十九大精神专题培训和专题宣讲，推进党的十九大精神“三进”工作。我校还将举办党的十九大精神知识竞赛、演讲比赛、读书会、专家报告等系列主题活动，进一步构建立体化的深度宣传大格局，形成强大的宣传声势，并按照上级部署，开展好“不忘初心、牢记使命”主题教育，进一步兴起学习宣传贯彻热潮。通过扎实有效的举措，丰富多彩的形式，切实做到以习近平新时代中国特色社会主义思想武装头脑、指导实践、推动工作。

今后，我校将按照新时代党的建设新要求，切实把党的政治建设摆在首位，用习近平新时代中国特色社会主义思想武装全体党员，建设高素质专业化干部队伍，加强基层组织标准化建设，持之以恒正风肃纪，坚决杜绝腐败行为侵蚀校园净土，努力实现学校政治生活严肃健康、政治文化正气充盈、政治生态山清水秀。

如何做一名成功的辅导员*

要搞清这个问题，我们首先看看何为成功？对于什么是成功，没有一个统一的标准，人们的追求不同、价值观不同，对成功的理解自然不同。

美国成功学家卡尔博士认为，成功意味着许多美好积极的事物，其中包括个人的兴旺发达，获得优越的条件；在职场和社交圈中赢得别人的尊崇和赞美；获得更多的自由，免于种种烦恼、恐惧、挫折和失败；实现自重自尊，不仅自己得到生命中最大的快乐与满足，而且为周围那些赖你为生的人做了很多的好事，如此等等。仔细琢磨可以看出，卡尔博士所说的成功有着多重含义和多元标准，其中包括功利目的和价值目标，自我感觉和他人评价，内在成功和外在成功，个人成功和大家成功，等等。在我看来，衡量一个人人生是否成功，不在于功名利禄的获得，而在于价值目标的实现。在获得成功的过程中，给自己定下什么样的价值目标非常重要。

首先，你如何看待自己？你对你自己是否感到自信和满意？你是否认为自己干成了有价值、有意义的事情？你是否在虚度年华？在制定自己的价值目标时，我们可以向马克思学习。17岁的马克思在他的中学考试作文《青年在选择职业时的考虑》中这样写道："如果我们选择了最能为人类而工作的职业，那么，重担就不能把我们压倒，因为这是为大家作出的牺牲……我们的幸福将属于千百万人。"①

其次，别人如何评价你？自我感觉再好，自我评价再高，如果得不到他人的认可，就可能是你对自己的认知不够准确。商品的价值是通过交换实现的，人的价值是通过与人交往而实现的。不管是商品还是人，对社会有用才有价值。只有当个人价值的光芒能够照亮周边人或社会，这才是真正

* 2018年11月8日为安徽工业大学辅导员开设讲座的讲话稿。

①《马克思恩格斯全集》第1卷，北京：人民出版社1995年版，第459页。

的成功。

人都会死，但有的人死而不朽，其精神和功业永存。“太上有立德，其次有立功，其次有立言。”[①]后人把立德、立功、立言称之为“三不朽”，作为衡量士大夫成功的根本标准。唐朝学者孔颖达对“三不朽”作了很好的阐释：立德，谓创制垂法，博施济众；立功，谓拯厄除难，功济于世；立言，谓言得其要，理足可传。千百年来，许多人都把“三不朽”作为人生追求的目标，王阳明、曾国藩被人誉为“三不朽”的典范，有道是“立德立功立言三不朽，为师为将为相一完人”。

我认为，衡量一名辅导员是否成功，最过硬的标准就两条：一是看他干成了多少事；二是看他培养了多少人才。对于辅导员，中共中央国务院文件、中华人民共和国教育部令（第43号）都有明确要求与定位：辅导员是开展大学生思想政治教育的骨干力量，是高校学生日常思想政治教育和管理工作的组织者、实施者和指导者，是大学生成长成才的人生导师和健康生活的知心朋友。从文件中的内容能看出，党和政府对高校的辅导员要求很高、期待很高。

要做一名成功的辅导员至少要有以下几点。一要有认可度。成功的辅导员能够得到学生处、团委、所在学院领导、所带班级任课老师等与其工作相关的人员的普遍认可；能够得到所带学生的广泛认同、较高的评价，与学生感情深厚。二要有显示度。比如，在全省、全国辅导员职业技能大赛上有好成绩；被评为全国全省辅导员年度人物；在全国全省各项竞赛活动中有好成绩，或者是作为指导老师，自己的学生在全国全省相关竞赛中有好名次；自己的论文发表在较高层次的学术期刊上；自己所带的班级被评为校级、省级乃至国家级的先进班集体；自己带的班级班风学风好，考研率、就业率高；等等。三是没有损失度。成功的辅导员所带的班级学生没有违纪违法的；有心理问题的学生能得到积极治疗，没有造成不良后果。如果一名辅导员所带的学生存在自杀、无故离校、陷入传销组织、考试作弊等各种问题，也不一定责任全在辅导员，但成功的辅导员至少可以防止、减少或

① 出自《左传·襄公二十四年》。

避免不良情况的发生。

要成为一名成功的辅导员,应该怎么做呢?

第一,要认识了解乃至熟悉思想政治教育工作的特点。思想政治教育这项事业,不同于其他行业的最大特点是,它的意识形态性、政治性和实践性很强。从指导思想上讲,我们必须坚持执政党和政府的主流意识形态,在思想上、政治上、言行上,与党中央保持一致;从职业道德上讲是,我们要热爱这项工作;从工作方法上讲,要因人、因事、因地而宜,工作中要坚持"一把钥匙开一把锁",突出教育工作的渗透性。

我们对思想政治教育中的"教育"这两字的理解一定要准确、全面:教育是引导,不是去左右;教育是影响,不是去支配;教育是感染,不是去教训;教育是解决,而不是去控制。思想教育不是靠权力推进的,更多的是靠说服力、影响力,靠人性化管理、人情味服务,靠人文关怀、道德情感,情通才能理顺,入情才能入理。只有感情上的凝聚力、人格上的亲和力,才能使道理入耳、入脑、入心。没有感情,就没有对真理的追求。思想政治教育是做人的工作的,人是有理性,也是有感情的。感情支配思考方向,理性决定思考结果,只有以情感人,才能以理服人。现代社会的一个理念就是服务第一,一个人,一个学校,为他人服务得越多、越好、越及时、越有效,就越有价值、越成功。思想政治教育必须同解决实际问题相结合,既释疑解惑,又排忧解难,在帮助学生解决实际问题中让学生感受到辅导员的实际价值和对学生的真诚关心,从而建立起亲密互信的关系。

第二,要正确看待思想政治教育效果问题。首先,我们要知道,思想政治教育功效具有不可量化性与短时间内的不可显现性的特点。思想政治教育要提高效益,不是要求人们将思想政治教育置于市场交换之中,事实上,思想政治教育不可能产生直接的经济效益,它的效益大多通过间接方式产生,是一种长期的潜在的社会效益,如它可以产生感情效益,帮助学生解决一些生活、学习、交友、就业指导、心理等具体问题。这种潜在的社会效益是不能用量化指标来测算的,但它却具有强大的力量,关系到人的成长,关系到国家的兴衰。其次,从评价角度讲,评价辅导员工作的成效,评价主体一个是社会评价，一个是政府评价。而思想政治教育工作属于政府意识形态范畴的工作，政府评价理所应当是主流评价。那么，主流评价如何？这可从我们党和国家领导人的有关讲话和政府所出台的一系列文件中找到答案，答案当然是肯定的，如果不是肯定的，这支队伍和这项事业早就不存在了。思想政治教育是优良传统，作用很大，不可缺少，但还需加强和创新。最后，从实际情况看，思想政治教育工作，一天两天不抓可能感觉不到什么，但如果一年两年不抓，你马上就能看到不好的效果。认识到这一点，可以增强我们工作的自信心和自豪感，提高我们的光荣感、使命感和责任感，带给我们幸福感。

第三，要具备辅导员应该具有的职业能力，而且随着工作经验的积累，这些能力应该不断增强。

一是做思想政治教育工作的能力。成功的辅导员能熟悉学生家庭情况、个人特长等基本信息，掌握学生思想特点、动态及思想政治状况；能通过日常观察、谈心谈话、问卷调查等方式，收集学生基本信息，了解学生思想动态；能针对学生关心的热点、焦点问题，及时对学生进行教育和引导；能有针对性地帮助大学生处理好学习成才、择业交友、健康生活等方面的具体问题；能掌握主题教育、个别谈心、党团活动、社会实践活动等思想政治教育的基本方法；能针对学生关注的思想理论热点问题作基本解释；能结合大学生实际，广泛深入开展谈心活动，引导学生养成良好的心理品质和自尊、自爱、自律、自强的优良品格。

二是党团建设的能力。成功的辅导员能做好学生骨干的遴选、培养、激励工作；熟悉党员发展的环节和程序；能做好学生入党积极分子培养教育工作；能做好学生党员发展和教育管理服务工作；能指导学生党支部和班团组织建设；能考察学生思想政治素质、道德品质、工作能力、发展潜力等基本素质，激励学生积极主动参与班团事务；能组织学生学习党的理论知识，教育引导学生坚定理想信念，端正入党动机，增强党性修养；能从思想政治、能力素质、道德品行、现实表现等方面综合考察学生的先进性和纯洁性；能利用各种教育载体激发学生的学习积极性和主动性；能选好配强党支部和班团组织负责人；能积极推动组织生活等工作创新；能发挥学生党员的先锋模范作用和党支部的战斗堡垒作用。

三是学业指导的能力。成功的辅导员能了解学生所学专业的基本情况，组织开展专业教育；能及时发现并纠正学生学习中的不良倾向，指导学生养成良好学习习惯，规范学生学习行为；能培养学生学习兴趣，增强学生的专业认同和学习热情；能组织开展学风建设，营造浓厚学习氛围；能初步掌握学生所学专业的培养计划、专业前景等。

四是日常事务服务管理能力。成功的辅导员能做好新生入学教育工作；能通过宣讲和谈心等形式做好学生军训动员工作，指导学生积极参与军训；能指导学生办理助学贷款，组织学生开展勤工俭学活动，为学生办理学费减免和临时困难补助；能组织学生开展素质综合测评，公开公平地做好奖励评优和奖学金评审工作；能根据学校相关政策规定及社会、生活常识为学生解答一些日常问题；能指导学生依法维护自身权益；能通过组织宿舍长会议、组织宿舍文化符号比赛等活动活跃宿舍文化，促进学生和谐相处，互帮互助；能做好毕业生离校教育、管理和服务工作；能通过主题演讲、主题征文、座谈会、毕业纪念册、毕业衫等形式做好毕业生的爱校荣校教育；能为毕业生办理好毕业派遣、户档转出、党组织关系转接等工作。

五是心理健康教育与咨询能力。成功的辅导员能协助学校心理健康教育机构开展心理筛查；能对学生进行初步心理问题排查和疏导；能组织开展心理健康教育宣传活动；能了解大学生的心理特点，熟悉大学生常见的发展性心理问题，掌握倾听、共情、尊重等沟通技能；能够与大学生建立积极有效的师生关系，帮助学生调适一般的心理困扰；能组织开展形式多样的心理健康教育宣传活动，如举办讲座、设计宣传展板等；能组织学生参加陶冶情操、磨炼意志的课外文体活动，提高学生心理健康水平。

六是通过网络开展思想政治教育的能力。成功的辅导员能构建网络思想政治教育重要阵地，有效传播先进文化，弘扬主旋律；能拓展工作途径，加强与学生的网上互动交流，运用网络平台为学生提供学习、生活、就业心理咨询等服务；能及时研判网络舆情，密切关注学生的网络动态，敏锐把握一些苗头性、倾向性、群体性问题；能及时掌握学生对信息技术的应用趋势；能熟悉网络语言特点和规律；能熟练使用博客、微博及微信等新媒体技术。

七是危机事件应对能力。成功的辅导员能掌握基本安全教育方法；能组织开展学生安全教育活动；能培训指导各级学生骨干具备初步应急常识；能建立基层应急队伍。在发生危机事件后，成功的辅导员能第一时间赶赴现场；能通过学生骨干、密切接触人员等渠道快速了解事件相关信息；能尽快确认相关人员基本情况；能对事件性质作出初步判断；能将相关情况及时向上级领导汇报；能对危机事件作初步处理，执行危机事件处理预案，努力稳定并控制局面。

八是就业规划与就业指导能力。成功的辅导员能为学生提供高效优质的就业指导和信息服务；能帮助学生树立正确的就业观念，引导毕业生到基层、到西部、到祖国最需要的地方建功立业；能及时全面发布就业信息；能开展通用求职技巧指导、就业政策及流程解读等基本就业指导服务工作；具备基本的职业生涯规划能力，能开展就业观、择业观教育。

九是理论与实践研究能力。成功的辅导员能攻读并获得思想政治教育、教育学、管理学等相关专业学位；能参加校内相关学科领域学术交流活动；能参与校内外思想政治教育课题或项目研究；能掌握思想政治教育的基本理论观点；能融入学术团队，运用理论分析、调查研究等方法，归纳分析相关问题。

十是形成独具特色的工作方法能力。成功的辅导员能够根据校园、国家、世界、社会上发生的一些同学们关注度高的事情谈自己的看法，对学生进行教育引导。如复旦大学的辅导员鲍涵，每一周根据所带班级学生的表现或各种事例写一篇自己的感想给学生，成为全国高校辅导员的先进典型。当然，要做到这点，首先要了解学生每周的情况，才能有针对性地写好这篇感想。

第四，要做好以下五个方面的工作。

一是在政治和工作方面。总的讲有以下“四个多做”：高举旗帜，保持一致，在统一思想上多做工作；围绕中心，服务大局，在促进学生的全面发展上多做工作；解疑释惑，化解矛盾，在维护和谐稳定上多做工作；守好阵地，把好导向，在自身建设上多做工作。做好这方面的工作有几个方面需要注意。

首先，坚持遵循原则中的灵活性。思想政治教育工作具有很强的原则性，必须坚持。这也是其政治性所要求的，如果没有这点，思想政治教育也就没有了灵魂。思想政治教育工作必须讲政治，必须从政治上考虑问题，但要把握好“度”，还要根据对象的变化，保持教育形式的丰富多彩，提高教育形式的鲜活性，把原则性和灵活性结合好。其次，注意常规办事中的创造性。思想政治教育工作有许多传统和优势，形成了一系列行之有效的常规，可行的应遵守。但同时，又要根据情况的变化，不断进行创新，要与时俱进。不学习、不创新，光用老一套肯定不行，但一天一个花样也不是最佳办法，最好是把二者结合起来。再次，增强非常情况下的应变性，做到未雨绸缪。预案的作用很大，辅导员要经常思考：自己所带的班级如果有学生打架怎么办？如果有学生离校出走怎么办？如果有学生有自杀倾向怎么办？非常情况下的应变性是一个人内在素质的外在表现和综合反映。最后，倡导寓教于乐。如果我们教育的东西，学生反感，不愿意去看、去听、去学，也就不可能接受它。思想政治教育工作可以寻找合适的载体，增强趣味性，吸引学生的注意力，使学生潜移默化接受教育。

二是在学习和理论修养方面。成功的辅导员知识面应是宽广的，与其他工作相比较，思想政治教育工作是个综合性的、跨学科的、交叉性强的工作。从事这项工作，既有自身学科知识要学，还要了解一些如思政教育学、哲学、政治学、社会学、管理学、公共关系学、青年学、心理学、伦理学、教育学、法学、逻辑学、演讲学等其他学科的知识，还要关心时事政治，关心周边的热点难点问题，形成自己的看法。辅导员要加强自己的写作能力，善于写一些工作体会、论文、工作总结等。

三是在人格和精神状态方面。辅导员要追求和展现自己的人格魅力。学高为师、身正为范，人格魅力对于辅导员来说非常重要。要让别人接受你的观点，首先要让别人接受你这个人。从事辅导员工作的同志，应该是品学兼优的优秀人才。因为是要做别人思想工作的，是教育人的人，所以辅导员应该是心理最健康的，状态应该是最有朝气的，眼界和胸怀应是宽广的。要成为成功的辅导员必须不断地学习，以增加知识；积极实践，以增强能力；提高修养，以锤炼品质；努力奋斗，以创造佳绩。

习近平总书记先后对教师提出了“三个牢固树立”（牢固树立中国特色社会主义理想信念、牢固树立终身学习理念、牢固树立改革创新意识），“四有好老师”（有理想信念、有道德情操、有扎实学识、有仁爱之心），“四个引路人”（做学生锤炼品格的引路人、做学生学习知识的引路人、做学生创新思维的引路人、做学生奉献祖国的引路人），“四个相统一”（坚持教书和育人相统一、坚持言传和身教相统一、坚持潜心问道与关注祖国相统一、坚持学术自由与学术规范相统一）的希望和要求，成功的辅导员应该也要做到这些。做得好，就会为自己以后的事业发展奠定好的基础；做得不好，将来的发展也会受到影响。

四是以“五大发展理念”指导辅导员工作。创新、协调、绿色、开放、共享五大发展理念同样适合于指导我们的工作。“创新”告诉我们，处在大众创业、万众创新的时代，必须要有创新意识和创新能力。既要有学习方法、工作方法的创新，还要经常参加一些创新竞赛活动。关键是要有创新的意识、培养自己的创新能力，同时要经常启发、培养学生的创新意识和能力。“协调”告诉我们，辅导员要有协调的意识。如学工科出身的辅导员，要有意识地多学习些文科知识，提高自身综合能力，全面发展。辅导员既要协调好与所带学生之间的关系，又要协调好与其他辅导员、其他各个部门的老师之间的关系，更要协调好工作与生活之间的关系。“绿色”告诉我们，工作必须是可持续的，发展上不能只讲学习，还要讲身体锻炼、心理健康。“开放”告诉我们，辅导员要有开放的胸怀，乐于、善于与人交往，善于学习别人的经验做法，以提高自我水平和能力。“共享”告诉我们，发展成长不是自私的，而是与同事们共享发展经验，共同成长、共同进步，因为只有共享才能共赢。

五是处理好八大关系。原则性与灵活性的关系。坚持原则还是灵活变通，表面上看是一对矛盾，实际上是辩证统一的。做人做事必须立原则、守原则、讲原则。原则就是规矩、底线、边界。原则一旦确定就必须严格遵守。然而大原则不能变，小原则得有空间和余地，在大的原则框架下的灵活与在灵活把握下的原则，是不可或缺的有机整体。

读万卷书与行万里路的关系。把读书作为一种生存方式和生活习惯，这应该是有百益而无一害的。但却不可以"死读书"，更不可以"读死书"，辅导员应尽可能涉猎一些新知识。"行万里路"告诉我们，辅导员应该多接触社会实践，交八方友，读"无字书"。

喊破嗓子与干出样子的关系。作为一名辅导员，喊破嗓子不如干出样子。但准确地讲，应该是既要喊破嗓子，又要干出样子；既要敢于发声，又要敢于亮剑。共产党之所以能够取得胜利，不仅是因为共产党员能够率先垂范，起模范带头作用，有响亮的口号，还因为广大领导干部以身作则，积极投身群众的实践活动。

爱吾师与爱真理的关系。亚里士多德有句名言：吾爱吾师，吾更爱真理。在追求和探索真理的路上，很多人都面临一种纠结：到底是听老师的、书本的，还是更多地尊重事实、尊重客观规律？老师和书上的话，固然要听、要看、要信，但切不可迷信，更不可唯师唯书，关键要唯实。辅导员在工作中要做到一切从实际出发，实事求是。

说了算与说得对的关系。大家都期待自己说了算，期待学生们都听自己的，但必须首先要保证自己说得对。要让学生发自内心地听你的，关键在于你要说得对，说得有道理，靠辅导员的身份非要让学生听你的，是不能得到学生长久信任的。

以理服人与以情感人的关系。辅导员工作要晓之以理动之以情。感人心者莫乎情，要以心换心，找到心灵的切合点，要以情暖心，唤醒情感中的柔软的部分。"随风潜入夜，润物细无声"，要在日常的生活、学习中潜移默化地引导学生。

以信取人与以行示人的关系。"天下熙熙，皆为利来；天下攘攘，皆为利往”。其实，在人的交往中，诚信比利益更重要。“不宝金玉，而忠信以为宝”。人有了诚信没有钱，他依然是一个富有的人，他以高尚的德行来赢得他人的尊重。

宽以待人与严以律己的关系。待人宽厚，对人宽容，多一份理解、多一份包容、多一份礼让，是做人的一种豁达和气度，也是一种修养和品性。孔子说“己所不欲，勿施于人”。严于律己是一种自觉和自律，也是一种自信和底气。

成功的辅导员能够做到思想上使人产生共鸣，形象使人赞同，做人使人向往，说话使人爱听，办事使人信服。如果我们能够做到虚心学习，安心做好思想政治教育工作，诚心为学生干事情，真心对待学生，尽心为学生服务，组织和领导也一定放心，我们自己一定干得舒心，思想政治教育就一定会产生更大的效力，我们的培养目标就一定会实现，我们也就能对得起组织，对得起学生，对得起我们自己。

在大学毕业30周年聚会上的发言*

尊敬的各位老师，亲爱的同学们：

大家好！我是园艺系果树1980级的刘新跃，现在安徽工业大学工作。非常高兴受母校委托，代表全体1984届同学发言。首先请允许我代表全体同学向所有到会、未到会的老师和同学们致以最诚挚的问候！我借此机会表达我的感谢、感受、感悟。

一是感谢。首先我要感谢悉心教导与栽培我们的母校和老师。回想当年，母校以学生为本、立德树人，为我们创造了宽松优越的学习环境。老师们以教学为重、尽心尽职，课上传道授业、诲人不倦，课下解疑释惑、言传身教，给予了我们一笔最宝贵的人生财富。我提议，用热烈的掌声向我们的母校，向我们尊敬的老师表达由衷的敬意和感谢！其次，我要感谢本次聚会的倡议者、组织者以及筹备委员会的老师、同学们，感谢你们的细心筹划和精心安排，没有你们的努力，就没有我们的相聚！

二是感受。遥想34年前，我们满怀书生意气，从四面八方汇聚到安徽农学院，开始了四年的求学之路。四年里，我们在一起埋头苦读、钻研学问、强健身心；在一起畅谈人生、指点江山，增进友谊。在这里我们度过了一生中最纯真、最美好的青春时光。大学四年激情燃烧的岁月，大学四年同学间纯洁真挚的情谊，就像一杯陈年美酒，愈久弥香，愈久弥醇，值得我们用一生去珍藏、去品味、去回忆。今天，再一次走进母校，我们高兴地看到，我们的老师风采依旧，我们的母校蒸蒸日上，规模更大了、校园更美了、实力更强了。昨天，我们以上安徽农学院为幸；今天，我们以作为安徽农业大学的毕业生为荣；明天，无论身在何处、能力大小，我们都愿为母校的兴

* 2014年10月5日，在母校安徽农业大学举办的1984届毕业生毕业30周年聚会上作为代表发言的讲话稿。

旺发达，尽心尽力、全心全意地出一份力！

三是感悟。30年在人类的长河中只是一瞬间，但对每个人来说是让人难忘的漫长岁月。风雨兼程、一路走来，我们经历了生活的坎坷，也品尝了成功的喜悦，享受了家庭的幸福。每个人都在以自己的方式、自己的努力证明着自身的存在与价值。岁月磨炼出成熟，我们学会了用自信征服困难，用微笑诠释生活，学会了用包容看待人性，用淡定对待名利。今天，我们都可以自豪地说：我们无愧于母校的培养和老师的教诲，无愧于自己的人生。我再次提议，用热烈的掌声为我们自己、为我们30年的努力和付出喝彩、加油！

浮生未歇，生命正劲。让我们一起珍惜这难得的相聚时刻，重叙往日友情，互道别后的思念，尽享重逢的喜悦，共同度过这美好的时光吧！

最后，祝大家心宽体健，事业顺利，家庭和睦，平安幸福！祝同学们的情谊地久天长！谢谢大家！

在安徽工程大学务虚会上的讲话*

非常高兴能有这个机会来安徽工程大学与大家交流。在我的记忆里，我在安徽省委教育工委、省教育厅工作这18年间，安徽工程大学可能是我到的次数最多的高校之一。安徽工程大学有一大批与我非常要好的朋友。我应刘宁校长的邀请，来到安徽工程大学参加学校务虚会，并作此发言。我此次发言的主题是“提高学校治理能力和干部队伍建设”。

当前我们高校正处在前所未有的“大发展、大改革、大调整”的时期。“大发展”指的是多数省份实现普通本科高校生均拨款均达1.2万元，这既有量的大发展也有内涵的大发展。“大改革”指的是十八届三中全会作出全面深化综合改革的决定，市场在资源配置中起决定作用；教育部出台《关于进一步落实和扩大高校办学自主权完善高校内部治理结构的意见》，正在就进一步加强省级教育统筹提出实施意见；经济社会发展到今天迫切要求高校有更大作为，高校自身存在的许多问题必须要进行全面综合改革。“大调整”指的是国家要办上百所应用型本科院校、独立学院，进行学校内部专业结构调整，总的形势很好。但是，许多高校工作者对“大发展、大改革、大调整”过程中可能出现的矛盾和将带来的问题，重视、研究得还不够，解决的措施还不够。我们的观念、能力、办法、制度设计和机制创新等方面还不太适应。总之，高等教育和国家一样，实现治理能力和治理体系现代化还任重而道远，还处在初始阶段。就如何提高学校治理能力和加强干部队伍建设，我把自己的一些思考结合工作实际来向大家作简要的汇报。

当前我国高等教育发展态势有如下特征：结构布局更加优化，国家扩大了高校自主设置专业权，人才队伍不断壮大；科研水平日益提升，国家奖

---

* 2014年8月27日，受安徽工程大学当时的校长（现在的党委书记）刘宁委托，在该校举办的处级以上干部务虚会上的讲话稿。

励中，自然科学奖高校获奖占64.8%，哲学社科奖高校获奖占80%，高校的科研经费占全国科研经费11%；服务能力显著增强，开放办学步伐加快，与1089个国家、地区合作办学，与36个国家建立了学历互认；体制机制日益完善，中央、地方二级管理，以省统筹为主。

虽然我国高等教育发展态势良好，取得成绩也很明显，人民群众满意度也在提高，但我国是高教大国，不是高教强国。我国与其他高教强国之间还存在着一定的差距，如毛入学率不高，大众化水平依然较低；人才培养模式不适应创新型国家建设需要；教师队伍整体实力不强，缺乏领军人才，影响高质量人才培养；学科专业结构仍然与行业需求差距较大；法律保障不够，没有优惠免税政策；社会支持高等教育能力水平有待提高。所以，我国高等教育阶段性特征是大而不强，需要内涵发展。安徽省高等教育情况与全国高等教育情况差不多。

高校作为第一资源（人才）、第一生产力（科技）、第一动力（创新）这三个"第一"的结合点，如何提升"教书育人、服务社会、科技创新、文化引领、对外交流合作"五大功能，我认为要做到以下几点。

一是必须坚持把本科教学作为学校的重要基础。首先，要牢固树立本科教育在学校的重要地位，以本为本。其次，要牢固树立人才培养在学校的中心地位，提高四个度：提高学校办学与国家区域发展的适应度；提高学校领导力量、治理能力和治理结构、实验设备、图书资料、后勤服务等对人才培养的保障度；提高学校人才培养、科学研究、服务社会、引领文化、对外交流对经济社会发展的贡献度；提高学生、家长、社会对学校人才培养质量的满意度。再次，要牢固树立立德树人的育人观。党的十八大和十八届三中全会都提出要增强学生的社会责任感、创新精神、实践能力，今后我们要在这三方面下功夫，思考在学校如何切实真正推进素质教育。我认为"立德树人"强调的是"立德"在整个"树人"中的重要性。高校在进行本科教学过程中，要避免两种倾向：一是重视"立德"，轻视"立德"与"树人"整体过程的密切联系，从而使"立德"脱离学校教育和大学生培养的整体过程的倾向；二是重视"树人"，忽视"立德"在其中的核心地位，从而模式化地把"树人”作为大学培养的整个目的的倾向。立德树人要落实和体现在培养学生社会责任感、创新精神和实践能力的过程和环节之中，要实现这两者的密切结合和有机统一。要在教育目标确定和培养过程中，在课堂教学和校园文化建设中，在教育质量评价和检测中，在学校教育和家庭社会教育网络化建设中，切实落实好立德树人。最后，要褒优贬劣、激浊扬清，以高度的理论自觉和理论自信，讲真、讲实、讲好、讲活、讲深“中国故事”。高校在本科教学中要充分发挥第一、二、三课堂的作用，从对中国道路、中国精神、中国力量的认识中，焕发起大学生光彩绚丽的中国梦。

二是必须坚持把优化结构作为战略举措。首先，要克服短视行为。逐步完善学科专业退出机制。其次，要学会远视。高校要围绕国家战略性产业需要、现代服务业发展需要来设置专业，同时可以到企业进行调研，听取企业对人才培养的意见。最后，要懂得环视。高校要在人才培养质量和类型上取得突破性进展，重点在应用型人才培养上，因为国家对学术型人才的需要量毕竟是有限的，国家现在要办新型本科院校，主要是培养技术型人才，行业性特色强的高校必将大有作为。

三是必须坚持把协调发展作为学校的发展战略。何为战略，就是要有所为有所少为，有所先为有所后为，懂得在一些时候放弃一些，只有这样工作才能有重点。在经济发展上，邓小平提出“要让一部分地区、一部分人先富起来，通过先富带后富”①，高等教育发展也应扶优扶强，以强带弱，实行差别化政策，错位发展、协调发展，实现科学发展。

四是必须坚持把综合改革作为根本动力。学校治理体系和治理能力是一所学校制度和制度执行能力的集中体现。学校治理体系包括教学安排、政治、科研和教学生态、文化、后勤保障和党的建设等各方面体制机制，也就是一整套紧密相连、相互协调的学校制度。学校治理能力则是学校运用国家规定和学校自己设定的制度管理学校各方面事务的能力。一所高校选择什么样的治理体系，是由这个学校的历史传承、文化传统、所处的经济社会发展水平和学校自身状况决定的。

①《江泽民文选》第2卷，北京：人民出版社2006年版，第561页。

提高学校治理能力和实现治理体系现代化是为了提高学校的核心竞争力，增强学校的比较优势。那么，何为核心竞争力？首先就要回答何为核心？高校有许多能力，其中只有一个能力起决定作用，那就是核心竞争力。其次，要回答何为竞争力？高校的竞争力必须是组织性的、团体性的能力。最后，竞争力既然是竞争的能力，那就一定是一种能够为学校带来经济或社会效益的能力。所以，我认为高校的核心竞争力就是能够给社会创造独特价值的团队执行力。提高学校的核心竞争力需要我们从三个方面着手。

首先要从学科专业结构调整上着手。学科专业结构和建设水平是大学核心竞争力的集中体现。高校设置学科专业不在多、不在全，而在优、在强。学科专业建设不只是“人无我有”，更重要的是“人有我优”或“人优我新”。要围绕办学定位和市场需求，制定学科专业建设与调整规划，聚焦重点和优势，压缩“平原”，多建“高峰”，强调融合，注重交叉，集中建设好优势特色学科专业群，克服专业设置的“功利性”和“多而散”，以特色求发展，以特色构筑核心实力。

对于我们学校现有的传统优势学科，一方面要着眼于学科前沿，拓展新的学科领域，融合其他学科，以理论创新确立学术研究优势地位，实现知识体系的不断丰富和发展。另一方面要积极依托学科优势，立足于满足经济社会发展的需求，解决关键问题，加大与其他学科的交叉，以需求导向驱动学科创新，保持传统学科旺盛的生命力，产生新的学科优势。同时，还应关注科学发展未来前景，促进新兴交叉学科发展。

其次要从资源聚集上着手。学校要进一步完善校内资源调配和利用机制，合理安排人、财、物的资源配置，克服平均主义、大锅饭的倾向；要择重、择需、择优进行分类分层建设，深入分析哪些是重点，加大扶持和培育力度；要加强“绩效”导向，加大投入产出考核，强化激励和约束机制，加强政策引导。

最后要从产学研协同创新上着手。协同创新是高等教育未来竞争的战略制高点，如何更好地围绕这一战略制高点去凝练项目、制定模式、形成制度，是我们今后的重要工作之一。我们可以与地方和企业深度合作，将企业的资金、装备优势，政府的资源分配优势，与学校的人才优势、智力优势相结合，搭建起学校与地方政府、科研院所、企业的产学研合作平台，这不仅能助力地方经济发展，也能为学校推动教学科研改革创新、强化办学特色打开局面。

五是必须坚持把教师队伍作为重要保障。学校想提高核心竞争力，师德师风要加强，业务能力、实践能力要提高，评价考核机制要科学。我们要引导教师“重教学、重育人、重科研、重成果转化、重师德”。学校要把握两个导向：国家需求导向和人才需求导向。

六是加强对综合改革的领导。学校要成立领导小组，加大顶层设计力度，把党委领导、校长负责、教授治学、民主管理落到实处。一个学校文明程度越高、现代化水平越高，这些制度就会落实得越好。在安徽工业大学工作期间，我把校长办公会纪要和党委常委会纪要，只要不涉密的一律挂到校园网上。半年开一次学校重大情况通报会，请教代会、职代会委员，党代表和民主党派代表参加，就是想增加工作透明度。高校工作者首先要有知情权，然后才是参与权、决策权。

我认为目前，高校至少要过六关。第一要过市场关。市场在资源配置中起决定作用，我们必须面向市场、适应市场、开发市场。第二要过专业结构调整关。既然市场起决定作用，我们的专业必须针对市场需求进行调整。第三要过政、科、教、经，产、学、研结合关。尤其是我们这些工科为主的学校，从大的方面讲，国家经济发展急需要我们的科研成果尽快转化；从学生实习的需要来讲也必须做好这一工作。第四要过质量关。笼统讲质量，既难衡量又难操作。我想像我们这样的高校是不是可以实现30%的毕业生继续深造，进入更高的学府学习和发展，70%的毕业生走向社会，进入经济社会发展第一线。第五要过国际关。国际化程度高不高是衡量一所高校是不是现代大学的一个重要标志。第六要过全面综合改革关。

总之，我认为像我们这样的高校要想实现跨越式发展至少要在以下五个方面下功夫：一是突出特色。大学没有高低之分，却有功能之分，有特色才有生命力和竞争力。“特色”是异军突起、出奇制胜的突破口，“特色”也是以弱胜强、以小胜大的切入点。二是实行人才战略。千军易得,一将难求。真正登上高峰领略无限风光的是高端人才,是人群中的杰出人才。一所大学要有基本的教师队伍,但是如果没有领军人物,没有拔尖人才,就无法实现跨越式发展。三是提高教学质量。教学质量是高校的生命线,要提高质量就必须确保本科教学的中心地位、教学改革的核心地位、教学质量的首要地位和教学投入的优先地位。四是推动科技创新。高校要加强学科建设,调整学科方向到科技发展的主流方向,要增强原始创新能力,提高自主知识产权成果的储量。五是大力推进改革。改革是促进高校发展的强大动力,是形成更具活力、更加开放的体制机制,从根本上解决制约高校发展瓶颈的必由之路。要推进大学制度改革,建立现代大学制度。要突出改革精神,要有一股冲劲,一股闯劲。改革更是逆水行舟,不进则退。现在高校很多方面滞后,原因就在改革滞后上,我们要按照市场化的思路、国际化的眼光、现代化的理念实现工作思路的新突破。

怎么当好一名处级干部*

我副处级干部做了五年，正处级干部做了八年。首先，我要说的是，从科级干部到副处级干部虽然看似只有一步之遥，但却是本质的变化，副处级干部迈进了关键的少数人行列，肩上担了更多的责任。

不是谁都能当好干部的，我认为，当个好干部要做到以下12点。

1. 要懂政治，要有坚定的政治立场、观点、纪律、敏感性、判别力。

2. 要干事，要勤奋，不能有惰性。工作上一定要主动思考主动干，提前主动思考自己应该做什么工作，而不是等领导安排。

3. 要换位思考。要做一名懂事的干部，要多站在上级领导角度思考问题，多站在其他同事、学生的角度考虑问题，而不是只想着自己。

4. 要有耐心。在为师生、员工服务时一定要热心、耐心、细心，否则，别人可能就因为你态度不好而否定你的工作能力。

5. 要掌握基本的公文写作规范。在文字上一定要慎之又慎。

6. 工作上一定要有前瞻性。每天起床后首先应该想想今天的工作，开学前想想这一学期的工作，干任何事都要事先在自己脑子里过一遍，要给自己留点时间静下来思考工作。

7. 要注意工作的协调性。众人的事众人商量。

8. 要尊重上级善待下级。只有情通才能理顺。在与上下级相处的过程中，要与人为善、助人为乐、以诚相见、以礼相待，只有这样才能营造良好的工作氛围，更好地推动工作的进展。

9. 要实事求是地说话、办事。千万不要想当然，尤其是机关部门的干部，不能乱说话。“估计”“可能是这样吧”这种话绝不能随便说。不懂的就问、就请示，不要不懂装懂，给学校造成不必要的困扰。

* 2019年11月28日对新提任的处级干部的集体谈话稿。

10.做事一定要认真严谨精细,切不可敷衍、大而化之。多数时候还是要举轻若重。

11.要注意工作的系统性。要采取点、线、面结合的工作方法,全面开展工作。要吃透上情、摸清下情,熟悉周边环境。要了解兄弟院校同样工作的做法,分析其利弊。要把工作政策、流程摸透,然后琢磨怎么提高效益。

12.要遵守契约精神。承诺的必须兑现,否则,绝不承诺。做一个好干部必须有诚信,遵守约定。

对于如何做好处级干部工作,有人总结出十个谨记:到位不越位;辛苦不诉苦;有功不争功;补台不撤台;弥乱不添乱;诤言不失言;创新不标新;有为不胡为;联动不盲动;用人不疑人。也有人总结出四个“三”:一是“三珍惜”,即珍惜工作,珍惜人际关系,珍惜已有的;二是“三忌讳”,即忌讳推诿工作,忌讳愚弄别人,忌讳心浮气躁;三是“三不忘”,即不忘贵人,不忘补台,不忘谦虚;四是“三智慧”,即做事出色,会搞团结,知恩报恩。当然,守住底线才是做好工作的前提。

在座各位都是推动学校建设发展的中坚力量、先锋力量,是干事的帅才、攻坚的闯将、突围的尖兵,大家的精神状态、工作能力、工作作风直接影响学校工作全局。希望大家以这次集体谈话为新的起点,提高认识、摆正位置,以更高的标准严格要求自己,以铁一般的信仰、铁一般的信念、铁一般的纪律、铁一般的担当严格要求自己,以卓有成效的工作业绩,回报组织的信任和师生员工的期盼。

在安徽工业大学务虚会上的总结讲话*

此次务虚会我们一共听取了12位同志的发言，大家谈形势、谈挑战、谈认识、谈思考、谈措施、谈办法，就此次务虚会提出了自己独到的见解。从大家的发言情况来看，大家对以下几点存在共识。一是学校在新学期第一天就召开务虚会议，充分体现出校党委高度重视学科建设和坚决抓好学科建设，提升我校学科水平的决心和信心。此次务虚会主题鲜明，聚焦提升我校的学科水平和博士点建设能力，可谓是抓住了"龙头"。二是此次务虚会准备得很充分，相关部门在放假前就对此次会议进行了部署和谋划，人事、科技、教务、资产、规划、后勤等部门和各个学院，尤其是我们确定的重点建设的学科负责人都从不同角度为此次务虚会的召开建言献策。三是此次务虚会是一次紧凑高效的务虚会，提高了大家对学科建设的认识，明确了学校下一步抓好学科建设的方向、目标、路径和办法。

一、对学科建设的看法

当前我校作为一所地方高校，无论是从办学实力还是从国家扶优扶强的倾向来说，在整体上都难与重点大学"一争高下"。我们要想有所作为，就必须坚定发展信心，抢抓机遇、迎难而上，扎根地方、面向世界，着力加强内涵建设，努力实现重点突破、特色发展。因此，学校要立足现有基础，明确办学定位和建设目标，做好顶层设计，明确发展定位和建设目标。这需要实事求是的工作态度，既不能妄自菲薄，也不能孤芳自赏；既要脚踏实地，遵循教育规律，也要志存高远，以争创一流的目标规划自身发展。

学科是大学组织的细胞，是高校核心竞争力的重要体现，高水平学科对高校实现自身使命起着基础和引领作用。我认为学科的重要性主要体

* 2019年2月24日，在学校开学初举行的务虚会上的讲话。

现在三个方面。第一，学科既是知识概念体系，也是学术制度安排。第二，学科的组织单元具体落实在高校内的二级学院，因此，学科强弱关乎学院的生存状态，学科发展是学院的头等大事。在具体的发展过程中，学院面对着两类竞争：一是与外部其他大学同类学科的比较；二是与本学校内部不同学科的比较。学院之间也存在着合作关系，因为每个学院既是一个学术共同体，也是一个利益共同体。所以，学科水平特色是学院的生命线，学科建设的主体责任在二级学院。第三，学校层面的责任是学科群的建设。首先，从高校科技创新和服务社会的职能看，科技创新前沿和一线社会需求不单纯是通过内敛式的学科建设就能达到的，而主要是学科分化、综合的结果。学科建设应考虑理论、应用、边缘、交叉、新兴、产业等不同概念的交织，特别是基础、新兴、跨学科的发展更需要学校层面的顶层设计。其次，从育人角度看，创新型人才的培养既需要教师知识体系的高度结构化，又需要教师的知识面涉及多个学科，教师需要学科的深度以显示水平，学生需要学科的广度以适应社会。最后，人的成长是多元的，需要多学科知识。大学的学科选择，不单单是从学科发展的需要或规律来考虑，还需要遵循教育规律和人才培养规律以满足育人的需求。

我们学校整体办学实力不强，短时间内建设世界一流大学并不现实，应不断优化学科结构，凝练学科发展方向，突出学科建设重点，创新学科组织模式，努力在建设一流学科上实现重点突破，带动学校发挥优势、办出特色。学校将继续围绕引领学科和材料冶金特色，加快推进学科建设。一是坚持“以评促建、以评促改”，突出绩效导向，提升绩优学科，建立合理的学科及学位点动态调整机制，优化学科布局。二是发展新兴学科，支持交叉学科，努力形成多个交叉学科和学科群。三是强化学科建设在学校工作中的引领作用，打通学科与本科专业建设相互支撑的发展通道。四是充分发挥重点学科、重点实验室、重点建设学科、重点研究中心等的作用，为学科发展打造坚实平台。五是立足省内或国家重大需求，切合学校学科特色，设立一级学科建设特区，按照国内一流、国际知名的要求进行高标准建设。六是深入实施人才强校战略，开展高层次人才引进和支持计划，以学科建设为核心，分领军人才、杰出人才、卓越人才三个层次引进人才，并继续开展中青年拔尖人才培育计划，不断增强人才队伍可持续发展能力。

二、对学科建设的要求

这学期采取新的思路、新的措施提升学科水平的工作才刚刚开始，我对今后的学科建设提几点要求。

第一，切实把务虚会的成果转化为认真抓好学科建设、提升学科水平的政治自觉。我们要把思想行动统一到教育部、省教育厅关于抓好学科建设的有关文件会议精神上来，要把思想行动统一到校党委的决策部署上来，要把精力集中到抓好学科建设的工作要求上来。

第二，切实把务虚会的成果转化为认真抓好学科建设提升学科水平的具体行动。我们要摸清家底、做好顶层设计；对标对表、补差补缺；创新工作方法和手段。

第三，切实把务虚会成果转化为抓好学科建设、提升学科水平的责任担当。我们要压紧、压实责任，只有责任压实了，工作才能到位，才能产生实效。要提升能力本领，加强学科建设方面的有关理论学习，积极进行实践摸索，学习借鉴其他学校本学科的成功建设经验。要砥砺斗争精神，在困难面前不低头，敢于、善于斗争。要凝聚工作合力，各负其责，增强大局意识、合作意识。

新时代高等学校新作为的指路明灯

——《习近平谈治国理政》第二卷的学习体会

《习近平谈治国理政》第二卷内涵丰富、博大精深，思想性、理论性、指导性都很强，连同先前出版的第一卷，集中反映了习近平新时代中国特色社会主义思想的发展脉络和主要内容，是深入学习领会习近平新时代中国特色社会主义思想和党的十九大精神的生动教材和权威读本，是高等学校在新时代担负新使命的行动指南，实现新作为的指路明灯。

针对高等教育发展，党中央作出了加快建设世界一流大学和一流学科的战略决策。习近平总书记在《习近平谈治国理政》第二卷中强调，“双一流”建设的提出，就是要提高我国高等教育发展水平，增强国家核心竞争力。“双一流”体现的是要把“一流”作为新时代高等学校始终坚持的发展理念，作为新时代高等教育始终追求的奋斗目标。建设“双一流”、坚持高水平，绝不仅仅是少数“985”“211”高校的使命，也是其他众多高校的责任和追求，每所高校、每个学科都应该在各自的类型与层次上争创一流。面对新时代新要求，面对“双一流”新机遇，高校必须要有所作为，也一定能有所作为。笔者认为新时代高等学校关键要在三个方面发力。

一、聚集社会矛盾新变化，在推进内涵发展上发力

党的十九大报告指出，中国特色社会主义进入新时代，我国社会主要矛盾已经转化为人民日益增长的美好生活需要和不平衡不充分的发展之间的矛盾。这一战略判断非常符合我国高等教育实际。新时代，人民群众日益增长的享受更公平、更高质量教育的需要与教育结构发展不均衡、人才全面发展、教育内涵发展不充分之间存在矛盾。人民对教育的满意程度是美好生活的基础和重要组成部分，我们需要针对问题解决矛盾，心系目标，完成使命。“双一流”建设，正是党中央适应社会主要矛盾变化，积极推

进高等教育发展的重大战略选择。高等学校必须紧紧抓住这一战略机遇，加快内涵式发展，充分发挥高等教育在供给侧结构性改革中的重要作用，实现高等教育由大转强的历史性转变。一要不断提升高校综合竞争力。高等教育综合竞争力的核心在于人才培养质量的提高和科技创新能力的提升。我们要按照国家“双一流”建设和安徽省地方特色高水平大学建设要求，坚持以一流为目标、以学科为基础、以绩效为杠杆、以改革为动力，努力汇聚优质资源，打造“高峰”学科，培养高素质人才，产出高水平成果，不断增强学校的办学实力，办好人民满意的高等教育。二要不断提升高校社会适应力。在以新技术、新业态、新模式、新产业为代表的新经济蓬勃发展的时代背景下，我们要紧紧围绕国家推动创新驱动发展、实施“一带一路”“中国制造2025”“互联网+”等重大战略和倡议，紧紧围绕安徽省构建合芜蚌自主创新综合试验区、发展新材料、节能环保等战略性新兴产业等战略需求，立足于本校办学条件、办学特色，以新工科建设为导向，进行学科专业设置调整优化，实现无缝对接。积极推进教育改革，提供更加多元的专业选择、更加丰富的课程类型、更加多样的教学形式，实现科学、精准、优质的人才供给。三要不断提升高校创新推动力。在“大众创业、万众创新”的时代号角下，高校要努力增强创新创业教育的供给能力，培养大学生多领域交叉的能力结构和思维视野，激发和培养大学生的首创精神、企业家精神、工匠精神和创新创业能力。要着眼建设创新型国家新要求，集聚科研力量，打造高水平、强辐射的创新源和思想库，积极参与重大科技创新、重大区域发展计划，促进成果转移转化。安徽工业大学一直坚持走创新人才培养之路，并取得了较好的成效，学校成为“全国首批深化创新创业教育改革示范高校”之一，“全国创新创业典型经验50强高校”之一。

当前，安徽工业大学正主动对接安徽省《一流学科专业与高水平大学建设五年行动计划》，抓住省政府深化高教领域“放管服”改革、建立“生均+专项”财政拨款等有利契机，立足建设地方特色高水平大学，从发展一流学科专业、引进和培养一流团队、建设一流平台做起，增强活力，办出特色，争创一流，服务发展，培养更多更好的具有“社会责任感、创新精神、实践能力和工匠精神”的优秀人才服务，支撑现代化“五大发展”美好安徽建设。

二、聚集青年发展新需要，在强化立德树人上发力

青年兴则国家兴，青年强则国家强。育人是大学的中心工作。“双一流”建设的关键在于培养一流人才。习近平总书记在全国高校思想政治工作会议上指出，只有培养出一流人才的高校，才能够成为世界一流大学。“立德树人、德育为先”，新时代要用新思想培育一代新人。现在的大学生多为“95后”，他们朝气蓬勃、充满活力、积极自信，善于接受新事物，对新知识和新技术非常敏感，但知识体系建构尚未完成，世界观、人生观、价值观尚未完全形成，社会阅历尚不丰富，情感心理尚不成熟。在当前思想文化交流交融交锋日益激烈、多元化利益诉求日趋凸显、境外意识形态渗透暗流潜行、网络负面信息伺机扩散的严峻形势下，不断加强和改进高校思想政治工作，强化立德树人的根本任务，是固本工程、铸魂工程，更是办好让党放心、人民满意的高等教育的必然选择。

一是必须要把意识形态工作领导权牢牢握在手中。习近平总书记强调，我们的高校是党领导下的高校，是中国特色社会主义高校。高校是意识形态工作的前沿阵地。我们要全面贯彻落实党的教育方针，坚持马克思主义指导地位，坚持用习近平新时代中国特色社会主义思想武装头脑，加强哲学社会科学研究和智库建设，确保党的理论和方针路线在高校落地生根、开花结果。高校要强化意识形态工作责任制，加强对高校课堂、讲座、论坛、报告会、研讨会和互联网等阵地的管理，确保学术研究无禁区但要有规范、课堂讲授高水平且要有纪律，筑牢意识形态阵地。

二是必须把社会主义核心价值观稳稳树在前头。社会主义核心价值观是当代中国精神的集中体现，凝结着全体人民共同的价值追求。高校要坚持不懈通过开展“中国梦”等主题活动，志愿者服务等丰富社会实践，品读经典等特色校园文化活动，培育和践行社会主义核心价值观，引导广大师生做社会主义核心价值观的坚定信仰者、积极传播者、模范践行者。高校要坚守“德育为先”，坚定“德智并重”，坚持“德业融合”，打造课堂教学、校

园文化和社会实践多位一体的育人平台，实现全员、全过程、全方位育人，教育引导青少年学生扣好人生的第一粒扣子。

三是必须把新媒体新技术的发展有机融在其中。习近平总书记指出：“做好高校思想政治工作，要因事而化、因时而进、因势而新。……要运用新媒体新技术使工作活起来，推动思想政治工作传统优势同信息技术高度融合，增强时代感和吸引力。”[①]高校宣传思想工作和大学生思想政治教育都应深挖时代感强的鲜活内容，奔着现实问题和活思想、活理论、真实的人和事去，充分利用动漫、视频、微电影、微博、微信、QQ群等新载体，使工作内容的源头活水和教育载体的鲜活生动相辅相成、相得益彰，帮助大学生辨明方向、廓清迷雾，找到真知、自信前行，真正让高校思想政治工作活起来。我校团委创立的微信平台，2014年就在《南方周末》数据实验室发布的“高校团委微信排行榜”中位居全国高校前列；2015年我校以弘扬民间传统手艺为主题的学生微电影《锔》，获得中国国际微电影节特别奖；学校以微博、微信、微电影打造“青春微校园”，受到师生的欢迎；我校校园网主页获“第七届全国高校百佳网站”奖。

今年以来，安徽工业大学积极贯彻国家和安徽省思想政治工作会议精神，制定并落实学校《加强和改进新形势下思想政治工作的实施意见》，结合学校实际制定了“课程思政”实施方案和思想政治工作质量提升工程实施细则，积极构建课程育人、科研育人、实践育人、网络育人等十大质量提升体系，努力提高思想政治工作质量。

三、聚集从严治党新要求，在加强党的领导上发力

建设一流大学，必然要有一流的党建工作作为政治保证。“坚持党对一切工作的领导”是新时代坚持和发展中国特色社会主义的基本方略之一。高校必须坚定不移全面从严治党，必须毫不动摇坚持和完善党的领导，毫不动摇把党建设得更加坚强有力。当前我们要认真学习贯彻党的十九大精神和习近平新时代中国特色社会主义思想，加强党对高校工作的全面领

①《习近平谈治国理政》第2卷，北京：外文出版社2017年版，第378页。

导，使高校成为坚持党的领导的坚强阵地，把党建优势转化为高校发展优势，引领推动高校真正成为担当历史重任、争创一流成果，实现民族复兴伟大事业的强大力量。

一是抓紧抓实政治建设。党的政治建设是党的根本性建设，决定党的建设方向和效果。高校党委要始终把政治建设放在首位，强化“四个意识”，自觉维护以习近平同志为核心的党中央权威和集中统一领导，自觉在思想上、政治上、行动上、情感上同党中央保持高度一致。高校要始终坚持社会主义办学方向，牢牢把握“培养什么人、怎么培养人、为谁培养人”这一根本问题，切实承担起管党治党、办学治校的主体责任，进一步把方向、管大局、作决策、保落实，坚定扎根中国大地办大学的目标定位和路径选择，坚定“双一流”、高水平的任务和使命，确保党委始终成为坚持正确办学方向的“舵手”。

二是重点夯实打牢基层组织。党的工作最坚实的力量支撑在基层，我们要把工作的着力点放在支部，特别是教工党支部建设上，结合高校实际，以基层党组织标准化建设为抓手，强化党建条件保障，推动党内政治生活制度化常态化，促进党组织活动特色化和创新化，努力打造高校党建工作品牌集群，激发高校党组织的“细胞”活力。近两年来，我校每年组织3次由校党委领导带队对全校所有基层党组织进行的党建工作集中调研督查及通报反馈，每年年底分别组织开展院级党组织书记、基层党支部书记抓基层党建述职评议，推进了基层组织建设，得到了省委党建工作督查组的肯定。我校部分基层党组织开展的“党建+”品牌树、党员示范课、师生“党员面对面”等系列党建创新活动，受到了《中国教育报》、共产党员网、安徽先锋网等众多媒体的关注和报道。

三是必须突出管好用好干部队伍。党的干部是党和国家事业的中坚力量。高校党委要紧紧抓住这个“关键少数”，抓好能力提升，规范干部选拔任用，加强干部教育培训，切实增强干部的学习本领、政治领导本领、改革创新本领、科学发展本领、依法执政本领、群众工作本领，提高狠抓落实本领和驾驭风险本领。高校要自觉践行“两学一做”学习教育，坚决贯彻中央八项规定，加强党的优良传统和作风教育，继续整治“四风”问题，强化干部责任观念、担当精神和廉洁自律意识。要抓好政治生态培育，认真学习贯彻相关准则与条例，不断强化政治纪律和政治规矩，把好用权“方向盘”，系好廉洁“安全带”，激浊扬清，扶正祛邪，营造风清气正的良好政治生态。

对标国家“双一流”和安徽省地方高水平大学建设目标和要求，安徽工业大学深感任重道远，我们将切实加强党的全面领导，努力增强党建工作在筑牢基础、抢抓机遇、凝聚师生、推动发展等方面的重要作用，以全面深化综合改革激发活力和创造力，进一步提升办学治校能力水平，早日实现建成地方特色高水平大学的目标。

谈谈哲学对青年学生学习生活的影响*

一、对人生的影响

一是影响你的人生是否顺利。年轻时看远，中年时看宽，老年时看淡。《论语》中说："君子有三戒：少之时，血气未定，戒之在色；及其壮也，血气方刚，戒之在斗；及其老也，血气既衰，戒之在得。"①"吾十有五而志于学，三十而立，四十而不惑，五十而知天命，六十而耳顺，七十而从心所欲，不逾矩。"②这些哲学道理教给我们的，实际是人要遵循自己的不同年龄阶段的内在规律，做好自己的分内事，就是本分。本分地走过一生，就是境界。最好的人生，是平平安安地度过一生；最好的境界，就是能够看远、看宽、看淡。这就是人生的真谛。你这样做了一生就会顺利，否则，你的人生道路必然崎岖坎坷、危机四伏、困难重重。

二是影响你的人生是否清醒。社会上鱼龙混杂，良莠难辨，怎么能使自己一直保持清醒，看得清清楚楚、明明白白、真真切切？这就要求我们有慧眼，我认为慧眼来自慧心，慧心来自哲学。历史唯物主义教我们认识人类历史的发展规律，"顺者昌，逆者亡"，要是借用到人生小的方面，也可以说是人生许多事只可顺势取，不可逆势求。

三是影响你的人生能否成功。思维方式对成功起到决定性的作用，但要具有正确的思维方式靠什么？我认为要靠学哲学，尤其是学马克思主义哲学。哲学能告诉并教会我们什么是正确的思维方式，这就是符合事物本质要求的、遵循事物内在规律的思维方式。哲学教会我们如何区分主要矛

---

* 在安徽省哲学学会与解放军炮兵学院政治理论部的部分学员座谈会上的讲话。

① 出自《论语·季氏》。

② 出自《论语·为政》。

盾与次要矛盾，矛盾的主要方面和次要方面；如何运用对立统一规律、质量互变规律、否定之否定规律；如何透过现象看本质；等等。习近平总书记在这方面给我们作出了榜样：2016年4月7日光明网刊发了《习近平推进全面深化改革的方法论》一文，文中涉及习近平总书记的目标导向思维、把握关键的矛盾思维、精准发力的精准思维、严明责任的主体思维、狠抓落实确保效果的实践思维等，这些都与哲学密切相关。

二、对学习的影响

一是影响学习目的。哲学是世界观，也决定人生观、价值观。正如庞朴说的，小智只是认识论意义上的知；而大智已是一种德——明德，它既是认识论的，也是伦理学的，更准确地说，它是理智的德性，德性的理智。这种价值观必然决定人的学习目的和学习态度。为什么而学？是为“书中自有颜如玉，书中自有黄金屋”，还是“为中华之崛起而读书”？对于学习目的与态度，每个人都有不同的选择。

二是影响学习的方法。哲学既是世界观，也是方法论。古人说，人生学习分为三阶段：5—15岁是诵读阶段（以读、背书为主）；15—25岁是贯通阶段（文理交叉、农工互通）；25—35岁是涉猎阶段（各方面的知识都要学些）。这是从大的方面讲的学习方法。从小处说，哲学也教给我们学习方法，比如，做好学习计划，合理安排时间，抓住学习重点等。

三是影响学习的最终效果。哲学影响了学习的目的、方法，必然影响最后的结果。我们经常不经意间在学习过程中受到哲学的影响。

三、怎么样使用哲学

一是要坚持马克思主义与时俱进的理论品质。我们学习马克思主义哲学，是为了用辩证唯物主义和历史唯物主义观点观察世界、观察社会、观察事物、观察人自身。但客观事物是复杂的，且对于任何一个事物，要想真正地认识它，全面地说明它，正确地处理它，都不是仅靠哪一个观点所能解决问题的，必须既符合唯物论，也要符合辩证法，符合马克思主义哲学原理。

马克思主义哲学是一个完整的科学体系，为了表达方便，我们通常把它分为唯物论、辩证法、历史唯物主义等，实际上它们是一个整体，不能将它们割裂开。我们应用哲学就是应用它的原理，应用它的立场、观点、方法。如果是简单地查找结论，机械地对号入座，这就是教条主义的方法，不但无济于事，反而常常坏事。所以我们要本着实事求是的态度，根据事物发展变化的情况而采取符合事物内在要求的处理办法去解决问题，也就是要坚持马克思主义与时俱进的理论品质。

二是要坚持“古为今用、洋为中用”的原则。在中国，哲学与每个知识分子都有关。在古时候，一个人只要受教育，就要接受中国传统文化的启蒙。《论语》《孟子》《大学》《中庸》等，这些优秀的传统文化中包含丰富的哲学思想。哲学在我国的发展博大精深，我们必须从中汲取营养。西方哲学发展也是源远流长，柏拉图、亚里士多德，包括马克思、恩格斯等哲学家们的思想影响深远。我们不仅要学好中国优秀的传统文化，更要学习、借鉴其他国家先进的哲学思想，在学习与使用中“取其精华、去其糟粕”。

三是要坚持交叉、融合、吸收、协同的方法。坚持实践第一的观点和方法。只有深入实践，与生活、工作、学习、社会、人民群众结合起来，该交叉时交叉、该融合时融合、该吸收时吸收、该协同时协同，哲学才能真正发挥巨大的作用，哲学的价值才能得到最大化的体现。

四是要处理好三个环节。一是调研。就是了解情况，按照唯物辩证法的要求，深入了解事物的内部、外部各个方面；了解它的昨天、今天和运动发展方向和趋势。这样才能为我们做好工作奠定前提和基础。二是分析矛盾。矛盾无处不在、无时不有，没有矛盾就没有世界。矛盾法则是唯物辩证法的根本法则。我们用哲学原理处理问题分析矛盾时，首先要对材料进行筛选，去粗取精、去伪存真，分门别类；其次进行由此及彼、由表及里的加工改造，综合分析。三是研究解决的办法。马克思主义认为世界观和方法论是统一的，有些哲学观点本身就是方法，例如，实事求是是哲学的基本观点，同时也是最常用、最重要的方法；群众路线是哲学的基本观点，是我党的根本思想路线和工作路线，同时又是党的根本工作方法。有些常用的方法尽管本身不等于观点，但稍加琢磨就可以看出其是哲学观点的延伸或运用。比如，调查研究的方法是唯物论存在第一观点的运用；集中起来、坚持下去的方法是实践论观点的运用；一般号召与个别指导相结合的方法是矛盾普遍性与特殊性观点的运用；抓典型、学先进的方法是认识论由个别到一般观点的运用，等等。

所以，现实生活、工作、学习和交友中遇到的许多问题，只要我们把情况了解清楚了、把矛盾分析透彻了，解决问题的方法也就有了，哲学在我们手里就会发挥巨大的作用。

四、如何提升自己的哲学素养

一是在学习经典著作中去提升。马克思主义经典一定要多读、多思、多琢磨如《共产党宣言》《关于费尔巴哈的提纲》《德意志形态》《自然辩证法》《唯物主义和经验批判主义》《反杜林论》等。《毛泽东选集》、李瑞环的《学哲学用哲学》等也值得我们学习。通过学习经典，可以使我们理解马克思主义哲学产生的时代背景，理解掌握经典作家运用马克思主义哲学原理分析和解决问题的方法。

二是在弘扬优秀传统文化中提高哲学素养。马克思主义哲学是顺应时代需要产生的，科学揭示了自然界、人类社会和人的思维发展的客观规律。中华优秀传统文化是中华民族的根脉，包含着许多历久弥新的珍贵哲学思想，有着悠久的唯物论和辩证法思想传统。比如，“万象之众，息息相通”，即自然界为天地人融通的一体；“天下万事，万变不穷”“如水益深，如火益热，亦运而已矣”，肯定运动变化是一切事物的属性；“祸兮福所倚，福兮祸所伏”，强调事物矛盾对立面互相转化；等等。这些思想观念与马克思主义唯物辩证法是息息相通的。当然我们要学会运用马克思主义哲学分析、扬弃中国传统文化和哲学，对之进行创造性转化、创新性发展，用其精华和有价值的东西来补充、丰富马克思主义哲学。

三是在实践中提升。只有通过实践，使主观与客观相互作用，才能形成认识；只有在实践中才能证明认识的对错、是否符合客观实际；只有通过实践，我们才能深刻、全面把握事物的矛盾运动，把握事物本质和发展规律，从而不断提高用哲学分析和解决问题的能力。我们要牢固树立实践第一的观念，在实践中主动思考、勤于总结，培养哲学眼光，提高哲学素养。

深刻理解全党新的重大战略任务*

在新中国成立70周年之际、在"两个一百年"奋斗目标历史交汇点上，党的十九届四中全会作出《中共中央关于坚持和完善中国特色社会主义制度、推进国家治理体系和治理能力现代化若干重大问题的决定》(以下简称《决定》)，准确把握我国国家制度和国家治理体系的演进方向和规律，深刻回答了"坚持和巩固什么、完善和发展什么"这个重大政治问题，这充分彰显了以习近平同志为核心的党中央以高瞻远瞩的战略眼光和强烈的历史担当，充分反映了新时代党和国家事业发展的新要求和人民群众的新期待，充分体现了中国共产党先进的执政理念、高度的制度自信和强大的改革勇气，开启了国家治理体系和治理现代化的航程。党的十九届四中全会强调，坚持和完善中国特色社会主义制度、推进国家治理体系和治理能力现代化，是全党的一项重大战略任务。对此，我们必须深刻理解领会。

一、坚持和完善中国特色社会主义制度、推进国家治理体系和治理能力现代化，是基于对世情国情党情作出的重大决定

新中国成立70年来，在中国共产党坚强领导下，中国人民勇于探索、不断实践，成功开辟了中国特色社会主义道路，推动中国特色社会主义进入新时代。新时代我们党和国家面临的内外部环境都发生了深刻变化。自党的十八大以来，以习近平同志为核心的党中央全面加强党的领导，全面推进从严治党，党的政治环境和政治生态不断改进，党的执政基础和群众基础更加巩固，为党和国家各项事业发展提供了坚强政治保证。但党所面

* 本文发表于《安徽日报》2019年11月5日第6版。

临的“四大考验”“四大危险”依然严峻，我国发展仍处于可以大有作为的重要战略机遇期，经济发展经过多年的高速增长后逐渐转入中高速增长，社会主要矛盾转为人民日益增长的美好生活需要和不平衡不充分的发展之间的矛盾。而当今世界正经历百年未有之大变局，国际形势复杂多变，新机遇新挑战层出不穷，国际体系和国际秩序深度调整，国际力量对比深刻变化，但总体上是朝着有利于和平与发展方向变化。新时代面临新形势，我们所要承担的改革发展稳定、内政外交国防、治党治国治军等各方面任务之繁重前所未有，我们所要面临的防范化解风险、精准脱贫、污染防治等各类挑战之严峻同样前所未有。因此，党的十九届四中全会提出，顺应时代潮流，适应我国社会主要矛盾变化，统揽伟大斗争、伟大工程、伟大事业、伟大梦想，不断满足人民对美好生活新期待，战胜前进道路上的各种风险挑战，必须在坚持和完善中国特色社会主义制度、推进国家治理体系和治理能力现代化上下更大功夫。

二、坚持和完善中国特色社会主义制度、推进国家治理体系和治理能力现代化，是实现强国目标的根本保证

党的十九届三中全会指出：“中国共产党要更好领导人民进行伟大斗争、建设伟大工程、推进伟大事业、实现伟大梦想，必须加快推进国家治理体系和治理能力现代化，努力形成更加成熟、更加定型的中国特色社会主义制度。这是摆在我们党面前的一项重大任务。”党的十九届四中全会深入分析了我国国家制度和国家治理体系产生的背景和历史意义，并全面总结了其13个方面的显著优势。正如习近平总书记指出的：“这样一套制度安排，能够有效保证人民享有更加广泛、更加充实的权利和自由，保证人民广泛参加国家治理和社会治理；能够有效调节国家政治关系，发展充满活力的政党关系、民族关系、宗教关系、阶层关系、海内外同胞关系，增强民族凝聚力，形成安定团结的政治局面；能够集中力量办大事，有效促进社会生产力解放和发展，促进现代化建设各项事业，促进人民生活质量和水平不断提高；能够有效维护国家独立自主，有力维护国家主权、安全、发展利益，

维护中国人民和中华民族的福祉。”[①]坚持和完善中国特色社会主义制度、推进国家治理体系和治理能力现代化这些优势是推动实现中国经济快速增长和社会长期稳定“两大奇迹”的制度原因所在。

70年前，在新中国的曙光喷薄而出之际，中国共产党满怀期望和忐忑“进京赶考”，立足国情、顺应大势，逐步确立并不断巩固完善了中国特色社会主义制度，为推动党和国家事业取得历史性成就、发生历史性变革发挥了重大作用；70年后的今天，面对新时代又一次“赶考”，中国共产党不忘初心、牢记使命，在党的十九届四中全会上提出了“坚持和完善中国特色社会主义制度、推进国家治理体系和治理能力现代化”的重大战略任务，切实把中国特色社会主义的制度优势转化为治理效能，为政治稳定、经济发展、文化繁荣、民族团结、人民幸福、社会安宁、国家统一提供有力保障，激励全党全国各族人民为实现“两个一百年”奋斗目标、实现中华民族伟大复兴的中国梦奋勇前进，确保中国航船行稳致远。

三、坚持和完善中国特色社会主义制度、推进国家治理体系和治理能力现代化，是人类制度文明的伟大创造

中国特色社会主义科学制度体系和国家治理体系，不是凭空产生的，是在长期实践探索中形成的，是人类制度文明史上的伟大创造，也是坚定中国特色社会主义道路自信、理论自信、制度自信、文化自信的基本依据所在。习近平总书记指出，“中国特色社会主义，是科学社会主义理论逻辑和中国社会发展历史逻辑的辩证统一”[②]，它诞生并形成于中国共产党团结带领人民实现从站起来、富起来到强起来的伟大飞跃中，是马克思主义基本原理同中国实际与当今时代特征相结合的产物，是中国人民在反帝反封建斗争、新民主主义革命和社会主义建设的长期艰辛探索中的理性选择。《决定》的通过，表明我们党对共产党执政规律、社会主义建设规律、人类社会发展规律的把握，升华到全新的理论和实践高度。实际上，中国特色社会

①《习近平谈治国理政》第2卷，北京：外文出版社2017年版，第288页。

②《习近平谈治国理政》，北京：外文出版社2014年版，第21页。

主义制度就是中国共产党根据人类社会发展的新形势、新特点、新问题，立足中国，面向世界，创造性地回答人类向何处发展、怎样发展的重大问题，并通过不断的自我革命推动社会革命，不断地变革着现存的社会制度、社会状态和人类生存状态，在人类社会发展趋势、发展目标、发展道路等方面提出了新理念新方向，从而为人类对更好社会制度的探索提供了可供借鉴的“中国方案”。事实也昭告世人，中国共产党有着高超的国家治理能力，中国人民在党的领导下具有卓越的制度创造力，“中华民族应该对人类社会作出更大贡献”①。

四、坚持和完善中国特色社会主义制度、推进国家治理体系和治理能力现代化，是中华民族走近世界舞台中央的制度保障

中国特色社会主义进入新时代，中国已经日益走近世界舞台的中央，我们比历史上任何时期都更接近、更有信心和能力实现中华民族伟大复兴。越是接近目标，越是形势复杂，越是任务艰巨，越要发挥中国共产党领导的政治优势和中国特色社会主义的制度优势，把各方面智慧和力量凝聚起来，形成海内外中华儿女心往一处想、劲往一处使的强大合力。中国特色社会主义制度和国家治理体系，是开辟“中国之治”新境界的制度保障所在，它把党的领导、人民当家作主、依法治国有机结合起来，把根本政治制度、基本政治制度同法律体系、基本经济制度等各方面具体制度有机结合起来，既彰显了集中力量办大事、国家决策层面高效率和组织动员能力强的优势，又通过发展基层民主制度增强了社会活力，通过落实以人民为中心的发展思想深得人民拥护，因而具有强大的生命力和巨大的优越性。正是这样的国家制度和国家治理体系，保障了新中国70年特别是改革开放40多年取得举世瞩目的伟大成就，在“西方之乱”和“中国之治”的鲜明对比中展示出显著优势。中国特色社会主义发展所取得的成功，以及党的十八大

① 习近平：《在纪念五四运动100周年大会上的讲话》，北京：人民出版社2019年版，第18页。

以来中国为解决世界经济、国际安全和全球治理所提出的一系列新的方案，使中国发展理念、发展道路的影响力与吸引力显著增加，为发展中国家走向现代化，为应对全球共同挑战以及发展人类文明，提供了中国智慧，指出了“中国之制”。“中国之制”为中华民族走近世界舞台中央提供了制度保障。

以绿色引领推动经济高质量发展*

党的十九大报告强调，要推进绿色发展，“加快建立绿色生产和消费的法律制度和政策导向，建立健全绿色低碳循环发展的经济体系”①。安徽省委、省政府也印发了《安徽省五大发展行动计划》，中共马鞍山市委九届七次全会审议通过了《中共马鞍山市委关于推进新时代高质量发展的若干意见》，将马鞍山这座城市定位为“生态福地、智造名城”，绿色发展导向被提到了首要位置，这既是对中央和省委重大决策部署的坚决贯彻，也是对历届市委、市政府工作思路的延续提升。站在新的历史方位上，马鞍山要进一步以勇担当、大担当的姿态，谋划和推动绿色发展的美好未来。

第一，树立绿色发展的思维导向。马鞍山因钢设市，传统行业如冶金、铸造、机械加工、造纸等在推动城市发展中曾发挥过重要作用，但也带来了较大的环境负外部性。因此，在向高质量发展转型的过程中，要有更紧迫的历史责任感和担当精神，树立绿色发展上的思维导向。一是共赢导向。“绿水青山就是金山银山”，明确绿色发展是新的经济增长点，既是新理念也是新空间，蕴含着巨大的发展机遇和潜力，必将成为马鞍山经济继续保持较高增速、产业迈向中高端的强大动力。二是人民导向。良好的生态环境是最公平的公共产品，是最普惠的民生福祉。我们要切实把人民对清新空气、干净饮水、生态食品、优美环境的期盼纳入战略部署和行动计划，坚持绿色发展、循环发展、低碳发展，建设资源节约型、环境友好型社会，让人民群众享有更充分的生态福祉。三是系统导向。我们要从总体和全局出发谋划马鞍山绿色发展的每一项重大战略部署，在工作推进上，不仅要加

* 本文发表于《安徽日报》2018年9月25日第6版。

① 习近平：《决胜全面建成小康社会 夺取新时代中国特色社会主义伟大胜利——在中国共产党第十九次全国代表大会上的报告》，北京：人民出版社2017年版，第50—51页。

强绿色技术创新，还要加快绿色制度创新、绿色文化创新，将绿色发展理念融入产业升级和结构优化的全方位、全领域、全过程中。

第二，创新绿色发展的产业政策。发展绿色产业，有助于突破马鞍山环境资源的约束，加快产业结构调整，促进经济绿色转型。近年来，马鞍山产业结构调整取得长足进步，但对标长三角发达城市，对标产业结构高级化、现代化的发展指标，仍然存在一些不足。当前和今后一段时间，马鞍山需在“破”“立”“降”三方面发力。“破”，就是围绕供给侧结构性改革要求，严格常态化执法和强制性标准实施，从能耗、环保、质量、安全及技术等多方面着手，加大对重点行业企业执法力度，推动落后产能退出。同时通过嵌入新技术、新模式，着力推动传统优势产业嫁接绿色高端化发展新内涵，提高传统产业绿色先进产能比重。“立”，就是培育体现经济新动能的产业，围绕新材料、高端装备制造、资源综合利用及节能环保等产业集群，大力发展战略性新兴产业，培育发展新动能，串起绿色经济产业链。加快新一代信息技术与生产全过程深度融合，推动工业云平台等一批互联网产业重点项目建设，推进绿色产业再上新台阶。“降”，就是运用符合绿色发展的金融创新、平台创新、模式创新、科技创新、成长创新、主体创新、环境创新和服务创新等，降低绿色产业发展的成本制约，提升绿色产业的竞争力。

第三，完善绿色发展的治理体系。党的十九大报告提出要“构建政府为主导、企业为主体、社会组织和公众共同参与的环境治理体系”[①]。结合马鞍山实际，需要重点把握三个方面。一是要强化政府领导责任。落实省委要求，重点开展“禁新建、减存量、关污源、进园区、建新绿、纳统管、强机制”的“七大行动”，统筹推进红线管控、环境准入负面清单、监督问责等方面制度，实施最严格的环境保护制度。推动生态保护属地责任落实，在领导体制上落实党政同责、主管责任，实行重大生态环境事故“一票否决”。二是强化企业主体责任。引导企业积极树立环保法制观念，建立环境管控防治体系。引导企业主动构建或参与绿色供应链，实施绿色采购，提供绿

① 习近平：《决胜全面建成小康社会 夺取新时代中国特色社会主义伟大胜利——在中国共产党第十九次全国代表大会上的报告》，北京：人民出版社2017年版，第51页。

色产品。引导企业大力引进绿色技术和开展绿色技术创新。三是激发公众(社会组织)参与意识。充分发挥公众对企业绿色发展、政府履行环保职能行为的监督职能。

第四,优化绿色发展的制度环境。推动绿色发展,需要继续发挥市场配置资源的决定性作用,适当减少政府的直接经济职能,增加其生态和社会职能。一是强化法治化的宏观调控体系。要避免推动绿色发展中运动式、一刀切等做法,强化政府在政策制定和行政执行中的法制思维。通过严格立法和公正司法来规范政府和企业行为,从而实现绿色产业政策目标。二是完善以间接手段为主的发展政策。尽量避免以行政手段,借助配额、许可证、审批等方式直接干预绿色发展的资源分配和运行,加大间接引导力度,包括通过税收减免、财政补贴、绿色金融、出口退税等财政、金融杠杆,引导产业走绿色发展道路。三是以产权制度改革强化激励性机制。在国家政策允许范围内积极推动产权制度改革,明确环境产权界定,推动环境资源的外部成本内部化。对于产权难以界定的自然资源,可以通过划分责任范围,制定出明确的奖惩规则。对无法避免的资源环境消耗,可以通过付费许可、排污权交易等方式,解决发展与保护、发展与公平的内在矛盾。四是牵头做好绿色发展的跨区域协作机制。打破行政区界限,从生态系统的整体性出发,构建与皖江经济带及省外其他城市环境协调发展的动力机制、协调机制、利益分配机制、补偿机制和监管机制,共同做好生态环境联防联治、市场体系统一开放、基础设施共建共享、流域管理统筹工作。

引航新时代的伟大创造*

习近平新时代中国特色社会主义思想是具有原创性、时代性的21世纪马克思主义，是当代中国精神的精华，是夺取新时代中国特色社会主义伟大胜利最强大的思想武器，是引航新时代的伟大创造。

第一，新思想指明新“航向”——实现中华民族伟大复兴。

自鸦片战争以来，实现中华民族伟大复兴便成为中华民族最伟大的梦想。30年前，党的十三大报告首次将“实现中华民族伟大复兴”作为社会主义初级阶段的奋斗目标提了出来。5年前，习近平总书记将中华民族伟大复兴高度概括为“中国梦”。去年，习近平总书记在党的十九大报告中强调“中国共产党人的初心和使命，就是为中国人民谋幸福，为中华民族谋复兴”①。在这一演进过程中，“实现中华民族伟大复兴”这个重大命题的内涵越来越清晰，它联系着过去、现在和未来，关系着民族、国家和人民，指引着我们前进的方向。

中国共产党自成立以来，义无反顾地肩负起实现中华民族伟大复兴的历史使命，团结带领人民进行了艰苦卓绝的斗争，谱写了气吞山河的壮丽史诗。经过40年改革开放的努力奋斗，我国实现了由解决温饱到总体上达到小康的历史性跨越，经济规模跃居全球第二，科技实力、国防实力、综合国力也都跻身世界前列，中华民族实现了从站起来、富起来到强起来的伟大飞跃。习近平总书记指出：“今天，我们比历史上任何时期都更接近、更有信心和能力实现中华民族伟大复兴的目标。”②处于历史与未来汇合转

* 本文发表于《安徽日报》2018年2月6日第6版。

① 习近平：《决胜全面建成小康社会　夺取新时代中国特色社会主义伟大胜利——在中国共产党第十九次全国代表大会上的报告》，北京：人民出版社2017年版，第1页。

② 习近平：《决胜全面建成小康社会　夺取新时代中国特色社会主义伟大胜利——在中国共产党第十九次全国代表大会上的报告》，北京：人民出版社2017年版，第15页。

折、党的历史与民族历史融会贯通、全面小康与现代化承接递进的坐标点上，我们要“不忘初心、牢记使命”，将实现中华民族伟大复兴作为矢志不渝的奋斗目标。

第二，新思想树立新“航标”——中国特色社会主义进入新时代。

习近平总书记在党的十九大报告中指出：“经过长期努力，中国特色社会主义进入了新时代，这是我国发展新的历史方位。”[①]这一关系全局的历史性变化，对党和国家工作提出了新要求，树立了新“航标”。

进入新时代，我国社会主要矛盾已转变为人民日益增长的美好生活需要和不平衡不充分的发展之间的矛盾。解决社会主要矛盾只能是靠发展，但发展又不可能是一帆风顺的。大国崛起过程中往往面临着“三大陷阱”即“修昔底德陷阱”“中等收入陷阱”“塔西佗陷阱”的考验。党的十八大以来，习近平总书记就跨越“三大陷阱”提出了许多新思想、新观点、新论断，这集中反映在《习近平谈治国理政》第二卷中。无论是增强共享理念以成功跨越“塔西佗陷阱”，实施转型发展以破解“中等收入陷阱”，构建人类命运共同体以避开“修昔底德陷阱”，还是解决我们当前社会的主要矛盾，关键要牢牢坚持以人民为中心，坚持发展为了人民、发展依靠人民、发展成果由人民共享。

第三，新思想明确新“航线”——“四个伟大”。

从党的十八大报告提出“必须准备进行具有许多新的历史特点的伟大斗争”[②]，到参观《复兴之路》展览时提出“实现中华民族伟大复兴的中国梦”，到党的十八届六中全会将伟大斗争、伟大工程、伟大事业并提，再到党的十九大把伟大斗争、伟大工程、伟大事业、伟大梦想作为统一整体提出来，习近平总书记给我们民族复兴的新征程，确立了一条历史传承、现实任务、未来方向高度一致，党的前途命运、国家的前途命运、人民的前途命运高度统一的新“航线”。

① 习近平：《决胜全面建成小康社会 夺取新时代中国特色社会主义伟大胜利——在中国共产党第十九次全国代表大会上的报告》，北京：人民出版社2017年版，第10页。

②《十八大以来重要文献选编(上)》，北京：中央文献出版社2014年版，第11页。

“四个伟大”具有严密的历史逻辑和现实逻辑，构成了不可分割的有机整体。进行伟大斗争、建设伟大工程、推进伟大事业，归根结底就是要实现伟大梦想。在“四个伟大”中起决定性作用的是党的建设新的伟大工程。习近平总书记在党的十九大报告中强调：“党要团结带领人民进行伟大斗争、推进伟大事业、实现伟大梦想，必须毫不动摇坚持和完善党的领导，毫不动摇推进党的建设新的伟大工程，把党建设得更加坚强有力。”①这就要求我们加强党对一切工作的领导，增强“四个意识”，加强政治建设；推进全面从严治党，向基层不断延伸，提升组织力；推进党风廉政建设，改善政治生态，实现海晏河清。

第四，新思想开辟新“航道”——中国特色社会主义道路。

自1982年邓小平在党的十二大开幕词中提出了建设有中国特色社会主义以来，党的十三大到十九大，历次党代会报告的总题目中都有“中国特色社会主义”8个大字。习近平总书记在党的十九大报告中进一步强调：“中国特色社会主义道路是实现社会主义现代化、创造人民美好生活的必由之路。”②

中国特色社会主义植根于中国五千多年文明，借鉴包容人类文明一切成果，成功实现了科学社会主义的中国化，并推动科学社会主义理论有了重大创新和发展。中国特色社会主义成功探索出一条不同于西方的现代化道路，为发展中国家走向现代化贡献了中国智慧和中国方案。改革开放40年，中国用几十年时间走完了发达国家几百年走过的发展历程，这本身就是中国特色社会主义强大生命力和巨大优越性的充分证明。针对怎样走好中国道路，党的十八大以来，我国确立了“五位一体”总体布局和“四个全面”战略布局，明确了“五大发展理念”，对建设社会主义现代化强国作了顶层设计和全面部署。中国道路的发展动力更加强劲、发展内涵更加丰富、发展格局更加完善、发展理念更加科学、发展优势更加彰显、发展成果

① 习近平：《决胜全面建成小康社会 夺取新时代中国特色社会主义伟大胜利——在中国共产党第十九次全国代表大会上的报告》，北京：人民出版社2017年版，第63页。

② 习近平：《决胜全面建成小康社会 夺取新时代中国特色社会主义伟大胜利——在中国共产党第十九次全国代表大会上的报告》，北京：人民出版社2017年版，第16页。

惠及更多人，中国道路将会越走越宽广。

第五，新思想描绘新“航图”——“两个百年”奋斗目标。

习近平总书记在党的十九大报告中描绘了建设社会主义现代化国家新的“两步走”的宏伟蓝图：第一个阶段，从2020年到2035年，在全面建成小康社会的基础上，再奋斗15年，基本实现社会主义现代化；第二个阶段，从2035年到本世纪中叶，在基本实现现代化的基础上，再奋斗15年，把我国建成富强民主文明和谐美丽的社会主义现代化强国。

党的十九大报告作出了决胜全面建成小康社会第一个百年目标的总动员、总部署，启航全面建成社会主义现代化国家新目标，这是中国共产党走出“历史周期律”，达到长治久安、再创辉煌的新的长征。习近平总书记强调：“历史车轮滚滚向前，时代潮流浩浩荡荡。历史只会眷顾坚定者、奋进者、搏击者，而不会等待犹豫者、懈怠者、畏难者。全党一定要保持艰苦奋斗、戒骄戒躁的作风，以时不我待、只争朝夕的精神，奋力走好新时代的长征路。”①我们要以习近平新时代中国特色社会主义思想为指导，以永不懈怠的精神状态和一往无前的执着精神破浪前进，把新时代中国特色社会主义伟大事业不断推向前进，为实现中华民族伟大复兴中国梦不懈奋斗。

① 习近平：《决胜全面建成小康社会 夺取新时代中国特色社会主义伟大胜利——在中国共产党第十九次全国代表大会上的报告》，北京：人民出版社2017年版，第69—70页。

协同推进各类课程与思政理论课同向同行*

习近平总书记在全国高校思想政治工作会议上强调指出："要用好课堂教学这个主渠道，思想政治理论课要坚持在改进中加强，提升思想政治教育亲和力和针对性，满足学生成长发展需求和期待，其他各门课都要守好一段渠、种好责任田，使各类课程与思想政治理论课同向同行，形成协同效应。"①习近平总书记的重要论述既指出了思想政治理论课发展的重点之所在，同时也指明了大学各类课程和思想政治理论课同向同行、协同建设的根本方向。

第一，坚守"德育为先"，发挥思想政治理论课课堂教学育人的主渠道作用。课堂教学是思想政治教育的主渠道，要用好课堂教学这个主渠道，需要我们进一步强化"立德树人"的目标，坚持"正确的政治方向"。习近平总书记指出："我国高等教育肩负着培养德智体美全面发展的社会主义事业建设者和接班人的重大任务，必须坚持正确政治方向。"②一线教师，要深入贯彻习近平总书记的讲话精神，把教育引导学生形成"四个正确认识"作为工作目标；遵循思想政治工作规律、教书育人规律和学生成长规律，多探究，多实践，多了解学生；用好课堂教学这个主渠道，多研教，切实提高课堂教学质量；在师德修养上下狠功夫，要明道、信道，担负起责任，做到四个"坚持统一"。

用好课堂教学主渠道。思想政治理论课的课堂教学，目前在教学内容、教学理念、教学方法、教学手段方面还存在一些问题。我们需要及时深入推进习近平总书记系列重要讲话精神进教材、进课堂、进学生头脑；需要

* 本文发表于《安徽日报》2017年4月24日第7版。

①《习近平谈治国理政》第2卷，北京：外文出版社2017年版，第378页。

②《习近平谈治国理政》第2卷，北京：外文出版社2017年版，第377页。

进一步联系世界和中国发展大势，联系大学生的思想实际，把现实生活中大量实际而生动的东西与教学内容有机结合起来，做到宏观论述和微观剖析相结合，使教学丰富多彩；需要把最前沿、最新颖、最精彩、最有说服力的观点和实例充实到讲课之中，善于勾勒历史画卷，达到气势如虹，跌宕起伏，能将慷慨激昂、悲愤低沉、轻松欢快、爱憎分明的感情色彩融入教学之中，使学生受到感染和教育；需要把知识传授与思想教育结合，把传统教学与现代信息技术结合起来。

第二，坚定"德智并重"，发挥哲学社会科学课程育人的重要职责。习近平总书记说，其他各门课都要守好一段渠，种好责任田。哲学社会科学课程同样负有思想政治教育的重要职责。我们既要推进思想政治课教学改革，提升思想政治理论课的吸引力、说服力和感染力，同时还要充分发挥哲学社会科学的育人功能，坚持用马克思主义指导哲学社会科学教学科研工作，用科学的理论武装大学生。

要发挥高校哲学社会科学课程的育人职责。一方面，要加强对中国特色社会主义理论体系的宣传阐释，特别是要加强中国特色哲学社会科学学科体系、教材体系、话语体系和评价体系的建设，克服目前高校哲学社会科学建设中往往存在的借鉴西方的理论较多、反映中国实践的理论较少的缺陷，引导大学生真学、真信、真懂、真用，做到入眼、入耳、入脑、入心，努力增强中国特色社会主义道路自信、理论自信、制度自信、文化自信，提高对中国特色社会主义事业的理论认同、政治认同、情感认同。另一方面，要加强高校哲学社会科学队伍建设。特别是要加强对中青年学术骨干和学科带头人的培养，坚持学术研究无禁区，课堂讲授有纪律，引导高校哲学社会科学教师坚持"德智并进"的原则，把哲学社会科学的智性教育与思想教育有机统一，并行推进，确保哲学社会科学教学、科研和学术交流活动的正确政治方向。

第三，坚持"德业融合"，挖掘高校其他各类课程育人的隐性资源。高校任何一门课程都蕴含着丰富的思政素材和德育资源，大学的专业课也应润物细无声地成风化人。学习贯彻习近平总书记重要讲话精神，关键在于秉持“全程育人、全方位育人”理念，主动转变思路，开启“课程思政”建设，促进包括通识课、专业课在内的各类课程与思想政治教育有机融合，挖掘和充实各类课程的思想政治教育资源。

要发掘高校其他课程的育人资源，一方面，需要加强专业课教师政治素养，提升专业课教师人格魅力。思想政治教育的特殊性使教师人格魅力凸显，专业教师的政治素养直接影响着学生的政治方向。教师工作的“示范性”和学生所特有的“向师性”，使教师在学生心目中占有重要位置。优秀专业课教师的言谈举止本身就是德育教育的鲜活教材，教师的感召力本身就是先进的德育教育方式；同时，和谐的师生关系更会产生强大的引领作用，德育教育往往事半功倍。另一方面，要重视发挥其他专业课的育人功能，立足学科优势深入挖掘专业课程资源，构建全课程育人格局。专业课中很多的概念和理论都蕴含着深刻的人生哲理，这些与知识点相结合的人生哲理能让学生加深对抽象理论知识的理解，同时也让学生对自己人生多一些思考。专业课教学走向美学化的主旨正在于充分挖掘自身特色和优势，提炼专业课程中蕴含的文化基因和价值范式，将其转化为社会主义核心价值观具体化、生动化的有效教学载体，在“润物细无声”的知识教学中融入理想信念层面的精神指引。

构建中国特色哲学社会科学需强化四种意识*

习近平总书记在哲学社会科学工作座谈会上的重要讲话，深刻阐释了哲学社会科学的重要地位、发展哲学社会科学的指导思想、构建中国特色哲学社会科学的基本思路，以及加强和改善党对哲学社会科学工作领导等一系列重大理论和现实问题，是新形势下繁荣发展我国哲学社会科学事业的纲领性文献。哲学社会科学工作者要进一步确立和强化“四种意识”，以新的精神风貌投入到“加快构建中国特色哲学社会科学”这一行动中去。

第一，强化战略意识，提升责任感和使命感。我们应从世界和我国发展大历史中去看待哲学社会科学。人类社会每一次重大跃进和人类文明每一次重大发展，都离不开哲学社会科学的知识变革和思想先导。当代中国正经历着我国历史上最为广泛而深刻的社会变革，也正在进行着人类历史上最为宏大而独特的实践创新。这种前无古人的伟大实践，必将给理论创造、学术繁荣提供强大动力和广阔空间。习近平总书记强调：“坚持和发展中国特色社会主义，哲学社会科学具有不可替代的重要地位，哲学社会科学工作者具有不可替代的重要作用。”①这就告诉我们，中国特色社会主义伟大事业的发展需要哲学社会科学根据实践的需要，不断进行理论概括、提供智力和思想支持，同时在中国特色社会主义事业前进的道路上还存在着各种矛盾、困难和风险，也需要哲学社会科学工作者科学研究各种矛盾问题形成的原因和解决这些矛盾问题的实践路径，充分发挥哲学社会科学解疑释惑、凝聚人心、凝聚力量的作用。习近平总书记明确要求广大哲学社会科学工作者要“坚持以马克思主义为指导，深入研究和回答我国发展和我们党执政面临的重大理论和实践问题，推出一大批重要学术成

---

* 本文发表于《安徽日报》2016年5月27日第7版。

① 习近平：《在哲学社会科学工作座谈会上的讲话》，北京：人民出版社2016年版，第2页。

果”[①]，“一切有理想、有抱负的哲学社会科学工作者都应该立时代之潮头、通古今之变化、发思想之先声，积极为党和人民述学立论、建言献策”[②]。哲学社会科学工作者只有牢记这两个要求，肩负使命担当，才能不辱使命。

第二，强化立场意识，提升感召力和生命力。坚持以马克思主义为指导，是当代中国哲学社会科学区别于其他哲学社会科学的根本标志，必须旗帜鲜明加以坚持。在我国，不坚持以马克思主义为指导，哲学社会科学就会失去灵魂、迷失方向，最终也不能发挥应有作用。我国哲学社会科学的一项重要任务就是继续推进马克思主义中国化、时代化、大众化，继续发展21世纪马克思主义、当代中国马克思主义。习近平总书记强调：“我国广大哲学社会科学工作者要自觉坚持以马克思主义为指导，自觉把中国特色社会主义理论体系贯穿研究和教学全过程，转化为清醒的理论自觉、坚定的政治信念、科学的思维方法。”[③]这就要求广大哲学社会科学工作者首先要解决真懂、真信的问题，对马克思主义的学习和研究，不能采取浅尝辄止、蜻蜓点水的态度，而要在运用马克思主义立场、观点、方法上下功夫，在建设以马克思主义为指导的学科体系、学术体系、话语体系上下功夫，在出高水平成果上下功夫，扩大学科影响力和社会服务能力，在为祖国、为人民立德立言中成就自我、实现价值、不辱使命。习近平总书记指出：“我国哲学社会科学要有所作为，就必须坚持以人民为中心的研究导向。”[④]广大哲学社会科学工作者要坚持人民是历史创造者的观点，树立为人民做学问的理想，尊重人民主体地位，聚焦人民实践创造，自觉把个人学术追求同国家和民族发展紧紧联系在一起，永远站稳人民的立场。

第三，强化创新意识，提升创造力和传播力。习近平总书记强调，加快构建中国特色哲学社会科学，要按照立足中国、借鉴国外，挖掘历史、把握当代，关怀人类、面向未来的思路，把马克思主义的资源、中华优秀传统文化的资源、国外哲学社会科学的资源融通起来，处理好民族性和世界性的

① 习近平：《在哲学社会科学工作座谈会上的讲话》，北京：人民出版社2016年版，第6页。

② 习近平：《在哲学社会科学工作座谈会上的讲话》，北京：人民出版社2016年版，第8页。

③ 习近平：《在哲学社会科学工作座谈会上的讲话》，北京：人民出版社2016年版，第11页。

④ 习近平：《在哲学社会科学工作座谈会上的讲话》，北京：人民出版社2016年版，第12页。

关系，不断推进学科体系、学术体系、话语体系建设和创新，充分体现中国文化的特色和中国的时代特征，充分体现中国道路、中国制度的历史必然性和现实合理性。哲学社会科学的特色、风格、气派，是发展到一定阶段的产物，是成熟的标志、实力的象征，也是自信的体现。加快构建中国特色哲学社会科学，是历史赋予我们的时代重任。习近平总书记强调，构建中国特色哲学社会科学是一项系统工程，是一项极其繁重的任务，要加强顶层设计，统筹各方面力量协同推进。构建中国特色哲学社会科学，既要体现继承性、民族性，又要体现原创性、时代性，还要体现系统性、专业性。体现继承性、民族性是指我们构建中国特色哲学社会科学要善于融通古今中外各种资源，特别是要把握好马克思主义的资源、中华优秀传统文化的资源、国外哲学社会科学的资源。体现原创性、时代性是指以我们正在做的事情为中心，从改革发展的实践中挖掘新材料、发现新问题、提出新观点、构建新理论。体现系统性、专业性是指我们所要构建的中国特色哲学社会科学应该是一个全方位、全领域、全要素的哲学社会科学体系，学科体系建设要突出优势、拓展领域、补齐短板、完善体系。

第四，强化治理意识，提升服务力和战斗力。习近平总书记指出，加强和改善党对哲学社会科学工作的领导，是繁荣发展我国哲学社会科学事业的根本保证。各级党委要把哲学社会科学工作纳入重要议事日程，加强政治领导和工作指导，一手抓繁荣发展，一手抓引导管理。领导干部要主动同专家学者打交道、交朋友，多听取他们的意见和建议，特别是要加强中国特色新型智库建设，建立健全决策咨询制度。百花齐放、百家争鸣，是繁荣发展我国哲学社会科学的重要方针。习近平总书记指出，提倡理论创新和知识创新，就要严守这一“重要方针”，鼓励开展平等、健康、活泼和充分说理的学术争鸣，正确区分学术问题和政治问题，大力推动形成崇尚精品、严谨治学、注重诚信、讲求责任的优良学风，营造风清气正、互学互鉴、积极向上的学术生态。哲学社会科学领域是知识分子密集的地方，高等院校、党校（行政学院）、部队院校、科研院所、党政部门研究机构这“五路大军”，是构建中国特色哲学社会科学不可或缺的人才队伍。要把这支队伍关心好、培养好、使用好，让广大哲学社会科学工作者成为先进思想的倡导者、学术研究的开拓者、社会风尚的引领者、党执政的坚定支持者。我们要按照习近平总书记的要求，认真贯彻党的知识分子政策，尊重劳动、尊重知识、尊重人才、尊重创造，做到政治上充分信任、思想上主动引导、工作上创造条件、生活上关心照顾。

治理视野下大学生思想政治教育工作探讨*

党的十八届三中全会明确提出“推进国家治理体系和治理能力现代化”，引发了教育界关于“教育治理体系和治理能力现代化”的深入探讨。大学生思想政治教育工作是高等教育综合改革的重要内容，是实现高等教育治理体系和治理能力现代化的重要路径。我们应当从治理视角积极完善大学生思想政治教育工作体系，充分发挥相关功能与作用，从而顺利完成立德树人的根本任务。

全球文化的交流碰撞、科学技术的飞速发展，对处在数字化生活环境、网络化校园环境、个性化学习环境和多样化家庭环境中的大学生的思想观念造成了极大冲击，也给大学生思想政治教育工作带来了巨大挑战。尽管以往高校对大学生思想政治教育工作也在不断加强管理，但管理模式存在着“一元”“单向”和“集中”的缺陷，即工作主体为单一学校、工作方式为单方向灌输、工作流程单一集中在学校。这与现代大学的“共治”理念与要求不相符合。治理视野下的大学生思想政治教育工作应当实现工作理念由“传统”向“现代”转变，工作主体由“一元”向“多元”转变，工作方式由“单向”向“互动”转变，工作过程由“集中”向“民主”转变。

与传统的大学生思想政治教育管理相比，基于治理的新理念，大学生思想政治教育工作基本内容主要包括如下四个方面：一是大学生思想政治教育工作的主体，也就是“由谁来推动”；二是大学生思想政治教育工作的客体，即“工作的对象和内容是什么”；三是大学生思想政治教育工作的方式和手段，即“如何工作”；四是大学生思想政治教育工作效果评估，即“如何评价”。

第一，工作主体是指主导、参与及推动大学生思想政治教育工作的个

* 本文发表于《安徽日报》2015年4月27日第7版。

体、团体及群体的总称，它是大学生思想政治教育工作体系的核心。经济社会的快速发展与社会环境的急剧变迁，要求大学生思想政治教育工作必须随之变化，适应变化的社会生活与环境。当今社会的快速变革使大学生思想政治教育工作变得更为复杂，更加突显了其工作主体多元化的特征。大学生思想政治教育工作中，高校及相关人员是主体，大学生也是主体，还有学校内各类正式和非正式组织、学校各个部门、学校所在的社区、学生家长、社会相关企事业单位，都是参与这项工作的主体。

第二，工作客体指的是大学生思想政治教育工作所指向的对象、内容及环境的总和，它是大学生思想政治教育工作体系的基础。我们应该清醒地认识到，现阶段大学生思想政治教育工作面临着大学生思想政治教育的针对性和实效性不强的问题。一些高校仍不同程度地存在管理观念落后，严重脱离大学生的思想和生活实际，教育实际效果不明显等现象；有的高校的大学生思想政治教育管理体制还存在着建设不到位，管理体系内部缺乏沟通协调，组织实施过程中存在短期行为，管理方法陈旧单一，评估管理流于形式等诸多问题。从治理的角度看，当前的大学生思想政治教育工作尤其要关注存在的各类问题。工作重点是重建大学生思想政治教育工作体系，目的是提升大学生思想政治教育工作的效能，落脚点是提升大学生的社会责任感、创新精神和实践能力，确保立德树人任务的实现。

第三，如何工作指的是大学生思想政治教育工作的实施方式，它是大学生思想政治教育工作体系的关键。治理视野下的大学生思想政治教育工作首先要坚持法治和德治相结合的原则，尤其要突显校园法制化建设的作用。其次是要积极寻求来自社会和家庭的力量，构建大学生思想政治教育工作的社会支持体系。最后是要结合网络时代的特征，加强对大学生思想动态的网络舆情治理。尤其是在信息化和互联网时代，更要重视互联网在大学生思想政治教育工作中不可替代的作用。可以说，大学生思想政治教育工作的方式、方法、手段是多种多样的，最根本的就是采取多渠道工作方式，构建法律手段、道德手段和舆论手段相结合的多样化手段体系，打造文化资源、组织资源和社会资源综合利用的动态性工作方式，最终实现由过去单纯的学校管理向大学生思想政治教育利益相关者共同协商管理的转变。

第四,如何评价指的是大学生思想政治教育工作效果的评判主体和标准。新时期大学生思想政治教育工作究竟效果如何,是否实现了量的提高和质的优化,是否适应大学生身心发展规律,是否符合立德树人任务的要求,这个评价主体和标准的制定者首先是以大学生为主体的人民群众,然后才是高等学校和教育政府机构。

从治理的角度而言,构建完善的大学生思想政治教育工作体系是新时期高校大学生思想政治教育事业发展的必然要求,是高校大学生全面自由发展的必然要求,也是思想政治教育学科建设的必然要求。新时期大学生思想政治教育工作体系包括以下几个方面:

第一,工作理念。新时期大学生思想政治教育工作理念主要包括依法治校和依法行使教育权利的法治理念和以学生为本的人本理念。第二,工作模式。新时期大学生思想政治教育工作模式主要有垂直模式、水平模式和共同治理模式。垂直模式即高校从上到下的垂直管理。水平模式即以班级组织、学生会、学生社团为主要载体的学生群体之间的水平协商管理。共同治理模式即政府、社会、学校、社区、教师、学生、家长等大学生思想政治教育利益相关者的共同治理。第三,工作结构。新时期大学生思想政治教育工作结构包括高校内部的管理结构和高校外部的管理结构。第四,工作机制。主要包括政府机制、学校机制和社会机制三大方面。第五,工作路径。一是加强对新时期大学生思想政治教育工作体系的顶层设计和组织领导;二是积极构建大学生思想政治教育工作体系的生态系统;三是不断优化大学生思想政治教育工作体系,努力实现大学生思想政治教育工作的科学化。

“中国梦”中的教育元素解读

——学习习近平总书记有关讲话精神的体会*

习近平总书记指出，实现中华民族伟大复兴的中国梦，就是要实现国家富强、民族振兴、人民幸福。中国梦从寻梦、追梦到筑梦、圆梦，始终包蕴厚重的教育元素。中国梦的教育元素富含殷切的人民情怀，以人民性为核心价值，在价值理念上与以人为本的科学发展观和人民群众主体地位的历史观根本一致。

中国梦包蕴厚重的教育元素。近代以来，无数仁人志士在积贫积弱的危难之际萌生民族复兴梦，将教育作为救国图强的重要元素和力量。中国共产党成立后，一直重视文化教育工作。《中国共产党第二次全国代表大会宣言》提出的七项目标中，就有两项事关教育：“改良教育制度，实行普及教育”，“女子在政治上、经济上、社会上、教育上一律享有平等权利。”[①]中华人民共和国成立前夕，中国人民政治协商会议第一次全体会议通过的《共同纲领》，确立了“人民政府的文化教育工作，应以提高人民文化水平，培养国家建设人才，肃清封建的、买办的、法西斯主义的思想，发展为人民服务的思想为主要任务”[②]。党的八大进一步指出：“文化教育事业在整个社会主义建设事业中占有重要的地位。”[③]党的十一届三中全会确认，党和国家的工作着重点“转移到以经济建设为中心的社会主义现代化建设上来，大大发展社会生产力，并在这个基础上逐步改善人民的物质文化生活”[④]。自此，教育成为科

---

* 本文发表于《安徽日报》2013年10月8日第7版。

①《建党以来重要文献选编(1921—1949)》第1册，北京：中央文献出版社2011年版，第134页。

②《中共中央文件选集(一九四九年十月——九六六年五月)》第36册，北京：人民出版社2013年版，第209页。

③《建党以来重要文献选编》第9册，北京：中央文献出版社1994年版，第77页。

④《改革开放三十年重要文献选编(上)》，北京：人民出版社2008年版，第212页。

学技术第一生产力的重要基础,成为现代化建设的战略重点。邓小平提出的“根本大计是要从教育着手”,成了科教兴国战略和教育优先发展战略的重要思想基础。之后,经过历次党的代表大会和各级党委、政府的持续有力推动,“百年大计,教育为本”“国运兴衰,系于教育”“努力办好人民满意的教育”“基本实现教育现代化”等,成为教育发展的国家目标和社会共识。与此同时,“有学上”“上好学”也成了亿万家庭追求美好生活的有效路径。

习近平总书记在十八届一中全会后中央政治局常委与中外记者见面会上的讲话上指出:“我们的人民热爱生活,期盼有更好的教育、更稳定的工作、更满意的收入、更可靠的社会保障、更高水平的医疗卫生服务、更舒适的居住条件、更优美的环境,期盼着孩子们能成长得更好、工作得更好、生活得更好。”[①]在参观《复兴之路》展览时他指出:“我以为,实现中华民族伟大复兴,就是中华民族近代以来最伟大的梦想。这个梦想,凝聚了几代中国人的夙愿,体现了中华民族和中国人民的整体利益,是每一个中华儿女的共同期盼。”[②]此后,他在第十二届全国人民代表大会第一次会议上指出:“我们要随时随刻倾听人民呼声、回应人民期待,保证人民平等参与、平等发展权利,维护社会公平正义,在学有所教、劳有所得、病有所医、老有所养、住有所居上持续取得新进展,不断实现好、维护好、发展好最广大人民根本利益,使发展成果更多更公平惠及全体人民,在经济社会不断发展的基础上,朝着共同富裕方向稳步前进。”[③]可以看出,“更好的教育”和“学有所教”是创造人民幸福生活的重要举措,做好这些工作,根本目的是改善民生、造福人民。

中国梦中的教育元素富含殷切的人民情怀。中国梦中的教育元素在价值取向上充满包容性,既包括国家富强和民族振兴的社会价值,也涉及人民幸福生活的个人价值。新时期以来,随着改革开放和社会主义市场经济的建立与逐步完善,社会结构的深刻变动与利益格局的深刻调整,社会思

①《习近平关于全面建成小康社会论述摘编》,北京:中央文献出版社2016年版,第129页。

②《习近平谈治国理政》,北京:外文出版社2014年版,第36页。

③《习近平关于全面建成小康社会论述摘编》,北京:中央文献出版社2016年版,第131页。

想和价值追求也日趋多元。在这个过程中,人的主体地位和价值得到确立。追逐个人的求学梦想、择业梦想、家庭梦想、人生梦想,接受良好教育成为人民群众的强烈期盼,深化教育改革成为全社会的共同期待。

党的十七大首次将教育纳入以改善民生为重点的社会建设。党的十八大报告提出,提高人民物质文化生活水平,是改革开放和社会主义现代化建设的根本目的,并将努力办好人民满意的教育作为全面建成小康社会的重要任务。习近平总书记在十八届一中全会讲话中指出:"我们一定要坚持从维护最广大人民根本利益的高度,多谋民生之利,多解民生之忧,在学有所教、劳有所得、病有所医、老有所养、住有所居上持续取得新进展。"①在十八届一中全会后中央政治局常委与中外记者见面会上,他将人民对美好生活的期盼具体化为教育、工作、收入、社会保障、医疗卫生服务、居住条件和生活环境等。这些将中国梦从国家、民族的"宏大愿景"与公民幸福生活的"微观愿景"有机结合,实现贯通与汇合,使中国梦的教育元素富含人民情怀,彰显鲜明的人民性。

中国梦的教育元素应成为人民幸福的助推器。中国梦的教育元素内涵丰富,既是中国梦目标愿景的一部分,也是中国梦实现途径和手段的一方面。它是民族振兴、社会进步的基石,是亿万家庭通向美好生活的阶梯,应当成为人民幸福的助推器。

教育对于人民幸福的助推是通过培养人、提高人的素质和能力实现的。只有广大教育者和受教育者共同努力、相关方面协同配合才能实现。第一,办学以教育工作者为主体。必须紧紧依靠广大教育工作者,遵循教育规律教学办学,充分调动广大教育工作者特别是教师和校长的积极性、主动性和创造性。教育工作者要不断提高自身的政治和业务素质,努力办好每一所学校,教好每一个学生,使每一个学生都能成为有用之才。第二,教学以学生为主体。充分发挥学生的主动性,尊重教育规律和学生身心发展规律,为多样化、个性化、创新型人才成长提供良好环境和机制,为学生提供适合的教育。第三,大力推进小学、中学、大学有机衔接,教学与科研、

①《"两学一做"学习教育手册》,北京:人民出版社2016年版,第232页。

社会实践紧密结合，学校与家庭、社会密切配合，加强校校之间、校企之间、校所之间合作，完善人才培养机制。调动社会力量支持和参与教育的积极性，妥善处理教育领域的各种利益矛盾，形成人才培养的教育合力。第四，尊重人民首创精神。在大力加强教育领域综合改革的顶层设计和总体规划同时，尊重实践、尊重创造，鼓励大胆探索和勇于开拓，努力使教育改革深入推进。

充分发挥教育助推人民幸福的作用，应当正确处理好最广大人民根本利益、现阶段群众共同利益、不同群体特殊利益的关系。一方面，我们要努力促进教育公平。推动公民受教育的权利公平、机会公平、程序公平、规则公平。加强薄弱环节和关键领域，加快缩小城乡、区域教育发展差距，帮助特殊群体解决上学难和学习困难等问题。勇于突破教育领域利益固化的藩篱，努力让人民群众共同享有人生出彩的机会，共同享有梦想成真的机会，共同享有同祖国和时代一起成长与进步的机会。另一方面，我们要注重提高教育质量。注重教育内涵发展，协调好教育发展和人的全面发展、社会发展的关系。把教育资源配置和学校工作重点集中到提高教育质量上来。深入研究经济社会发展和用人单位对人才结构培养质量需求变化情况，提高各级各类教育服务经济社会发展能力，提高各级各类教育满足广大群众日益增长的多层次、多样化教育需求的能力。只有统筹处理好社会需要与人民群众对良好教育需求之间的关系、教育公平与质量的关系，形成教育发展和个人发展的更大空间，使每个学生都成为有用之才，人民幸福之路才会越走越宽。

增强道路自信，强化圆梦担当*

党的十八大后，习近平总书记提出和深刻阐述的民族振兴中国梦，是着眼于坚持和发展中国特色社会主义提出的重要战略思想。坚持和发展中国特色社会主义是实现民族复兴中国梦的根本途径，实现民族复兴中国梦是坚持和发展中国特色社会主义的奋斗目标。

中国梦开拓了中国特色社会主义的理论视野。中华民族伟大复兴中国梦的战略构想，紧紧围绕着“什么是中国梦、怎样实现中国梦”这一重大问题，提出了一系列新思想新观点，构建起一个相互联系、相互贯通、逻辑自洽的科学理论体系，为中国特色社会主义注入了新的时代精神和鲜活力量，开辟了中国特色社会主义发展的新境界。

中国梦坚定了中国特色社会主义的“三个自信”。中国梦将国家的富强、社会的进步与中华民族的伟大复兴紧密地结合起来，将中国共产党的历史使命与广大人民群众的幸福生活紧密地结合起来，使中国特色社会主义的共同理想和宏伟目标变得更加清晰，大大增强了人们对中国特色社会主义的道路自信、理论自信和制度自信。

中国梦凸显了中国特色社会主义的风格和气派。中国梦以其通俗、清新、亲和、精练、传神的表达方式，将中国共产党的政治理想、现阶段的执政理念高度浓缩，并融入时代背景、国际环境、人民愿景等多彩元素，构筑了具有中国特色、中国风格、中国气派的话语体系，迅速地赢得了中国社会的高度认同，中国梦因此被誉为中国特色社会主义的“百姓版”“大众版”。

中国特色社会主义是实现中国梦的唯一道路。道路不仅关乎形象，更关乎前途和命运。为了实现中华民族伟大复兴的中国梦，既不能走封闭僵化的老路，也不能走改旗易帜的邪路，只有走中国特色社会主义这一历史

* 本文发表于《安徽日报》2013年10月24日第B3版。

必由之路。坚持中国特色社会主义道路是中国共产党九十余年的历史经验得出的最深刻结论。这一道路具体体现在以下方面:党的领导是实现中国梦的坚强核心,改革开放是实现中国梦的强大动力,群众路线是实现中国梦的重要法宝,制度建设是实现中国梦的可靠保障,中国精神是实现中国梦的精神支撑。

高等教育是实现中国梦的助推器。高校要在中国特色社会主义和中国梦的学习实践中走在前列,把中国特色社会主义与中国梦的研究结合起来,充分阐释中国特色社会主义和民族振兴中国梦的关系,为增强“三个自信”提供坚实的学理支撑。要通过开展中国特色社会主义和中国梦的主题教育实践活动,增强当代大学生的责任感、使命感和奋斗精神,培养出各行各业的优秀人才和建设者,助推中国梦的实现。

"小岗精神"历久弥新*

1978年，安徽省凤阳县小岗村18位村民冒着生命危险，在一份生死契约上摁下鲜红的手印，由此掀开了中国农村改革的序幕，推动了家庭联产承包责任制的出台，助力中国改革向纵深推进。小岗村因此被视为中国农村改革的主要发源地，在中国改革进程中具有重要的历史地位。在40年农村改革发展实践中，当年"敢闯、敢试、敢为人先"的"大包干精神"经过不断丰富，逐渐沉淀和凝练为"敢于创造、敢于担当、敢于奋斗"的"小岗精神"。

2016年4月，习近平总书记来到小岗村调研，再忆改革历程，重温"小岗精神"，再释改革决心。党的十九大强调要弘扬民族精神和时代精神。"小岗精神"是"大包干精神"在改革开放伟大实践中的丰富和发展，随着改革的不断向前而历久弥新且熠熠生辉。时值改革开放40周年之际，手握新时代的入场券，放眼乡村振兴的快速发展，我们需要用发展的眼光去进一步诠释"小岗精神"的时代价值，持续发挥其动力支持、价值引领的作用。

打破思维定式，敢于创造。1978年小岗村包产到户、包干到户的创新实践，证明了思想禁锢是难以实现发展的。在此之后，安徽又率先推动农村税费改革、农村综合改革、"一户一块田"改革等，不断将农村改革引向深入。这启发我们，在当前大力实施乡村振兴战略的过程中，一定要冲破思想观念的障碍，破除妨碍改革发展的思维定式，进一步解放思想，立足村情剖析当地的实际情况，厘清自身优势与不足，瞄准发力的方向，科学谋划乡村振兴的发展路径，切实推进新一轮农村改革。此外，改革还要尊重群众首创精神，激发并凝聚蕴藏在他们中的巨大创造力，让人民群众在改革中建功立业，在改革中收获更多"获得感"。

乐于奉献，敢于担当。改革开放以来小岗村能有今天的成就，其中重

---

* 本文发表于《光明日报》2018年10月18日第6版。

要的一点是发挥了广大基层干部的重要作用。这些干部乐于奉献、敢于担当，在实践中始终坚持以人民为中心的发展思想。在当前的乡村振兴实践中，广大乡村干部要弘扬沈浩同志等党员干部身上所体现出的无私奉献精神，以造福人民为最大政绩，从群众最关心的问题入手，把民生疾苦放在心头，把改革发展责任扛在肩上。基层各级领导干部在乡村振兴的过程中，要真正发扬求真务实、真抓实干的优良作风，坚持从群众中来到群众中去，尊重民意，坚持为人民服务，充分调动村民和社会各界的主动性和积极性，汇聚乡村振兴正能量，避免徒陈空文、浮光掠影。

勇于追梦，敢于奋斗。习近平总书记指出，改革开放以来农村改革的伟大实践，推动我国农业生产、农民生活、农村面貌发生了巨大变化，为我国改革开放和社会主义现代化建设作出了重大贡献。这些巨大变化，使广大农民看到了走向富裕的光明前景，坚定了跟着我们党走中国特色社会主义道路的信心。对农村改革的成功经验，要长期坚持、不断完善。“大包干”之后，小岗人一夜越过温饱线；在沈浩书记以及后任书记的带领下，小岗人又开始了新的征程，致力打造生产、生活、生态融合，创新、创业、创意融合的现代农业田园综合体，努力推动新时代小岗发展再提升。小岗40年的奋斗史有力证明，弘扬敢于奋斗的追梦精神，就一定能够以苦干续写辉煌，用实干托起梦想。

“小岗精神”对于安徽省乃至全国的改革开放，都具有十分重要的时代意义和历史意义，是展示我国农业、农村和农民面貌的一个窗口，也是我国农村政策的奠基石，这是一笔宝贵的精神财富。学习“小岗精神”，不是仅仅讲好小岗故事，擦亮小岗名片，更需要我们去传承和发展好“小岗精神”。改革越深入，挑战和险阻出现的概率也会越大，改革的复杂性、敏感性、艰巨性会更加突出，我们要坚定信心、凝聚力量、攻坚克难，坚持蹄疾步稳地推进改革，确保各项改革举措落地生根，要围绕农民群众最关心最直接最现实的利益问题，加快补齐农村发展和民生短板，让亿万农民有更多实实在在的获得感、幸福感、安全感。

高等中医药院校如何发展人文社科*

“高等中医药院校如何繁荣发展人文社会科学”的问题，总的讲，即“为什么、是什么、怎么办”。

首先，高等中医药院校为什么要发展人文社会科学？

从办学的角度看，作为高等中医院校只有培养出既具有科学精神又具有“救死扶伤，实行革命的人道主义”人文精神的人才，才能适应社会对学校的希望和要求。从学科发展的角度看，学科交叉是中医药学发展的动力源泉。《中国中医学本科教育标准》中就有“独立的中医院校或者综合性大学以及医科大学中设置的中医学院（系）必须努力加强各学科之间的融合”的要求。从提高人才素质来看，高等中医药院校担负着培养保护生命健康的拔尖中医药人才的重任。对此类人才合格的评判标准不仅是精湛医技的掌握，更主要是要有用心、用情来操作医技的情感。从文化传统的角度来看，中医学产生于古代，孕育于传统文化土壤，带有浓厚的思辨色彩和传统文化烙印。要保证中医医家与病家的伦理共生关系健康和谐可持续的发展，离开人文社会科学是不可想象的。

其次，高等中医药院校是什么，其人文社科的现状是什么？

在整个社会系统的定位中，高等中医药院校教育属于文化领域，必然突出人文的传承与创新功能。在整个高等教育的定位中，高等中医药院校教育属于特色领域，必须发挥人文的凝聚与扩散功能。在整个人文社会科学繁荣发展的定位中，高等中医药院校教育属于优势领域，必将彰显人文的引领与融合功能。

高等中医药院校的人文社会科学现状主要可以概括为以下三个方面。一是发展成就不容忽视。目前，大部分高等中医药院校都建立了人文社会

* 本文发表于《光明日报》2010年7月11日第7版。

科学机构,也涌现出一些优秀的研究作品,医学与人文交叉学科不断建设。二是发展的机遇不容错过。目前,党和政府高度重视中医药事业发展,人民对中医药事业繁荣发展期待前所未有,教育部社科司又专门建立了全国医药院校繁荣发展哲学社会科学协作机制。三是发展的问题不容回避。如部分高等中医药院校在学校顶层设计中,对人文社会科学没有充分重视;有的学校发展缺乏大学文化支撑;还有的存在定位不准、特色不明、趋同发展、盲目攀比等现象。

最后,高等中医药院校怎样发展人文社会科学?

第一,更新发展观念,提高对发展人文社会科学重要性的认识。作为高等中医药院校的领导特别是主要领导,从思想认识上要确立发展人文社会科学的重要性、必要性、支撑性和服务性。

第二,加强大学文化建设,营造有利于人文社会科学发展的良好校园氛围。在大学精神引领上,注重医学与人文的融合;在学校环境文化营造上,注重传统文化渗透与彰显;在师生行为文化的引导上,注重医学伦理道德的塑造。

第三,制定中长期规划,确立人文社会科学的发展战略目标。必须把人文社会科学发展列入学校的“十二五”发展规划中,加强顶层设计,并制定切实可行的措施。

第四,突破建设重点,改革人文社会科学发展模式。采取重点突破,以特色求发展;精心构筑“文科与中医药融合式”的管理模式和科研机制;实行开放式的管理模式,加大国际交流合作的力度和频率。

现代大学必须鼓励学生参与学校管理*

长期以来，我国高校秉承管理育人的价值趋向，实施以学校为主体、学生为对象的教育管理。这种管理形式在特定的历史时期是需要的，但随着市场经济的发展，大学生的思想观念、价值取向也发生了巨大的变化。他们思想的独立性、选择性和差异性日益显现。如何发挥在校大学生的主观能动性，调动学生参与学校管理的积极性，对于做好学校人才培养工作具有非常重要的意义。

学生参与学校管理工作古往今来均有先例。在中国古代大学，从战国时期的“稷下学宫”、汉代的“太学”“国子监”、宋代的“书院”等，都既蕴含着“师道尊严”的传统文化精神，又传颂着“教学相长”的动人故事。春秋时期就已有学生承担学校劳务，参与私学日常的管理活动，这可能是我国最早的学生参与管理的形式。宋代书院的管理人员多由学生选择，或由学生轮流担任。到了近代，蔡元培就任北京大学校长时，提出学术自由和教授治校的办学思想，同时组织学生会参与北京大学的管理，开创了我国学生参与现代大学管理的先河。陶行知更直接地提倡学生自治，主张学生必须参与学校管理。

西方大学在学生参与学校管理方面也有较长的历史。在德国，大学的内部领导体制是委员会制，强调民主参与。在法律的框架下，德国大学通常由一名专职校长领导。学校的自治权根据“集体大学”的模式进行管理，大学校务委员会由教授、学生、科研工作人员以及其他职工四部分人员组成。他们根据各自的权利、义务和相关校规分别组成各个委员会，再由各委员会共同组成常务委员会。这样，大学所有组成人员都能够参与学校的管理。法国1968年颁布的《高等教育方向法》，提出了“在教学科研单位、大

* 本文发表于《光明日报》2009年10月20日第12版。

学、地区审议会各级,都有学生代表”。法国大学中设立的大学生活与学习委员会(该委员会中学生代表占多数)对于学生事务拥有建议权。对于一些特殊事项,法律还规定校长在作出决定之前,必须征求该委员会的意见。

我国教育部在《普通高等学校学生管理规定》中曾明确规定,要“鼓励学生对学校工作提出批评和建议,支持学生参加学校民主管理”。大学生作为学校的相关利益者,通过参与学校管理的过程,将情感、才智等投入到学校发展的活动之中,与学校的领导、老师分享管理权力、分担管理责任,是学生作为学校主体的重要体现。支持并组织学生参与学校的管理,既有利于当代大学管理的民主化和管理效能的提高,更有利于学生在参与管理中了解学校、了解社会,提高学生的聪明才智。然而,在当前我国大多数的学校中,还很难见到学生参与学校管理的身影。因此,采取有效措施,鼓励学生积极参与学校管理,就显得非常重要。

第一,学生参与学校管理需要明确界定内涵。从管理理念上,学生是大学内部管理者之一,应和行政人员、教师等管理主体具有平等的主体身份;从管理内容来看,学生应有机会参与学校一切重大利益相关的事务,如对学校的重大人事安排、教学、生活等事务发表意见;从管理过程来看,学生参与学校管理应强调全程性,而不是一种形式上的点缀;从管理的结果来看,参与管理的学生组织或个人,应通过合法的手段对学校内部管理要素施加影响,并能影响学校的最终决策。对学生参与学校管理这一基本概念的明确界定,可以防止学生参与学校管理在相关理论探讨和实践操作中的变异。当然,由于当代大学组织结构、运行模式与传统大学相比都已有很大变化,因此,学生参与管理并不是事事追求学生全员的决策参与,而是一种有限参与管理的方式。

第二,学生参与学校管理需要制度保障。目前,许多大学都已意识到学生参与学校管理的重要性,但制度缺失是最大障碍。因此,在现代大学制度建设中,要特别重视学生参与管理的制度构建,通过畅通参与渠道来保障学生参与管理作用的发挥。使学生参与学校管理的活动组织化和制度化,进而实现学生全方位、全过程参与大学管理的目标。

第三,学生参与学校管理需要提高自身的知识和管理才能。学校管理是一项复杂的工作,不是每一个人都能承担的,更何况是涉世未深的大学生。因此,学校需要培养和提高学生参与学校管理的知识和能力。尤其要培养学生参与管理中的责任意识、线索意识、暗示意识以及合作意识。责任意识是我们每一个生活在一定社会关系之中的人与生俱来、无处不在的一种态度,一种品质,更是一种追求。它要求每个学生在参与管理过程中,对自身、对他人、对学校、对国家和社会负有的一定责任。线索意识是指接受和理解学校各种管理困境的细微信号的能力。一个敏锐的参与管理者能找到问题的范型,然后作出"被认为是有价值的、值得的、尚可、忽略、不可接受或无法容忍的反应"。暗示意识是指选取和理解学校内外部重要个体和群体信号的能力。学生参与学校管理不能片面行事,他们必须建立一个支持的基础。因为没有上级、同级和下级中关键人物的合作,学校管理所遭遇的失败将多于成功。在了解了线索并对群体和个体支持与否的因素作出分析、判断之后,合作意识就要发挥作用了。在任何一项深思熟虑的参与管理行动中,内聚式的合作都是很重要的。

学生参与学校管理作为一种价值观念和行为规范,必将对学生的身心产生影响。在具体的参与管理过程中,学校民主管理的氛围就会产生一种力量,激励着大学师生员工去共同追求真理、发展知识,培养更多身心健康的优秀人才。

互联网环境下安徽省大学生思想状况分析*

互联网及网络舆情与大学生的思想紧密相关,对大学生思想政治教育提出了新挑战,以笔者为组长的安徽工业大学课题组围绕互联网环境下大学生思想状况,在全省10所高校开展了抽样调查工作,形成以下调查报告。

一、互联网环境下大学生思想状况分析

调查表明,当前我省高校大学生的思想状况总体呈现积极健康稳定的态势,政治参与度和认同度较高,广泛认同社会主义核心价值观,拥护党和政府"全面深化改革"的一系列举措以及军事、外交政策;人生目标明确、务实,讲求个人价值实现和生活品质,对未来发展充满信心,并表现出强烈的实干精神;道德认知、道德实践意识较强,具有良好的社会责任感。同时,当代大学生的思想状况也呈现出逐步多元化的趋势;大学生追求个性化、重视物质享受的倾向加大;大学生自身的学习生活压力较大;我省高校大学生对安徽的地域归属感较强,对安徽的网络信息资讯较为关注。具体表现在以下几方面:

1. 大学生对社会主义核心价值观广泛认同

当前社会主义核心价值观受到我省大学生群体广泛认同,但也存在不同声音。通过调查我们发现,有70%的大学生对社会主义核心价值观表示认同,认为其与每个人密切相关,需要倡导更需践行。有18%的大学生表示这是少数人讨论的问题,与自己无关。有7%的学生表示没有必要,还有5%的学生有其他的想法。同时,我们发现大学生对社会主义核心价值观的认同具有明显的年级结构差异。大学一年级新生和研究生两个群体对于社会主义核心价值观的整体认同度较高,而大学二年级、大学三年级和

* 本文发表于《江淮论坛》2015年第6期。

大学四年级的学生对社会主义核心价值观的整体认同度有所降低，漠视与不理解的比例较大。尤其是大学三年级学生群体，认为社会主义核心价值观与每个人密切相关，需要倡导更需践行的人数仅占51.93%；认为这是少数人讨论的问题，与“我”无关的人数占19.56%；认为没有必要倡导和践行社会主义核心价值观的占24.56%。

调查进一步发现，“新闻媒体”是广大大学生群体了解和认知社会主义核心价值观的主要渠道，学校教育并没有发挥应有的作用。获取社会主义核心价值观知识，61.99%的大学生是通过报纸、广播、电视、网络等新闻媒体，15.08%的大学生是通过书籍，11.03%的大学生通过讲座、讨论会、学习班，而通过学校教育方式获取的仅占10.72%。

2. 大学生的政治参与度和认同度较高

入党对于大学生来说意义重大，是对学生思想、行为等各方面的积极肯定。绝大多数的学生都有意愿加入中国共产党，目前有超过70%的学生有入党意愿但还未成功加入，约15%的大学生已经光荣成为共产党员。

在“你对目前辅导员工作的评价”调查中，有39.29%和33.28%的同学对辅导员的工作比较满意和非常满意，只有4.73%和1.48%的同学认为不太满意和非常不满意。

“你对所在学校思想政治理论课的满意度如何？”的调查反映，对学校思政课基本满意和比较满意的同学分别占32.82%和38.53%，而非常满意的同学则占19%，即对学校思政课满意的同学累计达到了90.35%。这表明，经过近10年的努力，高校思想政治理论课效果得到了明显的提升。

在“对于以下新观点、新提法，你的关注度如何？”调查中，“中国梦”以6587分排名第一，“新型城镇化”和“美丽中国”分列第二、第三位。可见，当前大学生对于时事政治有着较高的关注度。

绝大多数大学生认为“全面深化改革”这一举措是促使中国经济迅速发展的正确决定，占到了七成左右。针对中央的“八项规定”“六项禁令”以及党和政府坚持“老虎”“苍蝇”一起打的反腐败工作等在大学生中的调查结果显示，过半数大学生积极评价，认为中央的这一系列重要举措效果明显，并且应坚持下去。而在“你认为国家应该如何解决钓鱼岛问题？”一项调查中，62.54%的同学认为应该通过外交谈判和平解决，而32.03%的同学则认为应该通过武力解决，只有5.43%的同学表示与自己无关。对于中国在处理南海问题、钓鱼岛问题上的看法及态度，从调查结果的数据可以看出，绝大多数学生对于这些处理方式表示认可与满意，其中超过12%的学生表示非常满意，近35%的学生表示比较满意，25%左右的学生表示满意。可以看到，当前在校大学生不仅政治关注度较高，政治关注范围较宽泛，也有着一定的政治判断能力。

3.绝大多数大学生的人生观、价值观正确且朴实

调查显示，绝大多数在校大学生能够树立正确的人生观、价值观，对自己生存的目的、价值和意义具有正确而朴实的价值取向。

关于“你上大学的主要期望”调查显示，有55.44%的大学生想通过上大学找一份适合的好工作，实现个人价值。有16.01%的大学生怀着一颗感恩的心，想通过上大学让父母生活幸福。有14%的大学生想通过上大学改变家乡面貌，为国家富强和民族复兴而努力。在“人的一生，你最看重的是什么？”一项调查中，我们发现，“生活是否舒适”以30.40%排在第一位，而社会贡献大小、事业成功与否和物质财富大小三者分别以17.36%、15.25%和13.74%位居第二、第三、第四位。同时，他们中绝大多数人对未来自己是否能实现个人理想充满信心，斗志昂扬，以自己的实际行动，为个人的小家庭和社会的大家庭团结幸福努力奋斗终生，不做“理想主义者”和“空想主义者”，时刻坚守“空谈误国，实干兴邦”的箴言。

在“如果组织抗震救灾活动，你愿不愿意参加？”一项调查中，有62.21%的大学生表示愿意主动报名参加。关于“老人摔倒扶不扶”的讨论调查发现，过半数（51%）的大学生认为导致人们不扶老人、社会责任感缺失的主要原因是受有失偏颇的新闻报道和社会舆论导向影响。但在巨大的舆论压力和偏颇的新闻报道的冲击面前，大学生的社会责任感并没有因此发生巨大的偏向，反而是多了几分冷静与睿智。“如果在街上看到老人跌倒，你会如何做？”的调查显示，有59.89%的大学生表示保护自己的同时扶救老人，

仅有7.74%的大学生表示因害怕被诬陷不会主动扶救。

4. 大学生消费观念和恋爱观念较为理性

随着经济社会发展和网络消费模式的冲击和影响，大学生逐渐摒弃了一些传统消费观念，代之以注重效益、注重精神满足等新型消费观念。

在"除吃饭花费外，你的其他花费主要用于哪里？"调查中，有55.06%的大学生把花费用在"购买日常用品、聚会"等物质消费上，其中有47.46%的大学生把花费用于购买日常用品，有7.6%的大学生把花费用于聚会。而用于"购买学习资料、上网"等精神消费占34.42%，其中，22.53%的花费用于购买学习资料，11.89%的花费则用于上网。

在"你对大学生的恋爱动机如何看待？"调查中，追求美好爱情的同学占28.36%，选择人生伴侣和缓解学习压力的同学分别占11.99%和12.89%。在"你如何看待'宁愿坐在宝马车里哭，也不愿坐在自行车上笑'的观点？"调查中，46%的同学反对，27%的同学不赞成也不反对，而基本赞成和非常赞成的同学分别占16%和11%。可见，将物质与感情有机结合，无疑成了不少大学生心目中的理想的生活状态。

5. 大学生的地域归属感强

在"如果你在网络上看到关于安徽的各类新闻，你的态度是？"调查中，对安徽各类新闻比较关心和非常关心的同学分别占49.84%和30.51%，累计达到80.35%，占比较高。而不关心的同学仅仅占到19.65%。可见，当前大学生的地域归属感较强。

那么对于安徽人来说，什么地名最能代表安徽形象呢？在"你认为下列哪些地名最能代表安徽形象？"调查中可以看出，同学们对最能代表安徽形象的地名有着不同的认识。其中，43%的同学认为黄山是最能代表安徽形象的地名，20.56%的同学认为是合肥，13.46%的同学认为是皖江城市带。可见，作为国家5A级景区，黄山可以说是安徽省的一张名片，最能代表安徽形象，最能激发安徽人的自豪感和地域归属感。

在互联网时代，大学生关注本省的新闻动态也更为便捷。通过访问各类网站，大学生就能够了解到关于安徽省的大量信息。通过对“您经常访问安徽哪些网站？”进行调查，我们看到32%的同学经常访问关于安徽省的新闻网站，27%的同学经常访问旅游、文化类网站，还有15%和11%的同学分别经常访问论坛、社区网站和各类政府网站。可见，大学生经常访问安徽的网站类型多种多样。而通过访问各类网站，也加深了大学生对于安徽省省情的了解。

二、需要关注的几个问题

1.大学生对网络道德的认知水平有待提高

关于大学生对网络道德认知的调查表明，绝大多数大学生对网络道德的认知水平低，对如何维护文明有序的网上环境缺乏了解，网络道德教育缺位。

在“你了解互联网‘七条底线’（即法律法规底线、社会主义制度底线、国家利益底线、公民合法权益底线、社会公共秩序底线、道德风尚底线和信息真实性底线）吗？”调查中得知，对于互联网“七条底线”，有47.71%的大学生表示不了解，有32.01%的大学生表示仅仅听说过，仅有20.28%的大学生表示了解。

“你是否关注学校和老师的微博或微信？”的调查表明，表示关注过学校和老师的微博或微信的同学累计占89.88%，其中，有46.33%的大学生表示偶尔关注，有17.98%表示很少关注，仅有25.57%表示经常关注。此外，还有10.12%的大学生表示从不关注。

2.大学生表达诉求的渠道较窄

高校辅导员在大学生思想引导和诉求表达中有着举足轻重的作用。但在“你经常跟辅导员交流或者谈心吗？”的调查中，有37.02%和27.14%的同学与辅导员交流比较少和非常少，只有8.46%和0.97%的同学与辅导员沟通比较多和非常多。关于“如果你对学校的工作有意见需要反映，你首先会选择哪种途径？”的调查结果表明，选择找学校相关部门、老师反映的学生占53%，排在第一位；通过网络发帖来寻求解决问题的学生占19%，排在第二位；给书记、校长信箱写信，找校领导反映的学生分别占13%和12%，排在第三、第四位。这既表明绝大多数大学生利用网络表达诉求的习惯尚未养成，未能充分发挥网络渠道对于监督和解决实际问题的作用，也反映出学校对于学生反映诉求的网络渠道开辟较少。

3. 大学生的学习生活压力较大

通过对“你觉得大学期间压力大吗？”这项调查我们发现，认为大学期间压力较小和没有压力的同学仅仅占6.34%和2.38%，而认为大学期间压力很大和压力较大的同学却占到15.93%以及36.82%。不过我们同时发现，大部分同学都会采取科学方法调节心理压力。比如41%的同学选择找人倾诉的方式，16%的同学则会选择写日记、购物等方式。通过“你对毕业后找一份比较满意的工作有压力吗？”调查可以看出，47.20%的同学认为就业压力较大，17.69%的同学认为压力很大，而只有7%的同学认为就业没有压力。超过半数(64.89%)的同学认为就业形势并不乐观，可见大学生追求稳定工作的压力一直较大。从“你毕业后希望到哪种类型的单位工作？”调查中可以看到，毕业后希望进入政府部门、事业单位和国有大中型企业的同学分别占19%、25%和25%，累计达到了69%。而选择自主创业、民企、外企的同学仅仅占2%、12%和13%。

4. 大学生的社会责任感较强但与实际践行有所脱节

通过“大学期间，你是否参加过志愿服务”的调查发现，经常参加志愿者服务活动的大学生仅占29%，有48%的大学生表示大学期间偶尔参加志愿服务活动，有23%的大学生表示没有参加社会实践活动。大学生在社会责任感方面表现出知行不一的现象，折射出当代大学生道德发展还不够成熟，受功利主义、诚信缺失现实以及社会竞争和生存压力的影响，知行很难统一。

5. 高校在引导大学生弘扬和践行社会主义核心价值观方面存在着较大的提升空间

调查显示，近三分之二的大学生了解和认知社会主义核心价值观的主要渠道是通过报纸、广播、电视、网络等途径。虽然大学生对高校思想政治理论课以及辅导员工作高度认可，但老师、辅导员经常深入学生中间进行教育引导的情况明显偏少，大学生与老师、辅导员的交流较少，通过网络与辅导员的互动也较少。这反映出高校大学生思想政治工作力度大，但针对性、实效性不强，特别是高校网络思想政治教育的内容、方式需要进一步改进和提高。

6. 网络阵地在大学生的思想政治教育方面作用发挥不够理想

关于“你比较喜欢学校下列哪种活动形式？”的调查表明，有24%左右的学生对于电影、演出这类文化活动较为青睐，有17%的学生选择了主题班会、晚点名这类集中式教育。同时，约有15%的大学生偏向于通过社会实践做到知行合一，和这一比例较为接近的还有专家讲座以及知识竞赛、辩论等学习形式，各占约14%左右。此外，还有不到10%的学生希望通过先进人物报告会增长知识，而只有6.52%的学生偏向于选择网络教育这种学习形式。

三、互联网环境下加强大学生思想政治教育的对策建议

一是完善大学生思想政治教育的制度保障。坚持高校党委在大学生思想政治教育工作的领导核心地位，充分发挥基层组织作用，牢牢掌握学校意识形态工作的领导权、管理权、话语权。牢固树立网络舆情的阵地意识，将网络舆情建设作为校园文化建设的重要组成部分，努力建设一批受大学生欢迎的网络服务平台。把大学生网络思想政治教育工作作为高校办学质量和水平评估考核的重要指标，纳入高校党的建设和教育教学评估体系。

二是整合线上线下各种资源形成工作合力。建立由省网宣办和省教育厅思政处等相关部门参加的全省大学生思想政治教育网络舆情联席会议等相关协作机制，成立专门的大学生思政教育网络管理部门，切实发挥高校宣传部、团委、学生处、就业中心、心理健康教育中心、马克思主义学院等部门职能作用，形成大学生网络思想政治教育工作合力。充分利用网络传

播手段，大力宣传安徽省各地涌现的道德模范、“中国好人”、“安徽好人”等先进人物事迹，传播正能量。

三是切实解决大学生面临的实际问题。把解决大学生的思想问题与解决实际问题相结合，拓宽大学生表达诉求渠道，积极引导大学生通过网络渠道来寻求生理、心理、思想问题的解答。加快校园网络基础设施和校园网络文化建设，抢抓网络时代大数据优势，打造大学生网络舆情管理体系。切实减轻大学生的学习生活压力，提供更加广泛的心理健康服务、思想困惑解答服务。足额配备一线专职辅导员，让辅导员有更多的时间、精力投入网上学生思政教育工作。

四是构建社会支持系统。充分调动党政机关、社会团体、企事业单位以及街道、社区等部门积极性，努力形成党委统一领导、党政齐抓共管、有关部门各负其责、全社会大力支持的立体化工作格局。依法加强对学校周边文化、娱乐、商业经营活动的管理，严厉打击社会丑恶现象，维护学校秩序和社会稳定。持续深入开展整治互联网和手机媒体淫秽色情及低俗信息专项行动，严防有害信息渗透，最大限度挤压负面信息的传播空间。各级新闻宣传部门要主动帮助高校开展“网络思想政治教育课堂”建设工作，为高校网络思政教育营造良好的社会舆论氛围。加快推进校园网络空间法治化进程，引导大学生网民遵纪守法，做“中国好网民”。

制度治党重在执行*

党的十八大以来，以习近平同志为核心的党中央坚持思想建党和制度治党相结合，把制度治党作为管党强党、从严治党的治本之策，实现党的制度建设重心由建章立制向制度治理的战略转向。推进制度治党，核心在于治之于行。正如习近平总书记在十八届六中全会上指出的那样，这些制度管不管用，关键看能不能执行到位。但是，现实中在制度的执行上仍然存在失之于宽、失之于松、失之于软的问题。如果制度悬空、不能真正落地，必然会影响到制度治党的实际成效。

一、制度执行力不足的原因分析

导致制度执行力不足的因素很多，既有主观原因，也有客观因素，归纳起来主要体现在以下四个方面。

第一，制度执行意识需要加强。少数领导干部在制度执行上存在错误认识，导致抓制度落实的自觉性和主动性不够。一是“官僚主义”思想。有的受“官本位”思想影响，“人治”思想较重，制度观念淡化，以言代制，人治大于法治，存在“以习惯代替制度、以信任代替管理、以情面代替纪律”的现象。二是“好人主义”思想。有的领导干部“尊崇中庸之道、奉行好人主义”，原则性不强，担心执行过严会得罪人，怕影响关系，不敢坚持原则，不敢较真碰硬。三是“形式主义”思想。有的领导干部在制度执行中简单走过场，缺乏常抓不懈、一抓到底的精神，不能做到始终如一，出现“虎头蛇尾”“有始无终”现象。四是“实用主义”思想。极个别领导干部为了自己的权利或利益，搞“双重态度”“双重面孔”“双重标准”“双重规则”，对自己有利的制度就执行、对自己不利的制度就不执行，或者是对亲者松、对疏者

* 本文发表于《红旗文稿》2017年第6期。

紧，对人严、对己宽。这些认识上的错误，都成了制度执行的思想障碍。

第二，制度规划设计需要优化。随着中央一系列规章制度的出台，有的基层在贯彻执行的过程中，不是结合实际、科学规划、有序实施，而是急于求成，给制度执行成效带来不利影响。一是盲目跟风。有的单位为了紧跟形势，缺少科学合理的规划，盲目出台实施大量制度，存在制度重叠、交叉现象，甚至出现相互矛盾的问题，使基层在执行中无所适从。二是简单照搬。一些基层单位在落实制度前，没有经过可行性分析研究，不是按照自身实际制定实施方案，而是直接套用上级的制度规定，搞“上下一般粗”，使制度执行的针对性和实际成效大大降低。三是有意变通。一些地方和部门在制定实施方案时，掺杂了部门和小集团的利益，要么规定过于宽泛、缺乏刚性，要么有意规避制度、预留口子，使得制度执行走样、偏离方向，严重影响到制度的执行效果。

第三，制度实施环境有待完善。制度实施环境是支持制度执行的管理系统。在一定程度上，优良的制度实施环境是制度有效执行的前提和基础。目前我们面临的制度实施环境并不尽如人意。一是思想环境需改善。在我国，受制于传统文化的影响，很多人重视“人情”，致使很多制度在执行过程中迫于“人情”的困扰而渐渐改变了“原味”。二是宣传环境需改善。有些制度出台后，宣传教育的力度没跟上，广大干部群众对制度不熟悉、不了解，制度的普及率、知晓率低，使得制度的执行力大打折扣。三是制度环境需改善。保障制度落实、提升制度执行力的各项奖惩措施不够到位，制度执行者违规处罚的成本不高，有利于制度执行的良性环境尚未完全形成。

第四，制度监督机制亟待加强。严格有效的监督是制度执行的“防火墙”和“倍增器”。但是在现实工作中，对制度执行情况的监督检查往往不能及时跟进，出现了“有布置没检查，或有检查但流于形式”的现象。一是监督责任制不健全。少数领导想“与人为善、明哲保身”，不愿进行监督，或是监督责任分工不明确，缺乏有效的监督方法和措施。二是制度执行过程的公开透明度不高。信息公开的力度还需要进一步加大，影响到广大党员、群众和社会各界的监督。三是对制度执行的考核评价和约束机制不健全，对制度执行情况的定期督促检查、考核评价和问责追究不够。

二、提高制度执行力的对策思考

有一个好的制度，只是万里长征的第一步。好的制度离不开铁的执行。从长远看，提高制度的执行力，就是要努力构建制度的“完善创新、宣传教育、贯彻执行、监督检查”四大体系。

第一，构建制度完善创新体系——保证制度的科学性和适用性。

制度“立”得要科学。制度是执行的前提，制度自身必须科学，规定必须具体、明确，不能模棱两可、似是而非，否则就失去了执行的基础。制定制度前，要在国家法律法规框架内进行充分的调查研究，充分吸取广大党员的意见和建议，切实做好合法性、利弊得失与可行性论证。

制度“改”得要合理。制度必须具有严密性，制度制定后在试行一段时间要及时总结，对那些过于复杂烦琐的制度进行删繁就简，同时要不断完善配套的实施细则，让执行者只要对照条款就能将制度顺利执行。

制度“新”得要实用。要立足长远发展，树立问题导向，坚持立行立改，真正从适应当前形势任务出发，从解决当下实际问题着手，从引领未来发展方向着眼，让制度创新更具现实针对性和未来指向性，使制度本身能始终“勇立潮头”。

第二，构建制度宣传教育体系——提高遵守制度的自觉性和坚定性。

宣传教育对象要广、领域要宽。多渠道加强党员领导干部对制度的学习教育。通过“三会一课”、民主生活会、专题组织生活会等将制度宣传教育到每位党员；将制度制定的意义、主要内容、执行要求宣传到位；发动广大党员自觉遵守制度，主动监督制度执行，营造人人知晓制度、人人维护制度、人人遵守制度的良好氛围。

宣传教育内容要实、主题要明。对于宣传教育内容和主题的把握，要切实做到三个“确保”，即对涉及全面性的制度，确保人人了解，自觉遵守；对涉及本部门制度，确保人人熟知，规范执行；对涉及本岗位制度，确保人人精通，严格操作。

宣传教育形式要活、载体要新。制度教育必须突出强调实效性，要改变单一的灌输式教育模式，广泛运用内部网络、知识竞赛、现身说法、“制度落实年”等活动形式，开展生动活泼、丰富多彩的宣传教育，提升广大党员干部学习、尊重、遵守、执行、维护、监督制度的自觉性和主动性。

第三，构建制度贯彻执行体系——确保制度运行的适时性与协调性。

形成严密统一的制度汇编。每年要对现有规章制度进行梳理、研究、归类，使“立改废”工作常态化。要将每年制定的制度汇编成册，方便决策者、制定者、执行者和监督者随时查找学习，精确把握。

强化领导干部的表率作用。领导干部集制度的决策者、执行者与监督者于一体，其精神感召和示范效应必然成为制度执行力建设的关键环节。领导干部特别是主要领导干部要牢固树立法律面前人人平等、制度面前没有特权、制度约束没有例外的意识，以“先于”“高于”“严于”一般干部的标准要求自己，发挥榜样和示范、引领和导向作用。

完善制度的反馈评价机制。通过定期调查研究、民意测评以及对相关信息的综合分析，对新制度进行效能评估和评价。制度建设机构要根据制度运行过程中存在的问题，适时对原有制度进行修订和完善，不断增强制度的时效性、公信力与执行力。

第四，构建制度监督检查体系——维护制度的权威性和严肃性。

严格监督是前提。要积极维护党内制度的权威性和严肃性，把对制度贯彻情况的监督检查，与党风廉政建设责任制考核和效能督查有机结合，完善监督责任制，形成有效的制度执行监督检查机制。

重点监督是关键。要抓住领导干部这个“关键少数”，针对重要工作、重点领域和关键环节，明确任务分工和目标要求，制定监督计划，定期开展执行情况集中督查，及时总结情况，找出问题，狠抓整改，抓早、抓小、抓苗头，使他们始终绷紧制度执行这根弦。

全面监督是保证。要注重开展全方位、全过程监督。横向层面，发挥纪检监察、内部审计部门作用，按照岗位职责，定期或不定期地对各单位制度执行情况进行监督检查；组织、人事等部门要将遵守、执行和创新制度情况作为党员干部考核、评价和选任的重要参考因素。纵向层面，分管领导和主管部门要着力加强对下级部门的业务检查指导。各部门负责人要着力加强对本部门职工执行制度情况的监督检查。各部门要加强信息公开，主动接受群众监督。通过“纵向到底、横向到边”的监督考评、问责问效，形成强有力的制度执行约束，提高制度的执行效果。

以习近平新时代中国特色社会主义思想引领高校思想政治工作*

党的十九大是在全面建成小康社会决胜阶段，中国特色社会主义进入新时代的关键时期召开的一次十分重要的大会。习近平总书记在大会上提出的新时代中国特色社会主义思想的“八个明确”，是全党全国人民为实现中华民族伟大复兴而奋斗的行动指南，也为加强和改进高校思想政治工作提供了根本遵循。

第一，“明确坚持和发展中国特色社会主义，总任务是实现社会主义现代化和中华民族伟大复兴，在全面建成小康社会的基础上，分两步走在本世纪中叶建成富强民主文明和谐美丽的社会主义现代化强国”①，为加强和改进思想政治工作提出了基本内容、指明了目标和方向。首先，实现中华民族伟大复兴也是高校思想政治工作的奋斗目标和工作方向，就是引导师生认识到建设教育强国是中华民族伟大复兴的基础工程，高校的根本任务就是立德树人，为坚持和发展中国特色社会主义培养建设者和接班人。其次，到本世纪中叶建设社会主义现代化强国的目标和方向也是高校思政工作的目标方向，就是通过培育和践行社会主义核心价值观，让广大师生员工明白社会主义现代化强国不仅强在物质层面，还应强在精神道德层面和文化层面。

第二，“明确新时代我国社会主要矛盾是人民日益增长的美好生活需要和不平衡不充分的发展之间的矛盾，必须坚持以人民为中心的发展思想，不断促进人的全面发展、全体人民共同富裕”②，为加强和改进高校思政

---

* 本文发表于《高校辅导员学刊》2018年第1期。

① 习近平：《决胜全面建成小康社会 夺取新时代中国特色社会主义伟大胜利——在中国共产党第十九次全国代表大会上的报告》，北京：人民出版社2017年版，第19页。

② 习近平：《决胜全面建成小康社会 夺取新时代中国特色社会主义伟大胜利——在中国共产党第十九次全国代表大会上的报告》，北京：人民出版社2017年版，第19页。

工作指明了动力之源。首先,人民美好生活的需要,不仅是对物质生活的需要,更是对精神需要、自我价值实现等需要,其核心内涵是促进人的全面发展。这就为加强和改进高校思政工作提供了根本动力。其次,师生是高校思政工作的对象,也是高校思政工作的中心。师生是高校思政工作的出发点,也是高校思政工作的落脚点;师生是高校思政工作的基础,也是高校思政工作的根本。因此,高校思政工作要得到加强和改进,就要尊重师生的主体地位,尊重师生的差异性,尊重师生的权利和实现自我价值的需求。高校思政工作要把外在引导与师生的内在需求有机结合起来,把大学生的成长与健康人格培育有机结合起来。要使高校思政工作在服务、关爱师生中得到加强和改进,在体现人文关怀中得到加强和改进。

第三,“明确中国特色社会主义事业总体布局是‘五位一体’、战略布局是‘四个全面’,强调坚定道路自信、理论自信、制度自信、文化自信”[①],为加强和改进高校思政工作提供了根本内容。首先,高校思政工作为中国特色社会主义事业培养建设者和接班人,就是为了坚持和发展中国特色社会主义。其次,高校思政工作的最重要内容之一就是对师生进行中国特色社会主义事业“五位一体”总体布局、“四个全面”战略布局以及道路自信、制度自信、理论自信、文化自信的引导教育。再次,中国特色社会主义是5000多年中华文明传承发展的必然结果,是近代以来中华儿女不懈奋斗的必然结果,是中国共产党人遵循科学社会主义规律逻辑和紧跟世界潮流的正确抉择,其包含着极其丰富的思政教育资源,既是高校思政工作的根本内容,也是加强和改进高校思政工作的根本遵循。最后,“五位一体”总体布局和“四个全面”战略布局体现了鲜明的问题导向、强烈的问题意识,加强和改进高校思政工作也必须坚持问题导向。必须以学生学习、生活、交友、恋爱、心理、创新、创业、就业等方面的问题为导向,围绕学生、关照学生、服务学生,把解决实际问题与解决思想问题相结合;必须把思政工作融入高校整个育人大格局中统筹推进,实现全员、全过程、全方位育人;必须实现“思

① 习近平:《决胜全面建成小康社会 夺取新时代中国特色社会主义伟大胜利——在中国共产党第十九次全国代表大会上的报告》,北京:人民出版社2017年版,第19页。

政课程”与“课程思政”的有机结合，更加注重以文化人以文育人，广泛开展格调高雅的校园文化活动和各类社会实践活动等。

第四，“明确全面深化改革总目标是完善和发展中国特色社会主义制度、推进国家治理体系和治理能力现代化；明确全面推进依法治国总目标是建设中国特色社会主义法治体系、建设社会主义法治国家”①，为加强和改进高校思政工作提供了根本方法和根本途径，即高校思政工作要得到加强和改进必须实现其治理体系的现代化。其一，实现高校思政工作治理理念现代化。一是依法治校，二是坚持依法行使教育权利的法治理念，三是以学生为本的人本理念。其二，实现高校思政工作治理模式的现代化。一是垂直治理模式，即高校从上到下的垂直治理；二是水平治理模式，即以班级组织、学生会、学生社团为主要载体的学生朋辈群体之间的水平治理；三是共同治理模式，即政府、社会、学校、社区、教师、学生、家长等高校思政工作利益相关者的共同治理。其三，实现高校思政工作治理结构的现代化。一是高校的内部治理结构，二是高校的外部治理结构。其四，实现高校思政工作治理机制的现代化。主要包括政府机制、学校机制和社会机制三大方面。其五，实现高校思政工作治理路径的现代化。一是加强对高校思政工作治理体系的顶层设计和组织领导；二是积极构建高校思政工作治理体系的生态系统；三是不断优化高校思政工作治理体系，努力实现高校思政工作治理的科学化。高校思政工作治理体系的各组成单元相互联系、相互制约、相互平衡，并按照一定的规律进行运作，最终实现高校思政工作治理体系和治理能力的现代化。

第五，“明确中国特色社会主义最本质的特征是中国共产党领导，中国特色社会主义制度的最大优势是中国共产党领导，党是最高政治领导力量，提出新时代党的建设总要求，突出政治建设在党的建设中的重要地位”②，“明确党在新时代的强军目标是建设一支听党指挥、能打胜仗、作风

① 习近平：《决胜全面建成小康社会 夺取新时代中国特色社会主义伟大胜利——在中国共产党第十九次全国代表大会上的报告》，北京：人民出版社2017年版，第19页。

② 习近平：《决胜全面建成小康社会 夺取新时代中国特色社会主义伟大胜利——在中国共产党第十九次全国代表大会上的报告》，北京：人民出版社2017年版，第20页。

优良的人民军队，把人民军队建设成为世界一流军队”[①]，为加强和改进高校思政工作提供了领导力量和“主抓手”。要在加强和改进高校思政工作中坚持党的绝对领导，用聚精会神抓党建的成效来引领高校思政工作。要通过坚持党要管党、党管干部、党管意识形态、党管人才、党管综合改革、党管安全稳定等来确保高校的社会主义办学方向，确保党委领导下的校长负责制和民主集中制在高校的落地生根，确保社会主义核心价值观在高校的弘扬和践行，确保高校立德树人根本任务的完成。要通过“组织育人”，通过基层组织标准化建设，突出政治建设在高校党的建设中的重要地位，加强和改进高校党建和思政工作。要把思政教育寓于国防教育之中，引导大学生树立远大理想，把满腔热情化为报国之志；督促大学生牢记使命，不怕困难、不畏清苦、爱军习武，努力成为听党指挥合格的新一代预备役军人。

第六，“明确中国特色大国外交要推动构建新型国际关系，推动构建人类命运共同体”[②]，为加强和改进高校思政工作、教育引导学生正确认识世界和中国发展大势提供了根本遵循。我国积极推进“一带一路”建设，倡议成立亚洲基础设施投资银行和金砖国家新开发银行，倡导建立具有开放性的区域经济一体化合作机制等，在全球得到越来越多的认可。人类文明具有多元性、平等性和包容性，我们必须要以博大的文明胸怀和宽广的文明视野对待世界各国文明。习近平总书记构建人类命运共同体的理念，为人类社会实现共同发展、持续繁荣、长治久安指明了方向，绘制了蓝图，体现了中国将自身发展同世界共同发展相统一的全球视野、世界胸怀和大国担当，也为高校思政工作自身以及在加强和改进中注意增强大学生的世界眼光、培养宽广胸怀和历史担当指明了方向和根本遵循。

习近平新时代中国特色社会主义思想内涵丰富、思想深邃、博大精深，是一个系统完整的科学体系，我们必须增强贯彻落实的自觉性和坚定性。

① 习近平：《决胜全面建成小康社会 夺取新时代中国特色社会主义伟大胜利——在中国共产党第十九次全国代表大会上的报告》，北京：人民出版社2017年版，第19页。

② 习近平：《决胜全面建成小康社会 夺取新时代中国特色社会主义伟大胜利——在中国共产党第十九次全国代表大会上的报告》，北京：人民出版社2017年版，第19页。

注重掌握其中贯穿的马克思主义立场观点方法，紧密联系高校思政工作实际，进一步强化问题导向、实践导向、需求导向和目标导向，切实加强和改进高校思政工作。

习近平新时代中国特色社会主义思想的深刻逻辑*

习近平新时代中国特色社会主义思想内涵丰富、系统完备、结构严谨、逻辑严密，是一个系统完整的科学理论体系，具有鲜明的历史逻辑、时代逻辑、实践逻辑、自信逻辑和共赢逻辑。

尊重社会发展的历史逻辑，在全球视野、历史纵深、时代交汇三个维度上清醒认识和深刻把握新时代中国共产党为中华民族谋复兴的历史使命。在当代世界进入大发展大调整大变革的时代背景下，习近平同志站在全球视野的制高点上，深刻指出，方向决定道路，道路决定命运，中国要完成现代化任务，实现强大和复兴，必须坚持走中国道路。人类历史上，没有一个民族、没有一个国家可以通过依赖外部力量、跟在他人后面亦步亦趋实现强大和振兴。不论过去、现在和将来，中国都要坚持独立自主，把国家和民族发展放在自己力量的基点上，坚持民族自尊心和自信心，坚定不移走自己的路。我们应有这样的道路自信和战略定力。这是中国共产党全部理论和实践的立足点。在中国特色社会主义进入新时代的历史方位中，习近平同志站在历史纵深的制高点上，深刻指出，中国特色社会主义来之不易，当代中国共产党人的历史使命，就是不断把这篇大文章写下去。近代以来久经磨难的中华民族迎来了从站起来、富起来到强起来的伟大飞跃，迎来了实现中华民族伟大复兴的光明前景。立身这样的历史方位，以习近平同志为核心的党中央在深刻总结中华民族近代以来170多年历史的基础上，将实现中华民族伟大复兴提升到中国梦的高度接力探索、整体谋划，深化了对中国道路独特性的认识。这是一条符合中国国情、走得通、走得稳、走得好的道路。在新时代中国特色社会主义伟大实践过程中，习近平同志站在历史与现实时代交汇的制高点上，深刻指出，中国事情解决的关键在党，

* 本文发表于《中共南京市委党校学报》2018年第6期。

伟大事业离不开伟大工程。面向未来,我们党要带领人民决胜全面建成小康社会,开启全面建设社会主义现代化国家新征程,这是当代中国前所未有、波澜壮阔的伟大历史性变革。历史已经并将继续证明,没有中国共产党的领导,民族复兴必然是空想。这是对党在新时代目标任务的深刻认识,是对马克思主义政党学说、对我们党自身建设理论的重要创新与发展。

紧扣与时俱进的时代逻辑,适时而鲜明地提出中国特色社会主义进入新时代,在历史、现实、时代相交汇的文明“大坐标”上坚持和发展中国特色社会主义。顺应历史趋势,直面伟大斗争,在深入分析当代世界大局及其阶段特征中坚持和发展中国特色社会主义,开辟了社会主义道路新境界。当今世界格局呈现出大发展、大变革、大调整的态势,社会主义中国如何抓住机遇实现历史性跨越,成为摆在当代中国共产党人面前必须作出明确回答的重大历史课题。习近平同志以宽广的文明视野,统筹国内国际两个大局,站在历史与现实相交汇的时代制高点上提出了全面坚持和发展中国特色社会主义,通过中国特色大国外交推动构建新型国际关系,推动构建人类命运共同体,突破了西方世界炮制的诋毁社会主义和东方文明的“历史终结论”“西方中心论”“文明冲突论”等多重论调包围,证明了社会主义是人类走向文明的必然选择,开辟了社会主义道路新境界。我们党把握时代脉搏,聚焦伟大梦想,在深入回答时代重大理论和实践问题中坚持和发展中国特色社会主义,开辟了中国特色社会主义新境界。党的十九大报告,站在实现“强起来”的新时代起点上,紧紧抓住坚持和发展中国特色社会主义这条主线,科学判断中国特色社会主义进入新时代,提出了新时代我国社会主要矛盾,阐明了基本方略,描绘了宏伟蓝图,体现为民宗旨,强化从严治党要求,把对中国特色社会主义的不懈探索和对中华民族伟大复兴中国梦的不懈追求有机地统一起来,科学回答当代中国发展新的历史方位及其重大问题,为中国特色社会主义事业提供了新的战略指引,进一步彰显了新时代中国特色社会主义的蓬勃生机和活力,开辟了中国特色社会主义新境界。突出主题主线,坚持问题导向,在统筹推进“五位一体”总体布局和协调推进“四个全面”战略布局中坚持和发展中国特色社会主义,开辟了治国理政新境界。党的十八大以来，以习近平同志为核心的党中央面对世界经济复苏乏力、局部冲突和动荡频发、全球性问题加剧的外部环境，面对我国经济发展进入新常态等一系列深刻变化，面对党面临的“四大考验”“四种危险”和管党治党“宽松软”等突出问题，以坚持和发展中国特色社会主义为主题，以实现中华民族伟大复兴的中国梦为主线，以统筹推进“五位一体”总体布局和协调推进“四个全面”战略布局为路径，砥砺奋进，全面开创当代中国现代化新境界，使中国特色社会主义事业取得了前所未有的全方位、开创性成就，这是当代中国前所未有、波澜壮阔的伟大历史性变革，开辟了治国理政、强国富民新境界。

立足同心圆梦的实践逻辑，信守不忘初心、践行宗旨的人民性，在“坚持以人民为中心”的核心政治价值中把握新时代中国共产党为人民谋幸福的使命担当。中国共产党就是为中国人民谋幸福的。习近平总书记在党的十九大报告中指出：“中国共产党人的初心和使命，就是为中国人民谋幸福，为中华民族谋复兴。”[①]中国共产党一成立，就把全心全意为人民服务作为党的根本宗旨，义无反顾肩负起实现中华民族伟大复兴的历史使命。回顾过去、展望未来，党的十九大报告告诉我们，历史性成就和历史性变革已经把中国特色社会主义推进到了新时代。今天，我们比历史上任何时期都更接近、更有信心和能力实现中华民族伟大复兴的目标。“行百里者半九十”，越是在这样的时候，我们越要清醒地认识到，我们的辉煌源于党的领导，源于中国共产党始终以人民为中心、为人民谋幸福。中国梦必须同人民对美好生活的向往相结合。国家富强、民族振兴和人民幸福共同构成了中国梦的三个基本要素，这三个要素是彼此联系、密不可分的，其统一的基础和落脚点就是实现人民幸福，为人民造福是中国梦的价值目标，人民共创共享是实现中国梦的内在要求。中国梦的实现过程就是亿万人民群众实现自己梦想的过程，“生活在我们伟大祖国和伟大时代的中国人民，共同享有人生出彩的机会，共同享有梦想成真的机会，共同享有同祖国和时代

① 习近平：《决胜全面建成小康社会 夺取新时代中国特色社会主义伟大胜利——在中国共产党第十九次全国代表大会上的报告》，北京：人民出版社2017年版，第1页。

一起成长与进步的机会”[①]，这三个“共享”的统一体现了中国梦的本质内涵和发展趋向。实现中国梦需要坚持以人民为中心。党的十九大提出的实现伟大梦想的基本方略和具体办法，就是把党的群众路线贯彻到治国理政全部活动之中，就是把以人民为中心的思想贯穿于实现中国梦的方方面面。从“紧紧依靠人民，充分调动最广大人民的积极性、主动性、创造性”，到“坚持以人民为中心的发展思想”，以习近平同志为核心的党中央，始终将“人民”作为我们党治国理政的核心价值；从“解决温饱”到“小康水平”，从“总体小康”到“全面建设”，从“全面建设”到“全面建成”再到即将迎来“决胜阶段”，当国家富强之梦与人民幸福之梦交融在一起，必定能迸发出改变命运、创造历史的伟大力量，推动中华民族在伟大复兴的道路上不断阔步前行。

秉持开拓创新的自信逻辑，坚守捍卫真理的继承性、全面深化改革的担当性和与时俱进的开创性，创造性地回答新时代中国特色社会主义的重大问题，把当代中国的马克思主义推向一个新境界。拓展“四个自信”，增强我们党对中国特色社会主义的执政自信。习近平总书记指出：“当今世界，要说哪个政党、哪个国家、哪个民族能够自信的话，那中国共产党、中华人民共和国、中华民族是最有理由自信的。”[②]党的十八大报告首次提出全党要坚定中国特色社会主义的道路自信、理论自信、制度自信，实现了由“三者统一”到“三个自信”的拓展；在庆祝中国共产党成立95周年大会上，习近平总书记又把“文化自信”与中国特色社会主义道路自信、理论自信、制度自信并列，实现由“三个自信”到“四个自信”的突破；党的十九大再次重申“四个自信”原则，强调立足中国实际进一步推进马克思主义与中国文化的有机融合，超越对社会主义内涵认识的传统思维定式，进而为我们深入破解马克思主义中国化的文化基因，打开了一个广阔的新天地，有力地回击了历史虚无主义、文化虚无主义、“去马克思主义化”等错误思潮，有力地提升了中国话语构建和走向世界的底气和能力。坚持理论自信与理论

①《习近平谈治国理政》，北京：外文出版社2014年版，第40页。

②《习近平谈治国理政》第2卷，北京：外文出版社2017年版，第36页。

自强的有机统一,在梦想感召中激发理论创新活力。坚持马克思主义的根本指导地位,体现了我们党的理论自信。锲而不舍推进马克思主义中国化时代化大众化,提出实现中国梦引领理论创新,彰显了我们党的理论自强。在党的十八大确立"两个一百年"奋斗目标基础上,习近平总书记鲜明提出中华民族伟大复兴的中国梦。以伟大梦想感召,用伟大事业激励,进一步激发了理论创新活力,增强了理论创新的科学性和实效性。提出实现中国梦,既是我们党的重大理论创新,又为党的理论创新提供了目标引领,升华了党的执政理念,体现了我们党高度的历史担当和使命追求。我国坚持"中国之治"与"全球之治"有机统一,展现敢于负责、勇于担当的大国自信。随着我国日益走近世界舞台中央,"中国问题"与"全球问题"更加紧密关联,解答"全球问题"、改善"全球之治",是新时代理论自信与创新的又一重要体现。习近平总书记把握国内国际两个大局,摒弃"国强必霸"窠臼,超越零和博弈,提出全球治理观、新安全观、人类命运共同体等新理念新主张。这些"源于中国而属于世界"的重要设计和举措,为解决人类面临的战乱、贫穷、共同发展等重大问题指明了发展之道,特别是给世界上那些既希望加快发展又希望保持自身独立性的国家和民族提供了全新选择。我国更加注重从国内和国际的结合上推进理论创新,不仅为新时代中国特色社会主义事业提供科学指导,而且更为解决人类问题贡献中国智慧,展现出敢于负责、勇于担当的大国自信。

坚持命运与共的共赢逻辑,站在人类发展前沿引领时代潮流,积极探索关系人类前途命运的重大问题,为解决人类面临的共同难题贡献中国智慧、提供中国方案。习近平总书记在党的十九大报告中指出:"中国共产党是为中国人民谋幸福的政党,也是为人类进步事业而奋斗的政党。中国共产党始终把为人类作出新的更大的贡献作为自己的使命。"①习近平总书记深情倡议和呼吁"各国人民同心协力,构建人类命运共同体,建设持久和

① 习近平:《决胜全面建成小康社会 夺取新时代中国特色社会主义伟大胜利——在中国共产党第十九次全国代表大会上的报告》,北京:人民出版社2017年版,第57—58页。

平、普遍安全、共同繁荣、开放包容、清洁美丽的世界”①;世界正处于大发展大变革大调整时期,不稳定性不确定性突出,人类面临许多共同挑战,“中国不能缺席”。从全球视野认识世界和中国,构建人类命运共同体,使我们党对人类制度形态、发展形态、文明形态的认识达到了新高度。提供解决人类面临共同难题的中国方案。中国提供的新型经济全球化方案、倡导的“一带一路”建设、提出的世界经济复苏方案,为改写全球发展观念、强化全球经济治理、加快世界经济复苏作出了突出贡献;中国推动构建的以合作共赢为核心的新型国际关系,中国参与的G20、APEC等国际平台,为改革和完善全球治理体系作出了贡献。中国提出的“人类命运共同体”理念,倡导的共商、共建、共享的全球治理理念,为世界各国特别是广大发展中国家走向现代化提供了可资借鉴的崭新模式,开启了一条人类文明进步的新路。中国道路所蕴含的方法论不只属于中国,也属于世界。习近平总书记深刻指出:“没有哪个国家能够独自应对人类面临的各种挑战,也没有哪个国家能够退回到自我封闭的孤岛。”②习近平新时代中国特色社会主义思想的提出及中国特色社会主义的辉煌成就,证明了“历史终结论”“西方中心论”“文明冲突论”是片面的、幼稚的、荒谬的。中国道路已经为人类文明提供了信得过的东方榜样,证明了走包容、合作、共赢之路,构建人类命运共同体才真正是不同文明的共同追求,为维护人类文明多样性贡献了中国智慧。

① 习近平:《决胜全面建成小康社会 夺取新时代中国特色社会主义伟大胜利——在中国共产党第十九次全国代表大会上的报告》,北京:人民出版社2017年版,第58—59页。

② 习近平:《决胜全面建成小康社会 夺取新时代中国特色社会主义伟大胜利——在中国共产党第十九次全国代表大会上的报告》,北京:人民出版社2017年版,第58页。

习近平总书记全面深化改革的动力体系论*

在马克思主义中国化视野下，研究习近平总书记全面深化改革的动力有十分重要的意义。党的十八大以来，以习近平同志为核心的党中央开启的全面深化改革，是由改革的目的提供全面深化改革的动力方向；改革的立场提供全面深化改革的动力支点；改革的主体提供全面深化改革的动力来源；内外部压力提供全面深化改革的社会系统平衡力；改革的目标提供全面深化改革的导向力和牵引力。

一、全面深化改革的目的性为全面深化改革提供明确的动力方向

改革开放必须坚持正确的方向，沿着正确的道路前进。方向决定道路，道路决定命运。全面深化改革的目的不仅决定全面深化改革的方向，而且为全面深化改革校正动力方向。改革只有目的明晰，我们才能在全面深化改革的进程中，清楚改革改什么，不改什么，有些不能改的，再过多长时间也是不能改的。反之，如果改革的目的不明，必然带来改革的动力方向不聚焦、不集中、不锁定，甚至造成在要“改什么，不能改什么”之间发生混淆和摇摆。如果在“要改的和不能改的”之间不能科学、全面、辩证地区分，就谈不上校正改革的动力方向。改革的动力方向不明，那改革的生机和活力就无法焕发。20世纪70年代末，中国社会存在对马克思主义教条式理解，表现为：一些人不能将马克思主义基本原理和中国当时的具体国情相结合，不能将马克思主义立场、观点、方法中国化、时代化、具体化，最终在改革到底是什么、为什么、怎么改这样的终极问题上模糊不清，实质就是改革的目的不清。一旦社会发展的目的不能与中国社会的具体国情及面

* 本文发表于《江淮论坛》2017年第2期。

临的具体问题有机结合，就必然出现对于制约与推进经济社会发展和人民生活水平提高的体制、机制和制度不能有效区分，进而导致社会缺乏活力。习近平总书记回顾20世纪70年代的中国现状，联系当年邓小平支持改革的背景和发表的相关观点后指出，如果现在不实行改革，我们的现代化事业和社会主义事业就会被葬送。邓小平把马克思主义立场、观点和方法与中国具体国情相结合，在人口多、底子薄，经济社会发展不平衡的中国，通过改革发展改善人民生活。这样结合，有利于锁定改革的目的，为改革找到了较为清晰的动力方向。

十八届三中全会，以习近平同志为核心的党中央开启了全面深化改革新征程，强调改革的目的是不断推进我国社会主义制度的自我完善与发展，赋予社会主义新的生机与活力。这里面最核心的是坚持和改善党的领导，坚持和完善中国特色社会主义制度，偏离这一点，那就南辕北辙了。社会主义制度的自我完善与发展，社会主义新的生机与活力，坚持完善中国特色社会主义制度，都是以坚持、站稳人民立场为根基和出发点。坚持人民立场完善社会主义制度，就是在基本制度设计上要坚持发展为了人民，发展依靠人民，发展成果由全体人民共享的人民立场。改革的目的决定改革的方向，改革的目的既然要推进社会主义制度的自我完善和发展，赋予社会主义新的生机与活力，那在改革的具体实践中，就必须在党的坚强领导下，从发展为了人民，发展依靠人民，发展成果由全体人民共享的立场出发，从生产力与生产关系的矛盾协调入手，将不断完善的社会主义制度融入社会主义生产力的发展与社会主义生产关系的设计和培育上，只有不断协调社会主义生产力与社会主义生产关系的矛盾，才能推进社会主义制度的自我完善与发展，才能赋予社会主义新的生机与活力，才能最终提升人民群众生活福祉，才能不断改善民生，使人民群众有获得感。

习近平总书记明确指出新时期评价改革的“两个是否”的标准：是否促进经济社会发展，是否给人民群众带来实实在在的获得感。展开来说，经济社会是否发展，关键看生产力是否发展，而当前生产力发展的关键是是否能够推动大众创业、万众创新的生动局面的形成，而人民群众实实在在的获得感，关键看生产关系的要素配置。为此，习近平总书记指出："全面深化改革涉及党和国家工作全局，涉及经济社会发展各领域，涉及许多重大理论问题和实际问题，是一个复杂系统工程。随着改革不断深入，各个领域各个环节改革的关联性互动性明显增强，每一项改革都会对其他改革产生重要影响，每一项改革又都需要其他改革的协同配合。"①这就更加需要我们明晰改革的目的，只有目的明确，才能为改革提供明确的动力方向。就像物理公式F=ma，只有当目的、方向明晰，力的作用才能在加速度与质量的有机结合下发挥最大效益。

二、全面深化改革的立场性为全面深化改革提供坚定的动力支点

任何社会活动总是有一定的物质动因、情感动因、意志动因，这些动因归因于某种坚定的立场即动力支点，本质即"为了谁"的问题。以习近平同志为核心的党中央启动的全面深化改革，将"为了谁"视为自己改革的动力支点。改革"为了谁"与改革的动力支点是一一对应的关系，改革"为了谁"决定改革"依靠谁"，决定通过改革认识"我是谁"。那中国共产党全面深化改革的动力支点到底是什么呢？

中国共产党不断致力于人民日益增长的物质文化需要的满足，不断致力于创造与满足人民群众日益增长的物质文化需要的各种条件，党的十九大从人民的立场出发，对人民的需要和期待进行新审视，提出中国特色社会主义进入新时代，我国社会主要矛盾已经转化为人民日益增长的美好生活需要和不平衡不充分的发展之间的矛盾。解决这个矛盾的实现途径就是以全面深化改革为抓手，以创新发展为五大发展理念的龙头，不断致力于先进生产力的发展。可见，全面深化改革，将始终站稳人民立场作为改革的动力支点。坚持人民立场，就是在制度设计和规章制定过程中，坚持为人民服务的坚强意志和真挚情感。这种坚强意志和真挚情感，体现在中国共产党的基本理念之中。那就是中国共产党除了人民的利益，没有自己

①《习近平关于全面深化改革论述摘编》，北京：中央文献出版社2014年版，第43页。

的特殊利益，因此，通过改革，解放和发展生产力，归根到底是为了满足社会主体——人民日益增长的美好生活需要。

可见，始终站稳人民立场是马克思主义的根本立场，也是中国共产党全面深化改革的动力支点。“给我一个支点，我可以撬动整个地球。”阿基米德这句名言，成为人们充满激情与自信，无所畏惧，勇往直前的成功宣言。中国共产党全面深化改革为何能有如此气魄，为何能够获得如此高的社会认同？原因很简单，因为中国共产党除了人民利益，没有自己的特殊利益，这既是情感立场的表达，更是意志立场的表达。全面建成小康社会和实现中华民族伟大复兴的中国梦的两个一百年的奋斗目标，将民生问题细化为很多方面，并且都有落实、落细的时间表、路线图。中国共产党通过两个一百年的奋斗目标，致力于13多亿人的民生改善，通过全面深化改革，实现这样艰巨的任务，是人类历史上前所未有的，而要完成这一事业，必须找准科学坚定的动力支点，还必须破除很多影响这一伟业完成的体制机制障碍，而破除体制机制障碍的抓手就是全面深化改革。人民立场作为全面深化改革的动力支点，有了这种情感立场和意志立场，就会在全面深化改革的进程中，产生无穷的正义力量，形成巨大的自信力。但也要看到：改革开放以来，拜金主义、享乐主义、奢靡之风、形式主义、脱离群众的现象，在部分党员干部身上不同程度的存在，在有的地方、有的领域甚至还很严重。深化改革的实践中，一旦脱离群众，本质上就是改革的动力支点的位移和偏差，就是“为了谁”而改革的初心发生了变化。“为了谁”改革这一核心问题一旦没有形成共识，就必然大大增加改革成本，必然增加改革难度，也必然带来改革效果的根本性变化。

只有从人民利益出发谋划改革思路，制定改革举措，才能充分调动群众的积极性、创造性，才能同人民群众一道自信地、理直气壮地把全面深化改革推向前进，才能真正实现共建共享的理念，才能真正实现中华民族伟大复兴的中国梦。所以，全面深化改革的立场性为全面深化改革提供了坚定的动力支点。如同自然科学力学原理揭示的那样，只有有了支点，才能撬动物体，取得事半功倍的效果。

三、全面深化改革的主体性动力为全面深化改革提供强大的动力源泉

改革的主体性动力表现为领导、支持、参与改革的人或组织所表现出来的能动性、创造性、主导性以及由此而形成的改革的凝聚力、战斗力。可以说，改革目标的系统性、改革面临矛盾的复杂性，都是人类历史上前所未有的。只有从改革的主体性着手，寻找改革的动力之源，才能发现中国共产党是当之无愧的全面深化改革的主体性动力。只有坚持中国共产党领导、完善中国共产党领导，提升党的治国理政能力，才能保证党成为全面深化改革的领导核心，才能使全面深化改革迸发出前所未有的动力与活力。中国共产党将时代赋予的新任务上升为自己的神圣使命，变成自己阶段性奋斗目标，一直在这样的接力奋斗中，成为当之无愧的改革主体。只有中国共产党成为全面深化改革的主体，才能保证其始终在全面深化改革的进程中，发挥好总揽全局、协调各方的作用。

改革的动力施加者与改革的阻力施加者，从来都是改革矛盾的双方。当前，中国共产党全面深化改革涉及的利益关系越来越复杂，遇到的阻力也越来越大，改革统筹兼顾各方面的利益难度越来越大，这就更加需要加强全面深化改革的主体性能力建设、先进性建设，以保证党成为领导推动全面深化改革的动力源泉。正是基于此，习近平总书记提出了全面从严治党的重大战略举措，将全面从严治党作为协调推进“四个全面”战略布局的重要组成部分。全面从严治党，是不断将党的先进性与时代要求相融合，将党的先进性与当前需要解决的问题相结合，衍生正能量，克服负能量，是保证党成为全面深化改革的主体性力量的关键。在全面深化改革的进程中，处理好改革的重点突破与整体推进的关系，处理好改革的局部与全局的关系，处理好改革摸着石头过河与顶层设计的关系，都离不开党在深化改革中的主体性作用。全面深化改革需要一支为人民服务、为人民执政、为人民用权的好的党员干部队伍，要保证党成为全面深化改革的主体性力量，必须保证这个主体性力量团结，有共识。已经开展的“两学一做”“讲、

重、做”教育实践活动，就是要通过加强党章、党规和习近平总书记的系列重要讲话的学习，对全体党员进行党纪、党规教育和党性修养的锤炼，以每位党员都成为合格党员来保证党的先进性、纯洁性，进而确保党成为全面深化改革的核心力量，为全面深化改革提供强大的动力源泉。

四、当代中国面临的内外部压力为全面深化改革提供新的社会系统平衡力

马克思指出，社会不是坚实的结晶体，而是一个能够不断变化并且经常处于变化的有机体。社会有机体的变化是由多重原因引起的，比如生产力发展带来劳动方式的变化、物质消费方式的变化、分配方式的变化、社会成员物质占有数量和质量的变化，等等，这些变化让社会形成一些新的矛盾和问题，这些矛盾和问题让社会系统有机体原有的平衡被打破。可以说，当前中国社会面临的内外部压力，深层次的原因还是生产力发展带来的。生产力发展是不以人的意志为转移的，但这种变化会带来社会发展数量与品质提升的平衡被打破，这种平衡一旦被打破，就对“实现国家能力提升，民族精神振奋和社会整体文明进步”提出了新要求，而满足这种要求的新途径就是全面深化改革。

我们中国共产党人干革命、搞建设、抓改革，从来都是以每一时期中国面临的问题为抓手。可以说改革是由问题倒逼而产生，又在不断解决问题中得到深化。问题或曰矛盾，不管是主要矛盾还是次要矛盾，矛盾的存在，本质上就是社会系统中的不平衡。为此，习近平总书记指出，改革开放越向纵深发展，发展中的问题和发展后的问题，一般矛盾和深层次的矛盾，有待完成的任务和新提出的任务交织叠加，错综复杂。这些矛盾，有些是来自中国社会系统内部，有些来自中国社会系统外部，不管是内部还是外部，它们都打破了原有的社会系统平衡力，它们都对改革产生倒逼机制，需要通过全面深化改革，寻找新的社会系统平衡力。就全面深化改革而言，外部压力倒逼，推动中国共产党全面深化改革，不断寻找实现中华民族伟大复兴的国际平衡力。就外部压力而言，国际竞争日趋激烈，其中最重要、最

关键的是技术和人才竞争，是关键技术和创新性人才的保有量以及发挥的效能。我们面临的外部压力，还表现在长期面对西方敌对势力对我们实施西化、分化的战略冲击。中国要想立足于世界民族之林，要想不落后，就必须深化科技体制、管理体制改革，形成中国社会大众创业、万众创新的生动局面，保障中国在实现民族复兴的征程上，在激烈的国际竞争中，不失去平衡，立于不败之地。就全面深化改革的内部压力而言，环境污染日益加剧，削弱了人与自然关系的平衡；清廉指数下降，削弱了党群鱼水关系的平衡。这些都需要用改革的办法找到新的平衡力。

改革开放30多年，中国共产党用改革的办法使我国的发展取得了巨大的成就，解决了原有的不平衡问题，但是，随着改革进程的进一步推进，我们又遇到了一些新的问题，带来了一些新的不平衡。比如发展中不平衡、不协调、不可持续的问题依然突出，科技创新能力不强，产业结构不合理，城乡区域发展差距和居民收入差距依然较大，教育、就业、社会保障、医疗、住房、生态环境、食品药品安全、安全生产、社会治安、执法司法等关系群众切身利益的问题较多，部分群众生活困难，形式主义、官僚主义、享乐主义、奢靡之风问题突出，一些领域消极腐败现象易发多发，反腐败斗争形势依然严峻，等等。这种不平衡是从人民群众的新要求、新期待出发审视的，是从实现中华民族伟大复兴的中国梦来审视的，需要我们通过改革寻找新的社会系统平衡力。这些源自外部与内部的压力，为全面深化改革提供了新的社会系统平衡力。

五、全面建成小康社会的目标为全面深化改革提供改革的导向力

从哪里来，到哪里去，特别是到哪里去，需要目标引领。这种目标是在终极目标引领下的阶段性目标，有了目标，就有了改革的导向。正是基于此，党的十八大为全面建成小康社会设置了时间表，规划了路线图，为全面深化改革设置了清晰的参照系，提供了充分的导向力。而十八届五中全会又把全面建成小康社会作为决战性问题加以呈现，党的十九大指出，从现

在到2020年，是全面建成小康社会的决胜期，要突出抓重点、补短板、强弱项。还有不到两年时间，全面建成小康社会的目标就要如期实现，由此为中国共产党和全国人民形成了一种时不我待的紧迫感。这种导向力表现在多个维度：一是经济上的导向牵引，要求经济持续健康发展，2020年实现人均国内生产总值比2010年翻一番；二是人民民主政治建设上的导向与牵引，人民民主不断扩大，依法治国基本方略全面落实；三是文化领域的导向牵引，文化软实力显著增强，全民族文明素质和社会文明程度明显提高；四是人民生活方面的导向牵引，人民生活水平明显提高，基本公共服务均等化基本实现；五是资源环境领域的导向和牵引，资源节约型、环境友好型社会建设取得重大进展。

可见，全面建成小康社会的目标，为全面深化改革提供了清晰的框架，为全面深化改革提供了导向力。以全面深化改革的目标牵引改革，以全面建成小康社会的需求为引力推进改革，全面深化改革更有针对性、实效性，更能让改革的成果惠及全体人民。全面深化改革是以全面建成小康社会的目标作为动力牵引，查找全面建成小康社会目标实现所面对的深层次矛盾和问题，不难看出，全面建成小康社会的目标成为全面深化改革的导向力和牵引力。

当前，全面深化改革，需要破解社会面临的难题，关键在于寻找改革的动力，F=ma这一力学原理启迪我们，改革的力可以分解为改革的动力方向、动力支点、动力来源、社会系统平衡力、牵引力。其中，全面深化改革的动力方向是部署全面深化改革动力的第一要素，改革的动力方向清晰，才能在改革加速度的作用下，发挥全面深化改革的最大效益；改革的动力支点是全面深化改革的另一重要动力要素，改革的动力只有找到科学的支点，才能通过改革撬动更大的“物体”，才能突破利益固化的藩篱，才能攻坚克难，才能统筹兼顾协调好各方面的利益；改革的主体性动力是全面深化改革的动力源泉，是全面深化改革的核心动力源；内外部压力为全面深化改革找到了新的社会系统平衡力，社会系统平衡力有利于把握改革节奏，使改革的进度、改革的深度、改革的广度与初级阶段的基本国情相适应，有利于通过改革促进社会和谐;全面深化改革的目标为改革提供导向力和牵引力,也是全面深化改革的另一重要动力要素。

研究并有效地激活各种动力、有效利用各种动力,才能凝聚人心。改革的凝聚力就是明确改革的动力方向、动力支点、动力主体、内外部压力倒逼形成的社会系统平衡力,并将以上动力加以聚集,这些力的凝聚就构成了习近平总书记全面深化改革的动力体系。科学完备的改革动力体系是部署和推进全面深化改革的内在要求和有力保证。只有将改革的各类动力进行定性定量研究,才能将改革的动力要素进行系统分析,才能将改革的动力要素进行优化组合,最终成为全面深化改革需要的凝聚力,形成全面深化改革良性运行和协调发展的动力系统。

高校辅导员技能大赛的实践与思考*

2012年、2013年，本人连续两年担任安徽省高校辅导员技能大赛决赛阶段的主任评委，组织、参与、观摩、考核、评价了两次技能大赛的全过程。我既为赛场上一些选手表现出的高尚的道德品质、昂扬的精神风貌、精湛的职业技能和工作作风所感动，又为一些选手不能准确把握大赛各个环节的内在要求和在职业技能上暴露的不足深感遗憾。技能比赛的目的是搭建一个平台，使辅导员相互交流、共同展示，达到相互借鉴、相互学习、共同提高职业技能，更好地担当党和人民赋予高校辅导员的光荣使命的目的。

一、辅导员技能大赛的基本过程和比赛项目

安徽省高校辅导员技能大赛一般分预赛、复赛和决赛三个阶段进行，省级决赛产生的优秀选手参加教育部组织的全国决赛。省级预赛一般都由各个高校自己组织进行，选拔出参加全省复赛的选手。安徽省的复赛一般分江南、合肥和皖北三个地方进行。

决赛一般分为两个赛段，第一个赛段为主题班会视频展示、基础知识测试、微博写作，从中遴选出十几位选手进入第二赛段。第二赛段包括自我介绍与工作特色展示、谈心谈话与案例分析。比赛集中而全面地考察了辅导员的理论素养、语言表达、沟通协调、创新和辩证思维能力等开展大学生思想政治教育工作的基本职业素养和能力。第一赛段的主题班会视频展示、微博写作都是事先留给选手时间准备好的，基础知识测试主要在于死记硬背，这些都不足以全面客观地反映赛手的实际水平。第二赛段中，由于自我介绍与工作特色展示也是事先准备好的，所以真正拉开赛手分数段的主要是谈心谈话与案例分析两个比赛段。而谈心谈话与案例分析恰

* 本文发表于《高校辅导员学刊》2014年第2期。

恰正是辅导员做好本职工作所必须具备的素质和能力。所以，本文重点针对这两项赛事谈点思考。

二、辅导员在比赛过程中存在的主要问题

谈心谈话比赛环节中大都是设计大学生如遇到学习、交友、择业等方面的困难时，来找辅导员寻求帮助，看辅导员如何帮助解决的。多数辅导员在此环节存在如下问题。

第一，没有谈心谈话的氛围。与学生进行谈心谈话时，辅导员应该要营造一个有利于交谈、有利于倾听、有利于学生获得情感上的慰藉的氛围。它要求辅导员从面部表情、眼神到身体姿势都应该是一种亲切温馨、让人十分信任的状态。但看我们的选手表现，大都是处在一种紧张的状态，身体僵硬，自我封闭。第二，没有谈心谈话的方法。凡事因人因事而异，一把钥匙开一把锁是进行思想教育的主要方法，但要真正把锁打开还是需要一定的艺术的，尤其是在与人进行谈心谈话时。纵观参加比赛的辅导员的表现，在这方面大都不尽如人意。选手们大都是用“你来干吗?”“你有事吗?”“你找我干什么?”这样生硬的、没有任何铺垫的语句开始与大学生进行谈心谈话。这些居高临下式的语言，让人听着是那么的不舒服。第三，没有谈心谈话的艺术。做大学生的思想工作是要因势利导、循序渐进、以理服人、以情感人的。谈心谈话是需要艺术的，它与平时的对话不同，它要求春风化雨式的、随风潜入夜式的，而且要根据对象反映的不同情况随时进行自我调节。但再看我们的选手，直来直去、语无伦次，有的讲话“嗯”“啊”拖着语音或官位十足，让人听着不自然。第四，解决实际问题的能力和水平欠缺。学生提出的都是一些学习、交友、择业甚至家庭困难等方面的实际问题，但我们的大多数选手顾左右而言他、绕来绕去，就是不提怎么解决学生提出的问题，或者是刚解决了一个问题，当学生紧接着提一个附带性问题时又不知所措了。

谈心谈话环节表面上测试的是辅导员的语言和做工作的能力，实际上考的是辅导员解决思想问题与解决实际问题相结合的能力水平，反映的是

辅导员人生阅历、辩证思维能力和分析问题解决问题的能力。而这些正是眼下我们辅导员所缺少的,需要提高和补充的。当然,可能在平时工作中我们的选手未必就是这样,有的可能做得还很不错,这就属于临场发挥欠缺问题了。

案例分析比赛环节中多是设计一些情景,请辅导员选手现场提出解决问题的办法。一些选手在此环节存在以下问题。

第一,对党和国家、教育部以及有关部门的相关文件和规定不熟悉或不清楚。比如,对《关于进一步加强和改进大学生思想政治教育的意见》《国家突发公共事件总体应急预案》《关于进一步加强高校辅导员队伍建设的意见》《普通高等学校辅导员队伍建设规定》《学生伤害事故处理办法》等相关文件和规定了解不够,所以,比赛中遇到需要用与这些文件精神或相关政策来处理问题时,选手想不到利用这些知识,甚至有时处理的办法还往往与上级精神相左。

第二,概括能力不强。比赛中当某一情景出现时,需要选手在很短时间内既要概括出这个情景所设计的有关问题,又要求选手概括出的处理方案内容清晰、逻辑合理、层次分明。而一些选手要么对情景设计包含的要点概括不全,要么概括不出处理方案,要么想到哪讲到哪,没有层次性和逻辑性,也就很难解决问题了。

第三,解决实际问题能力有待提高。问题出现后,从哪下手,哪是关键点、“牛鼻子”,哪是主要矛盾和矛盾的主要方面,采取什么方法,通过什么途径,依靠哪些力量、理论和政策去解决?都是让现场选手们困惑的问题。现场有的选手要么捡了芝麻丢了西瓜,要么头上一句脚上一句、颠三倒四,要么空谈半天也没有拿出解决问题的实质性办法。

三、体会与思考

当高校辅导员不容易,要干好辅导员工作更不容易。这项工作要求我们要思维敏锐、勤于学习、勇于实践、善于总结、善于思考,要有比较强的分析能力、判断能力、理论概括能力、宣传说服能力等。那么怎样才能做好辅导员工作呢?

一要安心。其一要充分认识辅导员工作的重要性,增强光荣感和自豪感。辅导员工作,讲小点事关一名大学生的成长,讲大点事关党和国家的兴衰成败。其二要热爱这份工作,克服“短期行为”思想。其三要积极主动地、有针对性地做好岗位所要求的各种准备,如思想、心理、政策、知识、工作、服务对象具体情况等方面。其四表现在工作作风上的踏实程度、敬业精神和钻研精神。一个辅导员工作不安心的话,他就会心浮气躁,工作不务实、不踏实。

二要虚心。虚心使人进步。辅导员工作的复杂性和对象的高知识性,对辅导员的素质提出了很高的要求。因此,辅导员必须以虚心的态度学习一切与工作有关的知识。向有经验的老辅导员学,向同行学,向书本学,向服务对象学。在这点上一定要有一种意识,就是千万不可小看我们的服务对象,网络的发展使我们与我们的服务对象在获取信息和知识方面处在同一个平台上,关键看谁更具有探索精神和消化吸收知识、运用知识的能力和水平。在学习的内容上,应包括如下知识:党和国家教育方针和政策;高等教育的总体情况;国家社会经济发展状况;有关法律法规;哲学、管理学、教育学、心理学、逻辑学、青年学、思想政治教育的原理和方法论;公共关系学、形势政策方面的知识以及多学科视野下的高校思想政治教育。

三要有信心。这种信心,其一体现在对辅导员这项崇高事业的信心上,这是常青树的事业。只要自己好好干,这是可大有作为的事业。其二体现在辅导员对自我能否做好这项工作的信心上。如果是有信心的辅导员,他就乐于深入大学生中间,与大学生同学习、同活动,与学生多沟通。其三体现在辅导员对自己服务对象的信心上。辅导员对大学生群体要充满信心,对每个大学生也应充满信心,尤其对后进生的进步更要充满信心。其实,对后进生的态度问题,实际上是辅导员对自我和对后进生信心的综合反映。信心强干劲才能足,才能在大学生面前表现出积极、乐观、向上的人生态度,辅导员的人格魅力才是光芒四射的,学生也才更愿意和辅导员接近,乐于和辅导员交流、沟通,辅导员自己也才有信心能帮助后进生提高。

四要有爱心。对大学生的爱心是辅导员工作的原动力。辅导员一旦有了爱心，必然就有了责任心，会把大学生当作自己的兄弟姐妹，当成知心朋友。他会主动地去关心学生，他能通过记住每一个学生的生日、家庭情况、交友情况等方式，而增强工作的针对性和实效性。没有爱心的人是不可能当好辅导员的，也绝不可能成为称职的辅导员的。当一个辅导员有了爱心后，他与大学生的关系就会更紧密，他们会形成平等的关系、和谐的关系，就有利于在班级营造一个宽松、融洽的环境，学生就会乐在其中，这样的环境和氛围也会培养出有爱心的学生。

五要热心。有着热心肠，是一个人积极乐观的人生态度、健康向上的进取精神的反映。一个冷酷无情、麻木不仁、消极悲伤的人是一个可悲的人，也是一个可怜的人，他不可能很好地去影响别人、关心别人。作为大学生的引路人和影响者，辅导员首先就要有热心肠，要像阳光一样去温暖学生，尤其是对家庭经济状况不好的学生。在大学生学习遇到困难、交友出现问题、就业难以落实的时候，辅导员的热心将会对学生帮助很大。大学生也会终生铭记在心的。这种热心是对大学生有感情和对事业有责任心的外在表现。

六要尽心。千方百计、竭尽全力地去挖掘工作资源，熟悉工作对象，把握工作规律，提高工作水平，这是完善辅导员工作的必要途径。因为辅导员工作是做人的思想工作的，而思想又是受客观存在决定的，现实社会又是复杂多样化的。这就要求辅导员尽心尽力，才能做好工作、完成任务。这种尽心包括与学生相处时间上的充分保证、工作方法上的不断探索、科学合理地设计健康有益的活动方案，以及把党中央和国家对大学生的要求转变成他们喜闻乐见、善于接受的形式，等等。只有尽心，才能尽责。

七要细心。当代大学生多是独生子女的现实决定了高校辅导员不光要有爱心、热心，还要细心。这种细心一方面是指辅导员要善于通过学生情绪的一些细小变化、言谈举止的反映，及时捕获到做思想政治教育的最佳时机和切入点，及时发现一些影响学生成长成才的不利苗头，防患于未然；

另一方面是指对大学生的关心爱护也要细心,切不可用简单粗暴的方法。细微处见方法,辅导员的细心往往能反映出他们平凡中的伟大。

八要创新。面对现实社会的“四个多样化”和“四个深刻变化”,面对中央提出建设创新型国家和创新创业教育的要求,面对思想超前、思维活跃的大学生,辅导员没有创新精神和创新意识,是很难完成光荣使命的。这种创新包括思维方式的创新、工作方法手段的创新、工作制度机制的创新、工作途径渠道的创新以及工作评价体系的创新。辅导员要创新就要刻苦学习新知识,要创新就要吸收借鉴国内外有用的管理经验,要创新就要与国内同行多交流、多沟通、多研讨,要创新就要熟练掌握一些现代化的工作设施,要创新还要深入大学生中汲取其中蕴含着的丰富的思想政治教育创新的资源。